퇴계평전

인간의 길을 밝혀준 스승

금장태 지음

머리말

송나라의 구양수(歐陽脩)는 "예로부터 충신(忠臣)과 의사(義士)는 혼란한 세상에서 많이 출현하였다"〈『五代史』, 一行傳〉고 했다. 우리나라의 16세기에도 초기에는 사화(士禍)가 잇달아 일어나 무수한 선비들이 희생되었고 후기에는 당쟁(黨爭)이 심화되어 국론이 격렬하게 분열되었으니, 극심하게 혼란한 시대였다. 그러나 이 시대에는 정암(靜菴 趙光祖)·화담(花潭 徐敬德)·회재(晦齋 李彦迪)·퇴계(退溪 李滉)·남명(南冥 曹植)·하서(河西 金麟厚)·율곡(栗谷 李珥) 등 기라성 같은 위대한 사상가·학자들이 한꺼번에 출현하여 조선사회의 통치원리였던 도학(道學: 주자학)이념을 시대정신으로 밝혀주고 조선사회를 이끌어갔던 사실이 주목된다.

특히 퇴계는 성리설의 철학 이론을 가장 정밀하게 해석하였으며, 수양론의 인격형성 방법을 가장 깊이 심화시킴으로써 도학정신을 드높은 산봉우리처럼 우뚝하게 정립하여, '조선도학'의 세계를 열어주었다. 바로 이 점에서 조선시대 도학은 퇴계에 와서 비로소 독자적 모습과 생명을 갖게 되었다고 할 수 있다.

무엇보다 퇴계를 마주하면 그 정밀하고 깊은 학문의 세계보다도 먼저 따스하고 너그러운 인간적 품격을 만날 수 있어서 좋다. 퇴계는 자신의 높은 경지를 우러러 보게 하기에 앞서 가장 가까이 다가와 우리의 손을 붙잡고 차근차근 친절하게 이끌어주는 스승으로 우리에게 다가

오는 분이다. 그는 천재적 재능으로 사람들이 우러러보게 하거나 탁월한 이론이나 공적으로 사람들이 감탄하게 하는 것이 아니라, 자신이 겪었던 실패담과 자신이 애썼던 노력의 과정으로 누구에게나 아무런 거리감 없이 결코 기가 꺾이는 일 없이 편안하게 그 앞에 닥아 서게 해주는 스승이다.

나는 우리 역사속의 인물인 퇴계라는 이름만 알고 처음 퇴계를 찾아갔었던 일이 있다. 대학 4학년 때인 1965년 가을, 저녁 9시에 안동역에서 퇴계의 후손인 친구와 함께 70리 밤길을 걸어 새벽 동이 트기 전에 도산서원에 도착했던 경험을 잊을 수 없다. 서원 앞 낙동강에는 물안개가 피어올라 신비스럽기도 했고, 도시에서 자라고 그때까지 서양 지식만 공부하던 나에게 별세계에 왔다는 어리둥절한 느낌에 젖었던 기억이 남아 있다. 그 후 한국유교를 공부하게 되면서 다시 퇴계를 찾아 오랜 세월 주위를 맴돌았지만, 항상 퇴계를 찾아갈 때마다 따스하게 품어주고 편안하게 이끌어주는 스승을 만나는 행복감을 느낄 수 있었다. 그러나 오랜 시간 상당히 친숙해졌다고 생각했는데, 퇴계의 세계는 쳐다보면 볼수록 더욱 높아지고 한 발씩 들어가면 들어갈수록 더욱 어려워지니, 그 끝이 보이지 않는다. 여전히 신새벽에 도산서원의 대문 앞에서 서성거리던 그 옛날에 느꼈던 신비로움과 의아함을 그대로 간직하고 있다.

그동안 퇴계를 공부하면서 몇 권의 책을 펴냈던 일이 있다. 퇴계의 사상과 관련하여『퇴계의 삶과 철학』(1998)과『〈성학십도〉와 퇴계철학의 구조』(2001)의 2권이 나왔고, 퇴계학파와 관련하여『퇴계학파의 사상(1)』(1996), 『퇴계학파의 사상(2)』(2001), 『퇴계학파와 이(理)철학의 전개』(2000)의 3권이 나왔다. 퇴계에 대한 관심에 빠져들다가 퇴계학파의 후학들에게 까지 찾아 헤매게 되었던 것이다. 16세기 후반에서부터 20시게 초까지 퇴계학파의 많은 학자들을 만났고, 퇴계의 학문정신이 시대마다 다양하게 드러나는 광경도 지켜보았다. 여기서 언제나 다시 확인할 수 있었던 것은 퇴계의 원천(源泉)이 얼마나 맑고 깊으며 얼마나 풍부하고 멀리까지 뻗어 가는지를 새삼스럽게 깨닫게 되었다.

퇴계에 관련된 나의 저술 가운데『퇴계의 삶과 철학』은 소루하기 짝이 없지만, 퇴계의 사상과 더불어 퇴계의 인간적 풍모를 그려보려고 처음 시도하였던 것이다. 너무 서툴고 거칠게 그려낸 것이라 부끄럽기만 했다. 그래도 항상 마음에 깊은 감동으로 받아들였던 퇴계의 인간적 모습을 찾아보려고 애썼던 시도였다. 좀 더 차분하게 퇴계의 인품과 정신을 서술하여『퇴계평전』으로 다듬어 보겠다고 마음을 먹게 된 계기도 여기서 시작되었다.

막상『퇴계평전』을 탈고 하면서 나에게 가장 강하게 비쳐진 퇴계의 모습은 성리학의 이론가가 아니라, 우리를 친절하게 이끌어주는 스승이요, 우리에게 '인간의 길을 밝혀준 스승'이었다. 퇴계의 글을 읽거나 퇴계를 생각하면서 언제나 그 온화하고 친절함에도 불구하고 나도 모르게 자세를 바로잡게 하고 낯빛을 고치게 해주는 힘을 느끼게 된다. '인간의 길'은 어느 시대 누구에게나 가장 소중한 가르침이요,『퇴계평전』을 통해 퇴계가 제시한 인간의 길을 다시 음미해보고자 하였다. 그러나 원래 생각이 얕고 글은 거칠어 제대로 붙잡아 내고 제대로 그려

내지 못하는 안타까움으로 깊은 좌절감을 무수히 겪었다. 다만 믿는 바는 나의 일그러진 묘사에도 불구하고 퇴계선생의 원만한 정신은 그 일그러진 그림 뒤에 여전히 환하고 온전하게 빛나고 있을 것이라는 것이다.

이 책은 나를 처음 도산서원으로 안내해주고 나에게 평생 잊을 수 없는 뜨거운 우정을 나누어준 친우 고 이동삼(李東三)형에게 바치고자 한다. 그는 일찍 세상을 떠났지만 내 마음 속에는 언제나 그의 자리가 너무 크게 비어 있어 다른 무엇으로도 채워지지 않는다. 또한 이 책의 간행을 허락해주신 지식과교양 윤석원 사장님의 너그러운 마음에 깊이 감사드린다.

2011년 11월 21일
潛硯齋에서 금 장 태

목차

1부
생애와 가족배경

退溪評傳

1. 인간의 길을 밝혀준 스승 – 퇴계의 평생

퇴계(退溪 李滉, 1501~1570)는 조선시대 전반기의 마지막 단계인 16세기 중반에서 활동하였던 인물로서, 조선사회의 통치이념이었던 '도학'(道學) 곧 '주자학'(朱子學)의 체계를 확고하게 정립하였던 도학의 거장이었다.

한국철학사에서 보면 퇴계는 성리학과 수양론을 두 축으로 삼아 '도학'의 철학적 수준에 새로운 지평을 열어주었으며, 한국철학의 특성과 방향을 제시하는데 결정적 역할을 하였던 우뚝한 봉우리였다. 또한 유교전통에서 보면 그는 도학정신을 생활 속에서 실현하여 인격으로 구현하였던 '군자'(君子)요 '선비'의 모범으로서 유교적 인격의 전형(典型)을 제시하였던 인물이다. 퇴계의 평생은 배우는 사람들을 위해 인간 심성의 내면을 정밀하게 돌아보고 성찰할 수 있는 눈을 열어주었다. 또한 인격형성의 실천방법을 친절하게 제시해주며, 우리 사회에 건강한 인격체를 배양해내기 위해 사람들을 따뜻하게 품어 격려해주고 이끌어주었으니, 한마디로 '진정한 스승'이었다.

퇴계의 생애는 대체로 (1)출생에서 33세 때까지의 초년(初年) 시기는 유교경전과 주자학 연구에 열중하였던 '수학기'(修學期)요, (2)34세에 과거에 급제하여 벼슬길에 나가면서부터 49세 때 풍기군수를 사직하고 귀향할 때까지의 중년(中年) 기간은 대체로 관직에 나가 활동하였던 '사환기'(仕宦期)요, (3)50세 때부터 70세로 생애를 마칠 때까지의 만년(晩年) 시기는 비록 관직이 더욱 높아졌지만 끊임없이 사퇴하면서 고향 예안에 돌아와 후진을 가르치며 연구와 저술에 전념하였던 '강학기'(講學期)라는 3시기로 나누어 볼 수 있다.

(1) **초년의 '수학기'(修學期)**: 퇴계는 어릴 때 당시 명망 있는 학자였던 숙부(松齋 李堣)의 가르침을 받아 학업에 전념하면서 소년시절을 지냈다. 그는 청량산(淸凉山)을 비롯하여 고요한 산사(山寺)를 찾아다니며 독서에 열중하였다. 20세 때는 『주역』을 연구하는데 먹고 자는 것도 잊고 몰두하였다 한다. 그가 평생 몸이 마르고 쇠약해지는 병에 시달렸던 것도 젊은 시절 이처럼 과도하게 학업에 열중하다가 건강을 해쳤기 때문이다.

(2) **중년의 '사환기'(仕宦期)**: 다음으로 퇴계는 30대 중반에서 40대에 걸친 중년 시기에 주로 벼슬길에 나가 있었지만, 일찍부터 벼슬길에 뜻을 크게 두지 않고 끊임없이 학문연마에 정진하였다. 퇴계의 관료생활은 외척의 권력투쟁이 격심하였던 혼란한 시대분위기 속에서 성실하게 맡은 직무를 수행하는 것일 뿐이었다. 그는 학자로서 대궐 안에서 경적(經籍)을 관장하고 왕명에 따라 글을 짓거나 임금의 질문에 대답하는 역할을 맡은 홍문관(弘文館)

의 관직에 가장 오랫동안 재직하였다. 그가 45세 때 을사사화(乙巳士禍)가 일어나 많은 선비들이 희생당하고, 그 자신도 한때 파직당하였으나 곧 복직되었다. 이때부터 그는 조정(朝廷)에 머무를 뜻을 잃었던 것 같다. 이듬해 휴가로 고향에 돌아가자 양진암(養眞菴)을 세워 거처할 자리를 마련하였으며, 자신의 호(號)를 '퇴계'(退溪)라 짓고, 물러날 뜻을 굳혔던 것으로 보인다. 이에 따라 그는 조정을 벗어나기 위해 외직(外職)을 요청하여 단양(丹陽)군수와 풍기(豊基)군수로 나갔다가 49세 때 끝내 벼슬을 버리고 고향으로 돌아가고 말았다. 그가 물러나기를 결심한 것은 당시 외척(外戚)들이 권력을 독점하여 어지러워진 정치적 상황을 만나자, 벼슬에 나가 '한 시대를 바로 잡는 일'보다 학문 연구와 교육을 통해 '인간의 올바른 삶의 도리를 밝혀 후세를 위해 참다운 표준을 제시하는 일'에 그 자신의 역할이 있음을 자각하였기 때문이라 할 수 있다.

(3) 만년의 '강학기'(講學期): 퇴계는 50세 이후 고향의 한적한 시냇가에 한서암(寒棲菴)을 짓거나 계상서당(溪上書堂)을 짓고, 그후 도산서당(陶山書堂)을 세워, 그의 학문과 덕망을 사모하여 모여드는 제자들을 가르치며 성리학의 연구와 저술에 몰두하였다. 그가 물러난 이후에도 조정에서는 성균관 대사성(成均館 大司成), 홍문관·예문관 대제학(弘文館·藝文館 大提學), 공조판서(工曹判書), 예조판서(禮曹判書), 의정부 우찬성(議政府 右贊成), 판중추부사(判中樞府事)등 갈수록 높은 관직을 계속하여 제수하였으나, 거듭 사직 상소를 올린 뒤에 잠시 나갔다가도 곧바로 귀향하기를 반복하였다.

퇴계가 만년에 이루었던 가장 큰 업적은 후학(後學)을 가르치고 선비의 기풍(士風)을 일으키는 일이었다. 그는 세상을 떠날 때까지 만년에 도산서당에서 제자들을 가르치기를 쉬지 않았던 사실은 교육을 통해 '도학'이념을 정립하고 심화시키는데 스스로 진력하였던 교육자로서 '스승'의 모습을 가장 잘 보여준다. 실제로 그의 제자들이 그의 말씀과 행적을 기록한 것을 정리한 『퇴계선생언행록』(退溪先生言行錄)에는 학문과 생활의 전반에 걸쳐 그의 가르침과 살아가는 행실이 모범이자 표준으로서 제자들에게 얼마나 절실하게 받아들여졌던가를 엿볼 수 있게 한다. 이처럼 그가 만년에 관직에서 물러나 학문을 연마하여 이룬 업적은 한 시대에서 '도학'이념을 사회적으로 실현하는 공적에 그치는 것이 아니라, '도학'이념을 철학적으로 심화시키고 학풍으로 일으킴으로써 그 이후 조선시대 사회이념의 도학적 기반을 확립시키는 초석을 확보해준 업적을 이루었던 것이다.

퇴계는 어릴 적부터 두각을 나타내는 천재형 인물이 아니었다. 성실하게 연마하고 참착하게 성찰하며 끊임없이 향상을 추구해가는 노력형의 모범을 보여주는 사실에서도 스승으로서 그의 진실한 모습을 확인할 수 있다. 그는 관직생활에서도 혁신적 개혁을 주장하였던 인물이 아니었다. 이러한 점은 그의 기질적 성격을 보여주는 것이기도 하지만, 그가 살던 시대적 현실의 한계를 말해주는 것이다. '사화'(士禍)의 시기로 살기(殺氣)가 넘치는 조정의 위태로운 현실에서 그에게 주어진 시대적 사명이 다음 시대를 위한 준비에 있음을 각성하였던 것이요, 따라서 그는 안으로 '선비'정신의 인격적 기반을 가다듬는 내공을 쌓는데 주력하였던 것이다. 바로 이 점이 그의 학문적 성격을 성리학에서

수양론의 인격형성의 과제로 방향을 열어가게 하였던 것이요, '치도'
(治道)를 추구하는 '경세가'(經世家)의 길이 아니라 '수도'(修道)를 추구
하는 '스승'의 길을 열어가게 하였던 것이라 하겠다.

2. 출생과 가족적 배경

1) 이마가 넓은 아이 - 퇴계의 출생

퇴계는 1501년(辛酉, 연산군7) 11월 25일 경상도 예안현 온계리(禮安縣 溫溪里: 현 안동시 도산면 온혜리)에서 진사 이식(李埴)과 박씨 부인 사이에서 6남매의 막내아들로 태어났다. 퇴계가 태어날 때 부친은 39세요 모친은 32세였다.

그가 태어난 1501년은 무오사화(戊午士禍, 1498)가 일어난 지 3년 뒤요, 갑자사화(甲子士禍, 1504)가 일어나기 3년 전이다. 이처럼 퇴계는 사화(士禍)의 회오리바람이 거칠게 불고 있던 시기에 태어났던 것이다. 유럽에서는 퇴계가 태어나기 9년 전인 1492년 콜럼버스가 아메리카대륙에 도착했고, 퇴계가 태어나던 1501년 아메리고 베스푸치가 제3차 탐험항해에 나서서 남미대륙(브라질 땅) 동쪽 해안을 탐험하며 남하하고 있었으니, 이른바 '대항해시대'를 맞아 세계로 뻗어나가고 있는 시기였다. 이에 비해 조선왕조는 권력의 유지를 추구하는 훈구(勳舊)

세력들이 유교이념을 내세우며 비판의식을 제기하는 사림파(士林派)
의 선비들을 줄지어 희생시키면서 내부로 권력투쟁에 몰입하고 있었
을 뿐, 밖으로 향해 눈을 뜰 생각은 없었다. 다만 이 시기 조선 사회의
선비들이 의리의 정당성을 내세워 훈구세력의 세속적 타락상을 비판
하면서 제기하였던 개혁의식은 유럽에서 면죄부를 팔고 있는 부패한
교황청에 맞서서 1517년 마틴 루터가 95조의 항의문을 발표하여 맞서
면서 종교개혁이라는 지각변동을 일으켰던 상황과 상응하는 면도 있
는 것으로 보인다. 어떤 의미에서 이 시대는 변혁과정의 시기였고, 이
러한 시대에서는 사회의 이상과 변혁의 방법을 제시하여 다음 시대를
열어가는 인물의 출현을 요구하고 있었던 시대이다. 바로 이런 의미에
서 16세기 조선 사회는 퇴계의 출현을 기다리고 있었던 것이라 할 수
있다.

　퇴계가 태어난 온계리의 집은 퇴계의 조부 이계양(李繼陽)이 지은
노송정(老松亭)으로, 온계(溫溪) 시냇물의 동쪽이요 용산(龍山)의 남쪽
에 자리잡은 아늑하고 양지바른 곳이다. 어느 스님이 노송정의 집터를
보고는 "이 곳에 살면 귀한 아들을 두리라"고 하였다 하는데, 퇴계가
태어났으니 그 스님의 예언이 적중하였다고 하겠다. 그가 태어나고 살
았던 고향마을은 낙동강 상류의 풍광이 아름다운 곳이다. 마을 근처에
온천이 있어 냇물이 따뜻했으니 '온계'(溫溪)라 이름붙였을 것이요, 안
동읍 내에서도 70리나 들어가야 하니 골이 깊은 궁벽한 산골이라 세상
의 험난한 바람이 불어오지 않는 안온하고 평화로운 별유천지(別有天
地)를 이루는 곳이다. 한 시대를 열어줄 위대한 정신을 품어 배양하기
에 더없이 적합한 곳이었던 것으로 보인다.

어머니 박씨 부인은 퇴계를 낳던 날 밤 꿈에 공자(孔子)가 대문 앞에 오시는 것을 보았다고 한다. 큰 현인이 태어남에는 신이(神異)한 설화도 함께 생겨나는 사실을 보여준다. 어진 어머니가 평소에 자식들을 양육하면서 항상 성인을 사모하는 마음을 가슴에 지녀왔음을 말해주는 것이기도 하다.

퇴계가 태어난 지 7개월 만에 부친은 40세의 젊은 나이에 세상을 떠났으니, 어머니 박씨 부인의 편모슬하에서 자라야 했다. 퇴계의 아이때 이름은 서홍(瑞鴻)이었다. 퇴계의 숙부(松齋 李堣)는 어릴 적부터 퇴계를 무척 기특하게 여겼다 한다. 숙부 송재는 퇴계의 용모에 이마가 넓다하여 '넓은 이마'라는 뜻으로 '광상'(廣顙)이라 별명을 지어 부르고 이름을 부르지 않았던 것도 어린 조카에 대해 각별한 사랑을 표현하는 것이었다.

2) 집안의 계보(家系)

퇴계의 먼 조상에 대해서는 분명한 기록이 보이지 않는다. 그의 선대는 진보(眞寶: 현 청송군 진보면)에 살았으니 관향을 진성(眞城)으로 삼고 있다. 그후 6대조 이석(李碩)에 이르러 진보현 서리(縣吏)였다가 처음으로 사마시(司馬試)에 합격하여 생원(生員)이 되었다. 이때부터 사대부의 신분에 올라왔던 것으로 보인다.

5대조 이자수(李子脩)는 고려말에 과거에 급제하여 관직이 판전의시사(判典儀寺事: 정3품)에 이르렀고, 정세운(鄭世雲)이 홍건적(紅巾賊)을 토벌할 때 수행하여 큰 무공을 세워서 송안군(松安君)에 봉해졌다.

5대조는 뒤에 왜구(倭寇)의 침략을 피해 진보에서 안동부(安東府) 풍산현 남쪽 마애리로 이사하였고, 나중에 또 주촌(周村)으로 옮겼다.

고조부 이운후(李云侯)는 벼슬로 군기시(軍器寺)의 부정(副正: 종3품)을 지냈으나 자세한 행적의 기록이 없다.

증조부 이정(李禎)은 강개하고 큰 뜻을 지닌 인물로 활쏘기와 말 몰기를 잘하였다. 세종 때 파저강(婆猪江)일대의 야인(野人: 여진인) 추장 이만주(李滿住)가 평안도지역 변경을 자주 침범하자 조정에서는 영변(寧邊)에 큰 진(鎭)을 설치하고 약산(藥山)에 산성을 쌓아 적을 견제하는 형세로 삼고자 하였다. 이 때 조정에서는 이정을 영변판관(寧邊判官)에 임명하여 영변 부사(寧邊府使)를 돕게 했다. 당시 증조부는 약산산성을 개척하는데 공을 이루었다. 뒤에 증조부는 최윤덕(崔潤德)장군이 모린위(毛憐衛)의 야인을 정벌할 때 수행하여 무공을 이루었다. 그 후 한산(韓山)군수를 거쳐 선산 도호부사(善山都護府使: 종3품)를 지냈다. 증조모는 안동 김씨(安東金氏)로 지보주(知甫州) 김정(金挺)의 따님인데 세 아들을 두었다. 큰 아들 이우양(李遇陽)은 인동 현감(仁同縣監)을 지냈고, 둘째 아들 이흥양(李興陽)은 훈련도감(訓鍊都監)의 참군(參軍)을 지냈으며, 셋째 아들 이계양(李繼陽)은 진사였는데 바로 퇴계의 조부이다. 퇴계는 안동에 있는 고조와 증조의 선영(先塋)에 가서 친족들과 함께 묘제를 지내거나 성묘하였고, 만년에 그의 관직이 높아져 조상에게 증직(贈職)으로 벼슬이 내려지자 조상의 묘소를 찾아가 고(告)하는 분황(焚黃)의례를 행하였다.

조부 이계양(李繼陽)은 예안현 북쪽 온계리의 풍광이 아름다움을 사랑하여 안동에서 온계리로 터를 잡아 옮겨왔다. 소과에 합격하여 진사가 되었으나 일찍부터 대과 시험에 뜻을 접고 산림 속에 은거하는 생활을 즐기고 오로지 자녀들을 가르치는 것으로 사업을 삼았다. 조모는 영양 김씨(英陽金氏)로 부사직(副司直) 김유용(金有庸)의 딸이다. 조모는 어린아이 같이 맑은 얼굴에 학처럼 하얀 머리칼을 하고 93세까지 건강하게 장수하다가 퇴계가 22세 때 운명하였다. 여러 손자들이 나아가 조모를 뵈면, 반드시 부지런히 공부하여 입신양명(立身揚名)하라고 권장하고, 학업을 폐기하거나 행실을 그르치는 일을 경계하여 타일렀다고 한다.

　퇴계의 선대에는 큰 벼슬을 한 인물이 없다. 5대조와 증조는 벼슬을 하였지만 무공(武功)을 세워 조금 드러났을 뿐이다. 조부와 부친은 진사에 그치고 벼슬에 나가지 못하였으나 학문을 좋아하여 가학(家學)의 기반을 닦음으로써 대학자로 퇴계가 출현할 수 있는 토대를 마련하였던 것으로 보인다. 퇴계는 어려서 숙부(松齋 李堣)에게서 교육을 받았으니 그 가학(家學)이 크게 결실을 거둔 것이다.

　퇴계의 집안에서 가장 먼저 높은 관직에 오른 인물은 숙부 이우(松齋 李堣, 1469~1517)이다. 숙부는 연산군 시절 문과에 급제하여 이조 좌랑(吏曹佐郎)·병조 정랑(兵曹正郎)·사헌부 장령(司憲府掌令)·사간원 사간(司諫院司諫)·군기시 부정(軍器寺 副正)을 지내고 승정원 동부승지(承政院同副承旨)로 있던 1506년 중종반정(中宗反正)이 일어났다. 이때 분의정국공신(奮義靖國功臣)으로 청해군(靑海君)에 봉해졌는데, 이 훈작은 뒤에 삭탈되었다. 숙부는 중종이 즉위한 해에 노모를 봉양하기 위해 진주 목사(晉州牧使)로 외직에 나갔다가 그후 서울로 올라와 호조 참판(戶曹參判)·형조 참판(刑曹參判)을 지내고 다시 강원도 관찰사로 나갔다. 1512년 노모를 봉양하기 위해 사직하고 고향에 돌아왔다.
숙부는 1515년 고향에서 가까운 안동 부사(安東府使)에 다시 나갔으나
1517년 49세의 젊은 나이에 세상을 떠났다. 숙부는 형(퇴계의 부친)이
돌아간 뒤로 아버지를 잃은 조카들을 자기 자식처럼 돌보고 가르쳤으
니 퇴계의 형제들에게는 아버지의 역할을 해주고 스승의 역할을 하였
던 인물이다. 숙부는 문장이 아담하고 시를 잘 지었는데, 저술로는 흩
어지고 남은 『관동록』(關東錄)·『귀전록』(歸田錄)의 시와 문장을 묶은
『송재집』(松齋集) 1권이 있고, 우리 역사를 기술한 『동국사략』(東國史
略) 2권이 있다. 퇴계와 넷째 형 이해(李瀣)는 숙부가 고향에 돌아온 이
후 숙부에게서 수학하였다.

3) 부모와 형제

(1) 부모

퇴계의 부친 이식(李埴, 字 器之, 1463~1502)은 어려서부터 자질이 특
이하고 독실하게 학문을 좋아하며 근면하게 노력하였다. 초취(初娶)부
인은 의성 김씨(義城金氏)로 예조 정랑(禮曹正郎) 김한철(金漢哲)의 딸
인데, 장인 김한철은 일찍 세상을 떠났다. 처가에는 서적이 매우 많았
는데 장모 남씨(南氏)부인은 "내가 들으니 서적은 공공의 물건이라 반
드시 선비에게 돌아가야 하는데, 나의 여러 자식들은 이 서적을 가지
기에 부족하다."하고, 많은 서적들을 모두 사위인 이식에게 넘겨주었
다고 한다.

　부친은 "옛 학문에 크게 진력할 수 있어야 한다."고 말하면서, 여섯 살 아래의 아우 이우(松齋 李堣)와 더불어 경전과 역사 및 제자백가를 연구와 탐색하는데 밤낮을 쉬지 않고 힘썼다. 이렇게 퇴계의 부친과 숙부가 학업을 크게 이루니, 당시 사람들은 이들 형제를 추앙하고 따랐다 한다. 퇴계의 부친은 성품이 고결하여 굽히지 않아서 세속을 따라 거동하지 않았으며 문장에서도 과거시험의 형식을 달갑게 여기지 않았기 때문에 번번이 과거시험에 낙방하였고 퇴계가 태어나던 해(1501)인 39세에 뒤늦게 진사가 되었다. 벼슬에 나가기에는 이미 때가 늦고 말았던 것이다. 그래서 부친은 집 남쪽 영지산(靈芝山) 북쪽 자락으로 두 시냇물이 합쳐지는 언덕 위에 거닐만한 곳을 찾아내어, "나는 끝내 때를 만나지 못하였으니 마땅히 여기에 집을 짓고 학도를 모아 가르친다면 또한 나의 뜻을 저버리지 않을 수 있다."고 말하여, 후학을 가르칠 뜻을 세웠으나, 그 이듬해 병이 들어 40세의 젊은 나이에 세상을 떠나고 말았다.

　퇴계의 부친은 평소에 자주 탄식하면서 "나의 여러 자식들 가운데 나의 뜻을 따르고 나의 사업을 이을 수 있는 아이가 있다면 내가 비록 이루지 못하였어도 여한이 없겠다."고 말했었다 한다. 비록 자신이 세상에 진출하여 뜻을 펼 기회를 얻지 못하였지만 자식들에게 크게 기대하고 있었음을 엿볼 수 있다. 이러한 부친의 소망은 다섯째 아들(李瀣)이 높은 벼슬에 올랐을 뿐만 아니라 일곱째 아들인 퇴계에 의해 기대 이상으로 이루어졌다. 훗날 퇴계가 온 나라에서 대현(大賢)으로 받들어지면서 퇴계의 부친은 대현을 낳은 분으로 높여져, 사당으로 온계리 낙모봉(落帽峯) 아래에 '계현사'(啓賢祠)가 세워졌다.

부친의 초취 부인 의성 김씨(1460~1488)는 시집와서 아들 둘과 딸 하나를 낳고 29세로 세상을 떠났다. 이때 부친의 나이는 26세였다. 후취 부인인 춘천 박씨(春川朴氏, 1470~1537)는 아들 다섯을 두었는데, 퇴계는 바로 박씨 부인이 낳은 막내아들이다. 퇴계의 외가는 용궁현 대죽리(龍宮縣 大竹里: 현 경북 예천군 용궁면)였고, 외조부는 벼슬이 없던 선비(『퇴계연보』에는 정7품 무반인 '司正' 벼슬을 한 것으로 기록)인 박치(朴緇)요 외조모는 월성 이씨(月城李氏)부인이다. 뒷날 퇴계는 홍문관 응교(應敎)로 있던 44세 때 휴가로 고향에 왔다가 서울로 돌아갈 때 새재(鳥嶺)로 길을 잡아 용궁(龍宮縣 大竹里)의 가지산(可枝山)에 있는 외조부(朴緇)의 묘소에 성묘를 하였으며, 63세 때도 예천(醴泉)에 사는 누님을 찾아보고, 용궁(龍宮)으로 외조부 묘소를 찾아가 전(奠)을 드렸던 일이 있는데, 외가에 정이 깊었음을 보여준다.

퇴계가 태어나서 7개월 만에 부친이 세상을 떠났는데, 이때 33세의 모친 박씨부인으로서는 전실의 큰 아들(李潛)만 겨우 혼인을 하였을 뿐 본인 소생의 아들 다섯을 포함하여 아들 여섯과 딸 하나의 여러 어린 자식들을 모두 떠맡아 양육해야 하는 무거운 짐을 지게 되었다. 모친은 가문을 유지하며 자식들을 성취시키기 위해 노심초사하며 밤낮으로 농사와 양잠에 힘썼다. 자식들이 점점 자라자 어려운 살림에서도 학비를 마련하여 스승을 찾아 나가 배우도록 뒷받침을 하였다.

모친은 자식들에게 학문에 힘쓸 뿐만 아니라 몸단속과 행실을 삼가는 것이 중요함을 타일렀으며, "세상 사람들은 으레 과부의 자식이라 배우지 못했다고 욕하는데, 너희들은 백배나 노력하지 않는다면 어떻게 이런 꾸짖음을 면할 수 있겠느냐."고 하며, 간곡하게 타일렀다. 퇴계의 성장과정에 모친의 가르침이 깊이 젖어 있음을 보여준다.

모친은 퇴계의 학문이 향상되는 것을 보시고, "너는 학업이 이미 이루어졌으니, 과거급제를 근심할 것이 없다. 다만 네 성품이 사람들과는 다르니, 벼슬은 한 고을 현감(縣監)에 이르면 되겠다."고 당부하였다. 또 모친은 퇴계의 뜻이 높고 깨끗하여 세상살이에 맞지 않을 것을 살피고서, "너의 벼슬은 한 고을의 현감이면 마땅할 것이지, 높은 벼슬아치가 되기에는 마땅하지 않다. 아마도 세상이 너를 받아들이지 않을지도 모른다."고 타일러, 높은 벼슬에 올라 사람들의 공격을 받지 말고, 낮은 벼슬에 만족하여 분수에 자족하도록 훈계하기도 하였다.

뒷날 자식들 가운데 둘이 과거에 급제하여 벼슬길에 오른 뒤에도 모친은 자식들이 영예롭게 높이 승진하는 것을 기뻐하지 않고 항상 세상일의 환난을 근심하였다 하니, 그의 모친은 세속의 득실과 영화에 현혹되지 않고 멀리까지 살피는 생각이 깊고 신중하였던 분임을 엿볼 수 있다. 퇴계가 36세 때(1536) 성균관 전적(典籍: 정6품)에 오르고 넷째 형 이해(李瀣)는 의정부 검상(檢詳: 정5품)이었는데 그해 7월 형제가 휴가를 얻어 함께 고향에 돌아와 모친을 뵈었다. 조정에서 벼슬하는 두 아들을 맞이하는 모친은 마음속으로 무척 대견하였을 것이다. 모친은 그 이듬해(1537) 10월 퇴계가 37세 때 68세의 수를 누리고 세상을 떠났다. 퇴계는 6품직에 오르면서 지방의 수령으로 나가 노모를 봉양하고자 하였으나 뜻을 이루지 못했는데 모친이 별세하자 애통함이 매우 심했다. 서울에서 내려와 거상(居喪)하는 동안 너무 슬퍼하여 몸이 여위고 병이 깊어지는데 이르렀다고 한다.

(2) 형제

퇴계의 부친은 전실 의성 김씨 소생에 아들 둘과 딸 하나가 있었고, 후실 춘천 박씨 소생에 아들 다섯이 있었는데, 막내 아들인 퇴계에게는 형님 여섯 분과 누님 한 분이 있는 것이다.

김씨 부인 소생인 큰형 이잠(李潛, ?~1536)은 충순위(忠順衛)의 무관직을 지냈고, 둘째 형 이하(李河)는 예천훈도(醴泉訓導: 종9품)를 지냈으며, 누님은 신담(辛耼)에게 출가하였다. 퇴계는 여덟 살의 어린 나이에도 형수를 만나면 하루에 몇 번 만나더라도 반드시 일어나 피하여 공경하는 예를 갖추었다고 한다. 이를 보고 모친은 "이 아이는 가르치지 않아도 잘 한다."고 칭찬을 하였다. 이 무렵 둘째형이 칼날에 손을 베었을 때, 어린 퇴계가 둘째형의 손을 붙잡고 울었던 일이 있었다. 모친께서 "네 형은 손을 다쳤어도 울지 않는데, 네가 왜 우느냐."고 묻자, 어린 퇴계가 "형은 비록 울지 않지만, 어찌 저토록 피가 흐르는데 손이 아프지 않겠습니까."라고 대답하였다 한다. 어릴 때부터 퇴계는 형제 간에 우애가 두터웠으며, 가볍게 행동하지 않고 예모를 갖춘 진중함을 보여주는 대목의 이야기다.

셋째 아들로 박씨 부인 소생의 첫 아들인 서린(瑞麟)은 관례도 하기 전에 일찍 죽었다. 그래서 넷째 아들인 이의(李漪)를 퇴계는 셋째형으로 불렀다. 셋째 형도 벼슬을 못하고 일찍 죽었다. 다섯째 아들인 넷째 형 이해(李瀣, 字 景明, 1496~1550)는 퇴계보다 다섯 살 위인데, 33세 때 (1528) 문과에 급제하여 내직으로 도승지(都承旨)·대사헌(大司憲)·대사간(大司諫)·예조 참판(禮曹參判)·한성부 우윤(漢城府右尹)등 중요한 직책에 오르고, 무관직으로 오위도총부 부총관(五衛都總府 副總管)이 되었으며, 외직으로 황해도 관찰사와 충청도 관찰사에 나갔으니 종2품의 높은 관직을 두루 지냈다. 그러나 넷째 형은 인종(仁宗) 초에 대사헌으로 우상(右相)인 이기(李芑)를 배척하면서 이기와 불화하였는데, 명종(明宗) 초 윤원형(尹元衡)과 이기 등이 권력을 장악하여 을사사화(乙巳士禍, 1545)를 일으키면서 많은 선비들이 희생되었다. 그 여파로 이기의 심복인 이무강(李無彊)의 무고를 받아 의금부(義禁府)에 투옥되어 혹독한 국문(鞠問)을 당했다. 왕명으로 죽음을 면하고 갑산(甲山)에 유배되었으나 유배 도중 양주(楊州)에서 55세로 죽고 말았다. 뒤에 선조가 즉위하자 을사사화이후 선비들의 억울한 죄목을 풀어주었는데, 이때 넷째형도 신원(伸寃)되고 관직이 회복되었다. 퇴계는 넷째 형을 가장 존경하여 따랐고 또 함께 조정에서 벼슬하면서 더욱 가까이 지냈던 것으로 보인다. 다섯째 형 이징(李澄)은 제원 찰방(濟原察訪: 종6품) 벼슬을 하였으나 드러난 기록이 없다. 넷째 형(李瀣), 다섯째 형(李澄)과 주고받은 편지가 상당히 남아 있는 것으로 보면 퇴계는 위의 형들이 세상을 떠난 뒤로 끝의 두 형과 오래도록 형제간의 우애를 유지해왔던 것으로 보인다.

4) 처와 자녀

퇴계는 21세 때 김해 허씨(金海許氏) 진사 허찬(默齋 許瓚, 1481~1535)의 딸을 아내로 맞아 장가를 갔다. 퇴계는 허씨 부인과 서로 손님처럼 공경하여 부부의 예의를 지켰다. 처가는 의령(宜寧: 宜春 嘉禮村)이었

는데 매우 부유하여 살찐 말이 있었으나, 처가에 왕래하면서 언제나
수척한 말을 타고 다녔으며 처가의 살찐 말을 탄 적이 없었다고 한다.
장모는 문경동(滄溪 文敬仝)의 따님인데 친정이 영주(榮州: 榮川 草谷)
로 부유한 집안이나 딸만 있고 아들이 없어 퇴계의 장인이 영주에 와
서 처가살이를 하였다 한다. 이러한 인연으로 퇴계에게는 처가에서 받
은 토지가 영주와 의령에 있었던 것으로 보인다. 퇴계는 장인 허찬(許
瓚)의 묘갈(墓碣)을 지었는데, 성품이 강직한 인물로 불행히 고을의 간
교한 서리(胥吏)의 횡포로 억울한 옥사(獄事)에 걸려 고통을 당하다가
죽고 말았던 사실을 기록하고 있다.

　퇴계는 허씨 부인과 사이에 아들 둘과 딸 하나를 두었는데, 퇴계가
23세 때 큰 아들(李寯)이 태어나고 27세 때 둘째 아들(李寀)이 태어났
으나, 허씨 부인은 둘째 아들을 낳고 한 달 만에 세상을 떠났다. 허씨
부인은 그 외가의 선영(先塋)이 있는 영주(榮川 沙禽洞 石峯 동쪽 기슭)
에 장사지냈다. 뒤에 퇴계의 제자인 오운(竹牖 吳澐)은 허씨 부인의 묘
갈(墓碣)에서, "선생(퇴계)께서 아름다운 배필이 일찍 돌아감을 애통해
하고, 늘그막에 이르도록 그리움을 그치지 않았으니, 그 어진 행실을
알 수 있다."고 하여, 허씨 부인이 어진 덕을 칭송하고 퇴계가 만년에
까지 일찍 세상을 떠난 허씨 부인을 그리워했던 사실을 언급하고 있
다. 큰 아들 이준(李寯, 1523~1583)은 봉화 현감(奉化縣監)의 벼슬을 하
였다. 이준은 훈도(訓導) 금재(琴梓)의 딸에게 장가들어 아들 셋(安道ㆍ
純道ㆍ詠道)을 낳았는데, 퇴계의 장손인 이안도(蒙齋 李安道, 1541~1584)
는 사온 직장(司醞直長)의 벼슬에 올랐다. 퇴계의 둘째 아들 이채(李寀,
1527~1548)는 22세로 일찍 죽었다.

퇴계는 27세 때 허씨 부인을 잃고 29세 때 안동 권씨 봉사(廣興倉奉
事) 권질(四樂亭 權礩, 1483~1545)의 따님을 후취로 맞았다. 처조부(妻
祖父)인 권주(花山 權柱)는 예조 참판(禮曹參判)으로 연산군 때 갑자사
화(甲子士禍, 1504)에 걸려 죽임을 당했고, 이때 장인도 거제도(巨濟島)
에 유배되었다가 중종반정(中宗反正)으로 풀려났다. 권씨 부인의 친정
인 풍산(豊山: 현 안동군 풍산면 枝谷里 佳逸)이었는데, 퇴계는 63세 때
풍산으로 찾아가서 처조부(權柱)의 묘소에 참배하고 그 절의와 문장을
칭송하는 시를 지었던 일도 있다. 퇴계는 풍산에도 처가에서 물려받은
토지가 있었다.[1]

그후 장인(權礩)의 아우 권전(權磌)은 홍문관 수찬(修撰)으로 기묘사
화(己卯士禍, 1519)때 파직되고 신사무옥(辛巳誣獄, 1521)때 안처겸(安
處謙)과 함께 죽임을 당했는데, 이때 장인도 예안(禮安)에 유배되었다.
권질은 예안에서 오랜 유배생활을 하고 있었기 때문에 퇴계의 인물과
행실을 잘 알고 둘째 딸을 퇴계에 시집보냈다 한다. 권씨 부인의 친정
은 사화(士禍)에 잇달아 희생되었던 이른바 사림파(士林派)의 가문이
었다. 그러나 퇴계의 후취 권씨 부인은 집안의 참혹한 우환을 당하면
서 큰 충격을 받아 정신이 온전하지 못한 문제가 있었다고 한다.

퇴계가 34세 때 벼슬길에 나가 예문관 검열(藝文館檢閱)에 임명되고
춘추관 기사관(春秋館記事官)을 겸직하게 되었을 때, 김안로(金安老)의
사주를 받은 간관(諫官)이 "이황은 권질의 사위이니 사관(史官)이 될

---

1 퇴계가 前室(허씨 부인) 처가에서 물려받은 榮州지역 토지는 밭 135마지기와 논 337
   마지기요, 後室(권씨 부인) 처가에서 물려받은 豊山(佳逸)의 토지는 밭 86마지기와
   논 67마지기였다고 한다. 정순목. 『退溪正傳 - 入朝사실과 年譜』(지식산업사, 1992)
   58쪽 참조.

수 없다"고 반대하여 퇴계 자신은 물론이요 퇴계를 추천했던 예문관 관리들도 파면되었던 일이 있었다. 퇴계는 43세 때 단성(丹城: 현 산청군 단성면)을 다녀오는 길에 유배에서 풀려난 이후 안음(安陰: 현 함안군 안의면 迎勝村)에 은거하고 있던 장인(權礩)을 찾아뵙기도 하였다. 권씨 부인의 조부와 부친은 지조가 높은 선비집안의 인물이었으나, 권씨 부인은 현명하지 못하여 퇴계에게 큰 고민거리였던 것으로 전해진다. 권씨 부인의 소생으로 아들은 없고 딸을 하나 두었는데, 현감 신섬(申暹)이 퇴계의 사위이다.

퇴계는 장인 권질이 세상을 떠나자 46세 때(1546) 2월 휴가를 얻어 고향에 돌아와 장인의 묘소에 성묘하고 애도하는 시에서, '쓸쓸한 산 성묘 마치고 고향에 돌아오니/ 매화꽃 핀 곳에서 님의 넋을 생각하네.'(奠罷荒山歸古里, 少梅開處想精神)라 읊고 있다. 이처럼 그는 장인 권질에 대해 깊은 존경심을 간직하고 있었던 것이다. 그해 퇴계는 병으로 고향에 머물고 있는 사이에 권씨 부인은 서울 집에서 죽었다. 넷째 형(李瀣)이 수로(水路)로 운구(運柩)하여 돌아와 예안의 하계(下溪) 동쪽 백지산(栢枝山)에 장사지냈다.

2부
배움의 길 세상의 길

退溪評傳

1. 학문에 바친 열정과 배움의 기쁨

1) 일찍 배움에 뜻을 세우고

퇴계는 여섯 살에 글을 배우기 시작하여 읽을 줄 알게 되었다고 한다. 이 때 이웃에 사는 노인의 집에 가서 『천자문』(千字文)을 배웠다. 아침마다 세수하고 머리 빗어 용모를 단정히 한 다음 노인의 집에 가서는 반드시 울타리 밖에서 전날 배웠던 것을 가만히 몇 번씩 외워 본 다음에 들어가 그날의 수업을 받았다 한다.

여섯 살에 글을 배우기 시작했다는 것은 특별히 일찍 글을 깨쳐 천재성을 보여주는 것이라 할 수는 없다. 그러나 처음 글을 배우기 시작하면서 스승 앞에 나가는 태도는 어린아이답지 않게 조심스러움과 진지함을 보여주는 것이니, 배움의 올바른 자세를 일찍부터 스스로 실천하고 있음을 말해준다. 6, 7세의 어릴 때부터 그는 온순하고 공손하며, 어른을 대할 때 태만한 모습을 보이지 않았다 한다. 밤중에 깊이 잠들었다가도 어른이 부르면 곧 깨어나 얼른 대답하였고, 삼가는 행실이 있었다. 그래서 아직 어려 『소학』(小學)을 읽기도 전이었지만, 『소학』에서 가르치는 물 뿌리고 마당 쓰는 실천의 절도와 효도하고 공경하는 사람의 도리를 실행하였다고 하니, 타고나면서 도리를 알아차리는(生而知之) 아름다운 천품을 지녔던 것이다.

일곱 살 때 숙부(松齋 李堣)는 진주목사(晉州牧使)로 나갔는데, 일찍 아버지를 여윈 퇴계의 형제들을 숙부가 거두어 가르쳤다. 그래서 퇴계의 형들(李河·李漪·李瀣)이 진주로 숙부를 따라가서 글을 배웠다. 이때 집에 남아있게 된 어린 퇴계가 형들과 떨어져 있는 것을 안타까워하자, 모친이 "자식된 도리는 마땅히 글을 읽어 학업을 성취해야 한다. 너의 형들은 이를 위해 갔는데, 어찌 너무 그리워해서야 되겠느냐."라고 타일렀다. 이때부터 퇴계는 더욱 배우기를 게을리 하지 않았다.

퇴계는 열두 살 때 숙부에게서 『논어』를 배우면서 본격적으로 수업을 받기 시작했다. 숙부는 스승으로서 가르치고 독려함이 매우 엄격하여, 학업과정을 세워 놀거나 들뜨게 행동하지 못하도록 하고, 말씀이나 안색에 조금도 용서함이 없었다 한다. 퇴계도 숙부의 가르침을 받들어 조심하고 힘쓰며 조금도 게을리 한 적이 없었다. 『논어』와 주자의 『집주』(論語集註)를 한권씩 차례로 모두 외워 나갔는데, 처음부터 끝까지 한 글자도 틀림없이 외웠지만, 숙부는 칭찬하는 말 한마디도 없을 만큼 엄격한 스승이었다. 뒷날 퇴계는 이때 수업을 받던 과정을 회고하면서, "이렇게 배워 나가기를 오래하니, 차츰 처음 배울 때와는 달라졌다. 읽기를 3권, 4권에 이르자 간간이 스스로 환하게 이해되는 곳이 있었다."고 자신의 학문적 성장과정을 보여주었다. 또한 그는 "내가 학문에 게으르지 않은 것은 모두 숙부께서 가르치고 독려해주신 힘이다."라 하여, 자신의 평생 학문에 전념할 수 있었던 배움의 길이 이때 숙부에게서 받은 엄격한 수업에 힘입은 것임을 밝히고 있다.

『논어』를 배우기 시작한 지 얼마 되지 않아 첫 머리인 「학이」(學而)편을 읽다가 "제자가 집에 들어와서는 효도하고 밖에 나가서는 공손해야 한다."(弟子, 入則孝, 出則悌)는 대목에 이르자, 퇴계는 두려워하며 성찰하는 마음으로 "사람의 자식된 도리는 마땅히 이와 같아야 한다."고 스스로 경계하였다. 12세 소년이 『논어』를 읽으면서 이미 글자를 외우고 글 뜻을 풀이하는 것이 아니라 자신을 성찰하고 성품을 함양하는 인격형성의 공부를 하고 있는 깊이를 엿볼 수 있게 한다.

퇴계의 학업 태도가 이처럼 근면하고 성실하니, 숙부가 아무리 엄격한 스승이었다 하더라도 칭찬하지 않을 수 없었던 것 같다. 어느 날 『논어집주』의 자장편(子張篇)편을 읽을 때 '이'(理)라는 글자의 뜻을 음미하다가 숙부에게 "모든 일에서 옳은 것이 '이'(理)입니까?"라고 물었더니, 숙부는 기뻐하며, "네가 이미 문장의 의리를 이해하였구나!"라고 칭찬하였던 일이 있다. 또한 숙부는 성품이 근엄하여 자제들을 칭찬하는 일이 적었지만, 넷째 형(李瀣)과 퇴계가 함께 글을 배울 때에는 번번이 칭찬하여, "죽은 형은 이 두 아들을 두었으니, 죽은 것이 아니다."라고 말하였다. 특히 퇴계에 대해서는 "우리 가문을 지탱해 줄 사람은 반드시 이 아이일 것이다."라고 말하였다 한다. 숙부가 어린 퇴계를 가르치면서도 장래에 큰 인물이 되리라 내다보고 기대함이 얼마나 컸던지를 엿볼 수 있다.

15세 때 봄에는 숙부가 산을 유람하다가 고향 북쪽으로 가까운 이웃 고을의 청량산(淸凉山)에 있는 절 청량암(淸凉庵: 현 淸凉寺)에 머물렀다. 당시 퇴계도 형제들과 함께 따라가 이 절에서 숙부를 모시고 독서하였다. 이때부터 퇴계는 여러 차례 책 상자를 메고 숙부를 따라 형들과 함께 청량암에 가서 독서하였던 일이 있었다. 퇴계는 청량산에 특별한 애정을 가졌던 것 같다. 뒷날 주세붕(周世鵬)의 「청량산록」([遊]淸凉山錄)에 발문을 붙이면서도 청량산이 이웃 고을인 봉화(奉化) 땅에 속하지만 사실상 '우리 집 산'(吾家山)이라고 말할 만큼 자신의 집안과 깊은 인연이 있음을 밝히고 있다. 55세 때도 청량산에 들어가 한 달이 지나서 돌아왔는데, 이때 자신의 소년시절을 회상하면서 그 시절 숙부가 남긴 시를 읽으며, "청량사에서 어른 모시고 노닐던 날 회상하니/소년시절 어제 같은데 눈처럼 흰머리 가득하구나."(淸凉寺裡億陪遊, 丱角如今雪滿頭)라고 감회에 젖어 눈물을 흘리며 시를 읊어서, 15세 때의 자신과 같은 어린 소년들인 조카와 손자들에게 보여주기도 하였다.

15세 때 겨울에는 안동 부사였던 숙부를 따라 안동에 가서 학업을 계속하였고, 이듬해 봄에는 안동의 봉정사(鳳停寺)에서 글을 읽었다. 숙부의 지도를 받으며 독서한 것은 경전 공부가 중심이었을 것으로 보인다. 여기서 한 걸음 나아가 17세 때부터는 도학(道學) 곧 주자학 공부에 뜻을 세웠던 것으로 짐작이 된다. 이때부터 그는 각고의 노력으로 공부를 하다가 병을 얻게 되었다고 한다. 퇴계 자신의 말을 들어볼 필요가 있다.

"내 나이 17,8세 무렵에 고을에는 선배가 없어 학문을 따로 물을 곳이 없었다. 다만 옛 글을 읽고서 진실한 마음(實心)을 구하고, 방자함이 있으면 마음을 간직하여 지켰다. 때로 한밤중에 자리에서 일어나 무릎을 꿇고 앉아서 마음을 붙잡아 간직하였다. 날마다 이렇게 하여 마음과 힘을 극도로 쓰자, 도리어 마음의 병(心疾)이 생겨 거의 실성(失性)하는 데 이르렀다. 여러 가지로 조리하고 치료하느라 한창 나이에 전혀 강론과 독서를 못하였다. 노쇠함에 이르러서야 성인의 도리가 분명함을 알게 되어 겨우 노년의 모양을 수습하였으나, 여전히 한결같이 노력할 수가 없다."   〈『연보』〉

"나는 비록 젊어서부터 학문에 뜻을 두었으나, 공부해 들어가야 할 길을 알지 못하였다. 정신을 허비하면서 탐구하고 사색하기를 그치지 않았다. 때로는 밤새도록 정좌(靜坐)하여 잠을 자지 않기도 하였다. 이 때문에 마음의 병을 얻어 공부를 폐한 것이 여러 해였다. 만약 선생과 벗을 만나 길을 잃었을 때 가리켜줌을 받았다면, 어찌 정신과 체력을 잘못 써서 늙도록 터득함이 없었겠는가?"   〈『연보』〉

퇴계는 이 무렵 도학의 심성을 수양하는 공부와 이치를 궁구하는 공부에 몰입하였던 것으로 보인다. 그는 밤잠도 안 자고 정좌(靜坐)하여 사색하는 공부에 각고의 노력을 하였다. 불교에서 말하는 수도자의 용맹정진(勇猛精進)하는 모습을 드러내주고 있는 것이다. 그러나 공부의 방향과 절차를 지도해줄 스승이나 벗을 만나지 못하고 독학으로 과도한 노력을 하면서 마음의 병을 얻었다고 한다. 여기서 '마음의 병'(心疾)이란 요즈음 말로 '신경쇠약'에 해당하는 것이라 짐작된다. 퇴계 자신의 설명을 들으면 "방법을 잘 몰라 헛되이 각고하는 노력을 하다가 지나치게 심해서 파리하고 초췌해지는 병을 얻었다."〈「答趙士敬」〉는 언급에서 보여주듯이, 과도한 노력으로 사색하는데 따라 심신이 쇠약해지는 병으로, '파리하고 초췌해지는 병'(羸悴之疾)을 가리키는 말이다. 이렇게 병을 얻어 몇 년 동안은 이전처럼 전념하여 학업에 몰두할 수 없는 처지에 놓이기도 하였다 한다.

분명 퇴계는 타고난 천재가 아니라 엄청난 노력을 기울여 학문을 크게 성취한 인물이다. 이런 의미에서 '타고나면서 도리를 알아차리는' (生而知之) 인물은 아니었던 것 같다. 또한 소년시절 숙부로부터 경전 공부의 지도를 받았지만, 그후 스스로 도학에 뜻을 세우고 이치의 근원을 궁구하며 심성의 실지를 체득하기 위해 노력하면서, 지도해줄 스승이나 벗을 만나지 못하여 독학을 하였던 것이다. 그렇다면 '배워서 이치를 알게 되었던'(學而知之) 인물이라 하기도 어렵다. 그는 독학하는 사람이 학문의 방법과 요령을 얻기 위해 겪지 않을 수 없는 힘겨운 방황과 쓰라린 실패의 경험을 스스로 감당하여 학문을 성취하였던 것이다. 그렇다면 퇴계는 '괴로운 노력의 과정을 통해 이치를 터득한'(困而知之) 학자의 면모를 가장 절실하게 드러내주고 있는 경우라 할 수 있겠다.

퇴계는 노년에 자신의 평생을 돌아보며 젊은 날 독학하면서 방황하지 않고 스승을 만나 요령을 얻었다면 자신의 학문이 더욱 크게 성취되었을 것이라 말한 것은 단순히 겸손하게 말하는 것이 아니다. 농사 짓는 방법의 지도를 받아가며 잘 경작된 밭을 경작하는 사람에 비교한다면 돌밭을 일구며 농사짓는 방법을 스스로 터득해가는 사람의 노력이 얼마나 힘겨운 것인지를 말하여 제자들을 분발하도록 격려해주는 말이라 이해된다.

퇴계의 소년시절 배움의 길에서는 16세까지 경전중심의 학습단계
와 17세 이후의 도학중심의 연구단계로 뚜렷한 변화의 과정을 드러내
주고 있는 사실이 주목된다. 도학의 공부는 주자학을 학문체계의 기준
으로 삼고 있으며 성리설을 비롯하여 경학·예학·수양론·의리론·경
세론 등을 중요한 연구과제로 삼고 있다. 그는 이미 어릴 때 손수 베껴
서 간직하던 책이 있었는데, 이 책에는 '하도'(河圖)·'낙서'(洛書)·'홍
범'(洪疇)의 상수(象數)를 비롯하여 하늘과 사람의 이치가 하나(天人理
一)임을 제시하는 근원적 원리를 제시하는 것이었다고 한다. 그것은
17,8세 때 도학에 뜻을 세웠던 것은 이미 그 이전부터 도학의 이론에
깊은 관심과 흥미를 가져왔음을 말해준다.

18세 때는 안동 향교에 가서 공부하였다. 당시 안동부사이었던 이
현보(聾巖 李賢輔)는 향교에 선비들을 불러모아 학풍을 일으키고 인재
를 배양하는데 힘썼다. 이때 향교에 모인 선비들은 대부분 나이가 제
법 들었지만, 아직 소년으로 총각이었던 퇴계는 단정한 용모와 신중한
언행으로 나이 든 선비들도 그를 가볍게 대하지 못했다고 한다. 이미
도학에 뜻을 세웠으니 그 기상이 범속하지 않았음을 보여주는 것이다.
19세 때 퇴계가 자신의 회포를 읊은 시를 남기고 있다.

숲 속 오두막 만 권 책을 홀로 사랑해	獨愛林廬萬卷書
한결같은 마음으로 10년을 넘겼네.	一般心事十年餘
요사이 만물의 근원을 깨달은 듯한데	邇來似與源頭會
내 마음 다하여 태허(太虛)를 보노라.	都把吾心看太虛.

〈「詠懷」〉

퇴계의 부친은 장인의 많은 책을 물려받았는데, 퇴계는 그 만권의 책 속에 파묻혀 소년시절 10여 년을 한결같이 배움의 길에 전념해왔던 것이다. 이제 19세의 나이로 소년시절이 끝나는 시점에 이르렀는데, 이때 그는 마음 깊이 우주의 본래 모습 '태허'(太虛)를 인식하면서 만물의 근원에 대한 통찰을 보여주고 있다. 퇴계는 소년시절 이미 도학의 형이상학적 문제로서 성리설의 공부에 상당한 수준의 이해를 이루고 있음을 말해주는 것이다.

퇴계는 19세 때 숙부 댁에서 『성리대전』(性理大全)의 처음과 끝 두 권을 빌려와 처음으로 읽었다 한다.『성리대전』의 첫 권(권1)은 주렴계(周濂溪)의 「태극도설」(太極圖說)을 주자가 주석한 것으로 성리설의 근원을 제시한 것이라 한다면, 마지막 권(권70)은 소강절(邵康節)의 「건곤음」(乾坤吟)을 비롯한 시(詩)와 주자의 「경재잠」(敬齋箴)을 비롯한 잠(箴), 장횡거(張橫渠)의 「동명」(東銘)을 비롯한 명(銘) 등을 수록된 것으로 도학정신의 정수(精髓)를 보여주는 것이다. 이때의 감회로 "나도 모르게 마음이 기쁘고 눈이 열렸다. 연구함이 익숙해지고 오래되니 차츰 의미를 알게 되어, 그 문(門)과 길(路)을 얻은 듯하였다."고 하였다. 『성리대전』을 읽으면서 마음이 기쁘고 눈이 열렸다는 것은 배우고 깨달음을 얻는 기쁨의 제 맛을 알았다는 것이요, 또한 그는 『성리대전』을 통해 도학으로 들어가는 문에 들어서고 도학에 나아가는 길을 발견하였던 사실을 밝히고 있다.

특히 『성리대전』 가운데서도 주렴계의 「태극도설」에 대해 퇴계는 자신이 도학의 세계를 찾아들어가는 출발점으로 삼았던 곳이라 하였다. 뒷날 제자들에게 「태극도설」을 강론하면서, "내가 사람들을 가르칠 때 간혹 「태극도설」로 우선하는 것은 나 자신이 젊었을 때 이것으로 말미암아 (도학에) 들어갔기 때문이다."라고 말하였다. 이처럼 퇴계는 「태극도설」을 출발점으로 문을 열고 도학의 세계로 깊이 뛰어들었던 것이다.

20세 때는 소백산(小白山) 속의 어느 절에서 『주역』(周易)을 읽고 그 의미를 강구(講究)하느라 거의 먹고 자는 일을 잊었다 한다. 공자가 자신을 소개하면서 "분발하여 먹는 것도 있었고, 즐거워하여 근심을 잊었다."(發憤忘食, 樂以忘憂.〈『논어』, 述而〉)고 하였는데, 퇴계도 『주역』을 읽으면서 배움에 분발하고 즐거움에 빠져 먹고 자는 것조차 잊고 몰두하였음을 보여준다. 몸을 돌보지 않고 너무 열중하여 이때부터 몸이 파리하고 초췌해지는 병이 깊어졌던 것 같다.

퇴계가 『주역』을 공부할 때의 일화가 한 가지가 전하고 있다. 당시 소백산의 산사(山寺)에는 『주역』의 난해한 문장을 떼어 읽을 때 구두점을 매우 자세하게 바로잡아 주는 어떤 늙은 스님이 있었다고 한다. 퇴계는 그 스님이 무오사화(戊午士禍, 1498)때 유배되었다가 풀려난 뒤 모친 상중에 어느 날 사라졌던 사림파의 선비인 정희량(虛菴 鄭希亮, 1469~?)일 것이라 여기고, 그 스님에게 정희량을 아는지 물었다. 그 스님은 "모릅니다. 그 사람의 성명만 듣고 대략 그 사람됨을 압니다."라고 대답했다. 그래서 퇴계는 "허암(정희량)이 자취를 감추고 나오지 않는 것은 어째서입니까?"라고 다시 물었더니, 스님은 "정희량은 시묘(侍墓)살이에 예를 마치지 못하였으니 불효요, 임금의 명령을 도피하였으니 불충입니다. 불효와 불충은 죄가 이보다 큰 것이 없는데, 무슨 면목으로 다시 세상에 나오겠습니까?"라 대답하였다. 그 문답이 있고난 이후로 그 스님은 떠나버리고 종적을 알 수 없었다고 한다.〈許穆;『眉叟記言』〉이 일화는 퇴계 자신의 기록이 아니라 사실여부를 확인할 수는 없지만, 퇴계의 학업과정은 후세 선비들 사이에 전설처럼 화제가 되었음을 엿볼 수 있는 대목이다.

2) 태학(太學)에 유학하고

태학(太學)은 성균관(成均館)으로 조선시대의 대학이었다. 퇴계는 23세 때와 33세 때 두 차례 태학에 유학(遊學)했던 일이 있다. 먼저 23세 때 잠시 태학에 유학하여 하재(下齋)에 머물었는데, 상재(上齋)는 소과에 합격한 생원과 진사들이 거처하고 하재에는 유생이 거처하는 곳이었다. 퇴계의 행동거지가 예법에 맞게 엄격한 것을 보고는 같이 머물던 선비들이 '허다한 겉치레만 짓는다'고 비방하여 미워하자 두 달 만에 태학에서 나왔다고 한다. 당시는 기묘사화(己卯士禍, 1519)가 일어난 지 얼마 되지 않은 때라 선비의 기풍이 무너져 태학의 선비들조차 도학에 관한 논의를 꺼리고 실없는 농담이나 하며 예법에 맞게 거동하는 것을 혐오하는 퇴락한 풍조가 있었던 것이다.

이 무렵 퇴계가 얻은 큰 수확으로는 태학에서 황(黃) 아무개라는 선비에게서 남송(南宋)의 진덕수(西山 眞德秀)가 편찬한『심경』(心經)을 빌려 처음 읽었던 일이다. 그는『심경』을 읽으며 오랫동안 반복하여 사색함으로써 실천할 실상을 증험하거나 의리(義理)의 정밀함을 살피니 마음에 환하게 이해되지 않는 곳이 없었다 한다. 퇴계 자신은 뒷날 "내가『심경』을 얻어 보고 나서 비로소 심학(心學)의 근원과 심법(心

法)의 정밀함을 알게 되었다. 그러므로 나는 평생에 이 책을 신명(神明)처럼 믿었고, 이 책을 엄한 아버지처럼 공경하였다.”고 말하였다. 또 “초학자가 공부하여야 할 것으로는 이 책(『심경』) 보다 절실한 것이 없다.”〈『언행록』〉고도 말하였다. 곧 『심경』을 심성의 수양을 위한 학문(心學)과 심성의 수양을 위한 방법(心法)의 체계로서 처음 학문에 들어가는 사람에게 매우 절실한 것임을 강조하였던 것이다. 진덕수가 편찬한 『심경』에는 명(明)나라 때 정민정(篁墩 程敏政)이 주석을 붙여 『심경부주』(心經附註)를 저술하였다. 퇴계는 66세 때 지은 「심경부주후론」(心經附註後論)에서 “애초 이 일(道學)에 감동되어 분발하고 떨쳐 일어난 것은 이 책의 효력이었다. 평생 이 책을 존중하고 믿어 『사서』(四書)와 『근사록』(近思錄: 朱熹・呂祖謙 編)의 아래에 두지 않았다.”고 언급 하였던 일이 있다. 이처럼 그는 19세 때 「태극도설」을 통해 도학의 문에 들어섰음을 밝힌 바 있지만 또 한 차례 23세 때 『심경』을 통해 크게 분발하였던 학문적 성장과정을 보여주고 있는 것이다.

다음으로 33세 때 두 번째로 태학에 유학하였다. 그때에도 태학의 학풍은 여전히 쇠퇴한 상태였다. 이 시절에 지었던 시에 “과거 공부는 낯설어 썼다가는 지우고/ 진편(陳篇) 쓸쓸히 읽는 소리만 부쳐 보내네/ 질문하면 웃음거리로 삼으려드니/ 어찌 품은 재주 베풀어 볼 수 있으랴”(擧業生疎憑竄抹, 陳篇寥落付唔咿, 多將問事供嘲笑, 豈有懷材可設施. 〈泮宮〉)라는 구절이 있다. 당시 태학에 입학하는 선비들은 과거시험 공부를 하여 벼슬길에 나가려는 의도가 많았으니, 퇴계도 과거시험 공부를 하려고 하였던 것 같다. 그러나 그는 이미 도학 공부에 깊이 젖어 있었으니 과거시험 공부야 그리 탐탁하지 않았을 것이다. ‘진편’(陳篇:

『시경』陳風 '月出'詩)은 밝게 떠오른 달을 아름다운 사람에 비유하고 그리워하는 뜻을 읊은 시이지만, 퇴계는 벼슬길에 나가 섬겨야할 임금을 생각하며 자신의 진실한 마음을 전하고 싶었던 것 같다. 과거시험의 형식적 답안으로 임금 앞에 나서는 것이 아니라 진실로 그리워하는 마음으로 나가고자 하였던 것이다. 그러나 동료 선비들은 시험문제에 관해서만 관심을 보일 뿐이고, 근본의 도리와 사업에 대해 묻기라도 하면 우스갯소리로 삼으려 하고 있으니, 이러한 풍조에 휩쓸려 벼슬길에 나간다한들 어찌 자신의 재주와 포부를 나라 일에 펼쳐볼 수 있을지 깊은 회의에 빠져들었음을 엿볼 수 있다.

그래도 태학의 선비들은 퇴계의 깊은 학식과 진중한 언동에 모두들 존경하며 따랐으며, 그를 가리켜 공자가 가장 사랑하던 제자인 '안자'(顏子: 顏回)라고 일컬으며 칭송하였다고 한다. 두 번째 태학에 유학하는 동안 가장 의미 있는 일은 김인후(河西 金麟厚, 1510~1560)와 사귄 일이었다. 김인후는 퇴계보다 9년 아래로 24세의 청년이었지만, 두 사람은 두 못의 물이 이어져 서로 채워주듯이(麗澤) 함께 학문을 강론하며 서로 도움을 주는 벗이 되었다고 한다. 김인후는 뒷날 호남을 대표하는 큰 학자로 높여져 퇴계와 함께 문묘(文廟: 孔子 사당)에 배향된 인물이다. 이번에도 퇴계는 태학에 오래 머물지 않고 고향으로 돌아갔다. 이때 김인후는 퇴계에게 작별시를 지어 주었는데, 그 시에는 "이백(李白)과 두보(杜甫)의 문장에 왕희지(王羲之)와 조맹부(趙孟頫)의 글씨라네"(李杜文章王趙筆)라는 구절이 있다. 김인후는 퇴계의 문장을 이백(李白)과 두보(杜甫)에 견주고, 글씨를 왕희지(王羲之)와 조맹부(趙孟頫)에 견주어 극찬하였으니, 퇴계를 선배로서 무척 존경하고 따랐음을 엿볼 수 있다.

3) 학문의 길 – 배움의 기쁨

　퇴계가 걸어갔던 배움의 길은 소년시절이나 청년시절로 끝나는 것
이 아니라, 중년시절을 거쳐 노년시절에 이르기까지 평생 계속되었던
것이라 할 수 있다. 그의 평생은 독서와 토론과 저술을 통해 끊임없이
배움의 길에서 향상을 추구해갔다. 뒷날 제자 정유일(文峯 鄭惟一)은
퇴계의 학문자세에 대해 "선생의 학문은 한결같이 정자와 주자를 표준
으로 삼았다. '경'(敬)과 '의'(義)를 양쪽에 끼고 '지'(知)와 '행'(行)을 아
울러 추진하며, 안(內)과 밖(外)이 하나같고 근본(本)과 지말(末)을 겸
비하여, 큰 근원을 훤히 보고 큰 근본을 굳게 세웠다. 만일 그 지극한
정도를 논한다면 우리 동방에 한 사람뿐일 것이다"라고 칭송하고 있
다. 이 말은 도학의 기본과제를 평생토록 철저히 실천하는 배움의 길
을 걸어왔다는 것을 의미하는 것이라 이해된다.

　퇴계는 벼슬길에 나간 이후인 38세 때 모친 상중에도 매일 독서를
쉬지 않았으며, 독서하여 터득한 바를 기록한 독서록으로『무술일과』
(戊戌日課)를 저술하였다. 이 저술은 분실하여 전해지지 않고 있지만,
이렇게 독서에 근면하였다는 사실은 그가 얼마나 배우기를 좋아하는
'호학'(好學)의 학자였던 지를 잘 보여준다.

　그는 41세 때 동호(東湖: 현 서울 성동구 옥수동)의 독서당(讀書堂)에
서 사가독서(賜暇讀書)를 하였다. 독서당의 동료들이 날마다 술 마시
며 시를 짓고 우스갯소리 하는 것으로 일을 삼는 것에 대해서는 아랑

곳 하지 않았다. 언제나 단아한 자세로 미동(微動)도 하지 않고 독서에
만 전념하여 동료들이 "이웃집 담장 모퉁이의 두 줄기 배꽃나무"(鄰墻
隈兩條梨花樹)라 놀리기 까지 하였다 한다. 사가독서 하면서 매월 과제
로 짓는 글(書堂朔製)과 더불어「독서만록」(讀書謾錄)을 지었으나 전하
지 않고 있다.

독서당의 관원은 윤번으로 교대하는데, 직무 때문에 자주 외출하여
오랫동안 머무는 사람이 없었는데, 퇴계는 성품이 한적한 것을 좋아하
기 때문에 윤번으로 독서당에 있을 때는 성문 안으로 출입하는 일이
없을 뿐만 아니라, 윤번이 바뀌어도 눌러 머물면서 독서당에 거처하며
독서하기를 즐겼다 한다. 여기서도 퇴계는 관료생활을 하면서도 독서
당에 머물면서 독서할 수 있는 기회를 최대한 활용하여 배움의 길에
정진하는 모습을 잘 보여주고 있다.

43세 때 중종이 교서관(校書館)에 왕명을 내려『주자전서』(朱子全
書: 朱子大全)를 출간하여 반포하게 하였는데, 퇴계는 이때『주자전서』
가 있는 줄을 처음 알았다 한다. 퇴계는『주자전서』를 간행하기 전에
교정할 것을 계청(啓請)하여 실지로 교감(校勘)하는 일을 주관하였다.
이때 그는『주자전서』를 구해 얻었고, 고향에 돌아올 때 이 책을 가져
와 한 여름동안 문을 닫고 들어앉아서 읽었다. 사람들이 더위로 몸을
상할까 걱정하자, 그는 "이 글을 연구하면 가슴 속에서 문득 시원한 기
운이 생기는 것을 깨닫게 되어 저절로 더위를 모르게 되는데, 무슨 병
이 생기겠는가."〈『언행록』〉라 대답하였다 한다. 주자의 학문세계에 얼
마나 심취하여 읽고 있었는지를 짐작할 수 있다. 이렇게『주자전서』
에 몰입하였으니, 도학의 이해에 또 한 단계의 심화와 향상이 이루어

졌던 것임을 쉽게 알 수 있다. 뒷날 제자들이 퇴계의 집안에 남아 있던 『주자전서』한 질을 확인 했을 때에는 너무 낡아 글자의 획이 거의 희미해져 있었다는 것도 그가 평생 이 책을 얼마나 정성들여 반복 읽었던 지를 말해준다.

퇴계가 『주자전서』를 읽는 자세에 대해, "하루 종일 꿇어앉아서 마음을 오로지 하여 집중하며, 진실하게 알고 실지로 깨달음을 힘쓰고자 하였다. 그 믿음이 독실하고 기뻐함이 깊어서 주자를 마주하여 귀로 직접 듣고 얼굴을 보며 가르침을 받는 것과 다름이 없었다. 이로 말미암아 견해가 날로 더욱 정밀하고 밝아지며, 배양함이 날로 더욱 순수하고 견고하게 되었다."〈『연보보유』〉고 하였다. '진실하게 알고 실지로 깨달음'(眞知實得)이란, 귀로 듣고 입으로 말하는 지식(口耳之學)이 아니라 자신의 인격을 변화시키는 공부(爲己之學)를 말하며, 주자와 마주 대하여 그 목소리와 안색을 살피며 가르침을 받는다는 것은 결코 문장의 구절이나 천착하는(穿文鑿句) 지식의 추구가 아니라 전인격적으로 체득하는 공부임을 말해준다.

또한 『주자전서』를 통해 성취한 학문적 진전에 대해, "일찍이 이 책을 얻고 나서 여러 해 동안 침잠하여 연구하면서 굽어보며 읽고 쳐다보며 생각하느라 먹고 자는 것도 잊었다. 이에 환하게 깨우치고 시원하게 행하게 되니, 평생에 힘을 얻은 자리(得力處)가 이 책에 많이 있었다." 하였고, 퇴계 자신도 "『주자대전』을 읽고서 부터 조금 본 곳이 있게 되었다."고 말한 바 있다.〈『연보보유』〉퇴계 자신의 학문적 역량이 바로 『주자전서』에서 깨달음과 힘을 얻은 데서 온 것임을 밝혀주고 있는 것이다.

퇴계는 47세 때 고향에 돌아와 서울로 올라가지 않고 월란암(月瀾庵)에 머물었는데, 여기서 그는 주자가 여산(廬山) 서림원(西林院)에서 읊은 시에 화운(和韻)하여 읊었던 시가 있다.

스승 따라 '도'를 배우러 암자에 깃들었는데	從師學道寓禪林
절의 벽에 써 붙였던 그 시에 감개 깊어라.	壁上題詩感慨深
천년이 지나 우리나라는 적막하니	寂寞海東千載後
그 산 비추던 달빛 내 외로운 침실을 비춰다오.	自憐山月映孤衾
	〈「和西林院詩韻」〉

봄날 주자를 공부하러 산사(山寺)에 머물고 있는데, 주자가 천 년 전 봄날 산사(西林院)에 머물며 벽에 써 붙였던 시가 가슴에 절실하게 스며들고 있음을 토로하고 있다. 그러나 천년 뒤 자신이 살고 있는 조선 땅은 주자의 '도'가 아직 밝혀지지 않아 적막함을 안타까워하면서, 여산의 서림원으로 주자의 침상을 비추어주던 그 달빛이 월란암으로 자신의 침상을 비쳐주어 주자학을 공부하는 자신이 주자와 정신적 교류(神交)를 하여 하나로 통할 수 있기를 바라는 소망을 간절하게 서술하고 있는 것이다.

이때 퇴계는 월란암에서 『심경』(心經)을 정밀하게 읽었다. 이 무렵의 회포를 읊은 시에서 다음의 구절을 볼 수 있다.

소림사 달마(達摩)대사 따르기 원치 않고	不願少林從達摩
공동산 광성자(廣成子) 본받기 원치 않노라.	不願崆峒師廣成

하늘 열리어 한 조각 깊은 생각 밝혀주니　　　　天開一片燭幽鑑

진덕수의 『심경』을 정민정이 해석했네.　　　　篁墩旨訣西山經.

〈「述懷」〉

　퇴계 자신은 세상 사람들이 모두 하는 농사를 짓지도 않고 산 속의 절에 들어와 앉아 있는 것은 소림사(少林寺)의 달마대사를 따라 참선(參禪)을 하려는 것도 아니요, 황제(黃帝)가 도(道)를 물었다는 공동산(崆峒山)의 광성자(廣成子)를 본받아 장생술(長生術)을 닦고자 하는 것도 아님을 강조하였다. 여기서 그가 배우고자 하는 바는 바로 하늘이 깨우쳐준 깊고 미묘한 견해로서 진덕수의 『심경』을 정민정이 주석한 『심경부주』(心經附註)에서 발견하였음을 확인해주고 있다. 퇴계는 23세 때 태학에 유학하면서 『심경』을 처음 읽기 시작하여 깊이 깨우치게 되었고, 그후 노년에 이르러서도 『심경』을 손에서 놓지 않았다. 61세 때 도산(陶山)의 완락재(玩樂齋)에 거처할 때에도 새벽에 닭이 울면 일어나서 반드시 『심경부주』를 한 차례 엄숙하게 읽었다 한다.〈『언행록』〉마치 신앙인이 기도문을 외우듯이 퇴계는 매일 아침 『심경』을 읽으며 마음을 가다듬었던 것으로 보인다.

　퇴계의 도학공부에서는 성리설과 수양론이 두 다리나 두 날개의 역할을 하고 있다. 그는 마음을 다스리고 성품을 배양하는 심성수양(心性修養)의 공부에 특별히 힘을 쏟았다. 59세 때는 탕(湯)임금 이후 여러 인물들이 경계하는 말씀인 '잠'(箴)과 '명'(銘) 등 81편을 골라서 베껴 『고경중마방』(古鏡重磨方)을 편찬하여, 수양 공부를 위한 긴요한 자료로 삼았다. 또한 65세 때는 그의 서재인 완락재(玩樂齋) 벽에 「경재잠도」(敬齋箴圖), 「백록동규도」(白鹿洞規圖), 「명당실어」(明堂室語) 등 잠규(箴規)를 써 붙여 놓고, 수양공부에 전념하였다. 68세 때에는 『성학십도』(聖學十圖)를 편찬하여 심성수양의 자료로 삼도록 임금에게 올리기도 하였다. 이처럼 그는 심성수양을 위한 격언으로 잠(箴)·명(銘)·규(規) 등을 침잠하여 깊이 음미하며 수양에 힘썼던 것이다. 퇴계가 그 너그럽고 온화한 인품으로 많은 사람들의 존중을 받았던 것도 바로 이러한 수양공부에 힘입었던 것이 사실이다.

또한 그는 59세 때 지은 시에서도 여전히 자신이 좀벌레가 책을 파먹듯 쉬지 않고 독서에 침잠하고 있음을 보여준다.

병 깊고 능력 없는 백발의 늙은이	多病無能白髮翁,
이 몸 오래 좀벌레와 짝되어 책을 파먹고 있네.	一身長伴蠹書蟲.
좀이야 글자 파먹은들 그 맛 어이 알랴마는	蠹魚食字那知味,
하늘이 많은 책 내려주시니 즐거움 그 속에 있네.	天賦群書樂在中.
	〈「東齋感事」(4)〉

이 시절 그는 독서하며 책 속에서 얻는 한없는 기쁨을 엿볼 수 있게 한다. 경전의 가르침과 성리서의 이치를 자신의 마음속에 체득하여 깨달아가는 기쁨을 즐거워하고 있는 것이다. 공자는 『논어』 첫머리에서 "배우고서 때에 맞게 익히면 또한 기쁘지 아니한가"(學而時習之, 不亦 說乎)라 하였는데, 공자가 말씀한 '배움의 기쁨'을 가장 맛있게 실현하고 있음을 넉넉히 짐작할 수 있다.

책은 벽에 가득한데 한 줄기 향 사르니	滿壁圖書一炷香,
등잔불 밝힌 새벽 창 너머 눈보라 치고 있네.	曉窗風雪隔燈光.
작은 글씨 어두운 눈에 읽기 너무 어려워	極知細字妨昏眼,
가만히 앉아 야기장(夜氣章)에 마음을 두네.	癡坐心存夜氣章.

〈「東齋感事」(7)〉

　　노년에 와서 시력이 쇠퇴하니 주석의 깨알 같은 작은 글자를 등잔불 아래서 보기가 심히 어려웠던 사실도 엿볼 수 있다. 눈이 피로하여 글을 읽기 어려워지면 고요히 앉아서 『맹자』가 말하는 '야기'(夜氣)의 맑고 순수한 기상을 간직하여 기르는 수양공부에 마음을 응집하고 있는 기품 있고 정결한 모습을 보여주기도 한다.

　　61세 때 도산정사(陶山精舍)에서 읊은 시에서도 밤늦도록 일어나 앉아 글을 읽는 노학자의 독서하는 모습이 그림을 보듯 생생하게 묘사되고 있다.

산은 텅 비고 방 안은 고요한데	山空一室靜
밤공기 차갑고 서리 기운 거세누나.	夜寒霜氣高
홀로 누웠으나 잠 못 이루니	孤枕不能寐
일어나서 옷깃 여미고 앉았네.	起坐整襟袍
노쇠한 눈으로 작은 글자 읽자니	老眼看細字
짧은 등잔불 심지 자주 돋우누나.	短檠煩屢挑
글 속에 진정한 맛 들어 있으니	書中有眞味
만족스러움이 산해진미보다 낫구나.	飫沃勝珍庖.

〈「山堂夜起」〉

추운 겨울밤 텅 빈 산속의 서당을 홀로 지키고 있으면서 밤잠을 안 자고 희미한 등불아래서 등잔불의 심지를 돋워가며 책을 읽고 있는 노학자의 모습이 경건하게 다가온다. 그는 책 속에서 '진정한 맛'(眞味)을 보았으니, 세상의 부귀영화나 산해진미의 즐거움을 어찌 부러워하겠는가.배움의 기쁨과 즐거움으로 충족된 노학자의 자족하는 모습을 짐작해보는 것도 즐거운 일이다.

퇴계는 소년시절부터 배움의 길에 각고의 노력을 하여 노쇠하고 병이 깊은 만년에 이르기까지 평생 배움의 길을 떠나지 않고 외길로 지켜갔다. 일상생활 그 자체가 독서와 수양공부의 실천과정이었던 퇴계의 모습을 제자 김성일(鶴峰 金誠一)이 선명하게 묘사해주고 있다.

선생은 연세가 더욱 높아가고 병은 더욱 깊어 갔지만, 배움에 나아가는 데 더욱 힘쓰고, '도'를 담당함이 더욱 무거워 졌다. 엄숙하고 공경하며 마음을 간직하고 성품을 배양하는 공부는 아무도 없어 마음대로 할 수 있는 자리에서 더욱 엄격하였다. 평소에 날이 밝기 전에 일어나서, 반드시 세수하고 머리 빗고 의관을 갖추고서 온종일 책을 읽거나, 혹은 향을 피우고 고요히 앉아서 항상 이 마음 살피기를 해가 처음 솟아오르는 것과 같이 하였다. 〈『언행록』〉

2. 선배를 따르고 벗을 사귀며

퇴계의 삶에서 안으로 침잠하여 학문을 닦는 배움의 길과 더불어 또 하나의 중요한 영역은 밖으로 세상에 나가서 사람들을 만나는 교유의 길, 벼슬에 나간 관직의 길, 후생을 가르치는 스승의 길을 걸었던 것이다.

먼저 그가 사람들을 만나 어울리는 교유의 길을 보면, 그의 성품이 매우 차분하여 사방으로 활발하게 교유하기보다 사람과 사귐에 무척 신중하였던 것으로 보인다. 이러한 그의 교유에 대해, "조정에 있을 때도 조용함으로 몸을 지키고, 비록 잘 아는 사이라 하더라도 자주 왕래한 적이 없었다. 따라 노니는 사람은 모두 일세의 명망을 받는 사람이고, 만나는 사람은 반드시 함께 학문하는 선비였다."〈『연보』〉고 서술하였다.

그렇다고 사람을 가려서 차별을 두지는 않았던 것 같다. 제자 이덕홍(艮齋 李德弘)이 "자기보다 못한 사람을 벗으로 삼지 말라."(毋友不如己者.〈『논어』, 學而〉)는 공자의 말씀을 끌어들여, 자기보다 못한 사람과는 일체 사귀지 말아야 하는지 물었을 때, "보통 사람의 정감은 자기보다 못한 사람과 벗하기를 좋아하고 자기보다 나은 사람과는 벗하기를 좋아하지 않기 때문에 공자께서 이런 말씀을 하신 것이지, 일체 벗하지 말라고 한 것은 아니다. 만약 일체 선한 사람만 가려서 벗하고자한다면 이 또한 치우친 것이다."〈『언행록』〉라고 대답한 데서도, 사람을 가리려 들기보다는 선한 사람을 만나면 선을 따라 배우고 악한 사람을 만나면 자신의 악을 고쳐서 세상에 더불어 살아가는 모든 사람을 스승으로 삼아 배우는 자세를 요구하고 있는 것이라 하겠다. 실제로 퇴계가 교유한 인물을 보면 선한 사람을 만나 배우고 자신을 계발하는데 힘썼던 사실을 쉽게 알 수 있다. 퇴계가 교유한 인물로 당대의 명사들이 많으며, 퇴계와 교유한 사실로 명사가 된 인물도 많다. 퇴계보다 나이가 젊은 사람들은 제외하고 나이가 많거나 같은 인물들 가운데 중요한 경우만 꼽아보면 다음과 같다.

1) 김안국(金安國) · 이현보(李賢輔) · 권벌(權橃)에 종유(從遊)

(1) 김안국(慕齋 金安國, 1478~1543)

퇴계가 종유(從遊)하였던 당대의 저명한 인물들 가운데 먼저 김안국을 들지 않을 수 없다. 그가 17세 때 23세나 연상이요 당시 경상도 관찰사였던 김안국은 온계를 지나가다가 퇴계와 그의 넷째 형(李瀣)을 불러 보았다. 김안국은 퇴계의 부친(李埴)과 숙부(李堣)를 전부터 잘알고 친한 사이였는데, 아직도 젊은 청년들인 22세의 넷째 형과 17세의 퇴계를 만나보고는 그 인물됨의 준수하고 단아함에 놀라 자기도 모르게 "기지(器之: 퇴계 부친의 字)는 죽지 않았구나! 기지는 죽지 않았구나!"하고 거듭 찬탄하며 기뻐하였다고 한다. 이때 김안국은 책과 식량을 넉넉히 주면서 산사에 가서 학업에 전념하도록 권장하였던 일이 있다.〈『연보』〉김안국은 조광조(靜菴 趙光祖)를 비롯하여 아우 김정국(思齋 金正國)과 더불어 김굉필(寒暄堂 金宏弼)의 문인으로 조선 초기 사림파를 계승한 대표적 인물의 한 사람이니, 퇴계로서는 사림파의 정맥과 직접 맞닿는 기회를 만났던 것이다.

그후 33세 때 퇴계가 태학에 두 번째로 몇 달간 유학하고 그해 가을에 고향으로 돌아가는 길에 마침 밀양 부사(密陽府使)로 부임하러 내려가는 권벌(冲齋 權橃)을 따라 동행하였는데, 당시 벼슬을 그만두고 여주(驪州) 이호촌(梨湖村)에 은거하고 있는 김안국을 예방하였다. 이때 김안국은 누암(樓巖)까지 마중 나와서 배 위에서 만났는데, 이자(陰崖 李耔, 1480~1533), 이연경(灘叟 李延慶), 이약빙(鐏巖 李若氷, 1489~1547) 등이 와서 모였다. 그 자리에 모였던 김안국·권벌·이자·이연경·이약빙은 모두 기묘사화 때 유배되거나 파직되었던 인물들이었다. 기묘명현(己卯名賢)인 선비들이 한 자리에 모인 곳에 아직 벼슬에 나가지 못한 퇴계도 참석하였던 것이다. 뒷날 퇴계는 이 자리에서 김안국을 뵙고서 "비로소 정인군자(正人君子)의 언론을 들었다."고 술회하였다.〈『연보』〉퇴계가 김안국에 대해 깊은 존경심을 가졌던 사실을 엿볼 수 있다. 퇴계는 조정에서 관직생활을 할 때에 김안국의 문인인 민기(觀物齋 閔箕, 1504~1568)와도 친밀하게 교류하였다.

(2) 이현보(聾巖 李賢輔, 1467~1555)

퇴계는 18세 때 안동향교에 유학하였다. 당시 안동부사인 이현보는 퇴계보다 34세나 연상이었는데, 퇴계와 같은 예안현 사람으로, 이현보가 사는 분천(汾川)과 퇴계가 사는 온계는 가까운 거리였다. 퇴계는 안동향교에 유학하면서 같은 고향의 명사인 이현보를 종유하기 시작하였다. 퇴계가 34세 때 문과에 급제하여 벼슬길에 나가게 되었을 때 이현보는 이 소식을 듣고 기뻐하여, "오늘날 희망은 이 사람보다 나은 이가 없다. 실로 성스러운 시대의 행운이며 우리 마을의 경사로다."라고 하였다 한다. 이현보는 안동향교에 유학할 때부터 퇴계를 눈여겨보았고, 그 자질이 탁월함에 크게 기대해 왔음을 보여준다.

이현보의 고향 마을인 분천은 낙동강의 상류로 산빛이 밝고 물이 맑아 경치가 아름다웠는데, 동쪽 언덕 물가에는 10길이나 높이 솟은 거대한 바위가 있어서, 그 위에 애일당(愛日堂)을 짓고 만년을 즐겼다. 퇴계는 36세 때 당시 경주부윤(慶州府尹)에서 물러나 고향에 돌아와 있는 이현보를 분천으로 찾아가 애일당 뒤의 대(臺) 위에서 모시고 놀았다. 그후 퇴계는 이현보와 같이 조정에서 벼슬을 하였는데, 퇴계가 42세 때 동지중추부사(同知中樞府事)였던 이현보가 병을 빙자하여 고향으로 돌아가는데, 당대의 사대부들이 모두 도성문 바깥 제천정(濟川亭)까지 나가서 전별하였다. 이때 퇴계도 나가서 전송하며 송별시를 지었다.

이현보는 집 곁에 명농당(明農堂)을 짓고 벽에 도연명(陶淵明)의 「귀거래도」(歸去來圖)를 그려 붙여 벼슬에서 물러나 은거할 뜻을 드러내었는데, 퇴계는 44세 때 휴가로 고향에 돌아오자 명농당으로 이현보를 찾아뵈었다. 또 그가 조정에 돌아갈 때는 이현보가 분천의 뒷산 소나무 그늘 아래에서 전별의 자리를 베풀어주기도 하였다. 퇴계가 벼슬에서 물러나 고향에 머물고 있던 47세 때 5월에는 이현보의 초대를 받아 배를 타고 분천 앞 강물 속에 떠 있는 반석(盤石)인 점암(簟巖)에서 놀았고, 그해 6월에는 이현보를 모시고 병풍암(屛風菴)에서 놀았다. 이 무렵 퇴계가 이현보에게 지어올린 시에서는 이현보의 맑은 덕을 칭송하며 존경하는 마음이 가득 넘치고 있다.

높은 누대에서 새 곡조로 깊어가는 가을 즐기며	高臺新曲賞深秋
국화꽃 꺾어 쥐고 갈매기와 벗하셨네.	手折黃花對白鷗
지금껏 덕을 우러러 고요한 밤에 꿈을 꾸고	仰德至今淸夜夢
달이 밝으면 또다시 강가에 나오게 되네.	月明時復到中洲
	〈「上聾巖李先生」〉

퇴계가 벼슬을 버리고 돌아와 고향에 머물던 50세 때 봄에는 84세의 이현보가 퇴계의 한서암(寒棲菴)으로 찾아오기도 하였다. 이때에 지은 시에서 퇴계는 이현보를 백발의 노선배로 존경하여 모실 뿐 아니라 구름을 타고 내려오듯 꽃길을 헤치고 오시는 신선(老仙伯)으로 맞이하고 있음을 보여준다.

맑은 시내 서쪽 기슭에 띠집을 엮었는데	淸溪西畔結茅齋
세속 사람 찾아왔다고 문 열었던 일 없네.	俗客何曾款戶開

산 남쪽 신선노인 문득 하강하시어　　　　　　頓荷山南老仙伯
만발한 꽃길 헤치며 가마 타고 찾아오셨네.　　　肩輿穿得萬花來
〈「李先生來臨寒棲」〉

　50세 때 윤6월 보름날 밤에는 이현보를 모시고 달을 감상하며 뱃놀이를 하고 시를 짓기도 하였다. 이듬해 51세 때 봄에도 이현보가 찾아와 모시고 놀았으며, 52세 때는 이현보가 머물고 있는 임강사(臨江寺)로 찾아가 뵙기도 하였다. 55세 3월에는 분천의 만대정(晩對亭)에서 89세의 노인인 이현보를 모시고 꽃구경을 하며 시를 짓고 놀았는데, 5월에는 이현보의 병이 위중하다는 소식을 듣고 찾아가 문병을 하였다. 그때 마침 호남에서 왜적이 장수를 죽이고 성을 함락시켰다는 소식이 들어오자, 이현보는 벌떡 일어나서 퇴계의 손을 잡고 울며, "나랏일이 이에까지 이르렀소. 오래전부터 이런 일이 있을까 염려하였더니, 이제 어떻게 해야 하겠소?"하고 목이 메어 말하였다. 퇴계는 이현보의 병이 더욱 위중해질까 두려워 임시방편으로 마음을 풀어드렸더니 그제야 눈물을 닦고 마음을 놓았다고 한다. 그해 6월에 이현보가 세상을 떠나자 분천으로 찾아가서 곡하였다.
　뒤에 퇴계는 이현보의 행장을 지어, 그 맑은 풍모와 바른 행적과 높은 덕과 고아한 기품을 자세하게 기록하였다. 여기서 그는 "나는 시골에서 성장하였는데, 공은 그런 나를 보잘것없다 하지 않고 매양 가르치고 좋게 대하였으므로, 모시고 종유(從遊)한 것이 몇 번인지 모른다. 금년 봄에, 내가 서울에서 돌아와 공을 임강사 반도단(蟠桃壇)에서 두 번 뵈었는데, 매우 기쁘게 환대해 주셨다. 이제부터는 문하에서 모시고 길이 심부름할 수 있을 줄로 여겼더니, 나라가 불행하여서 갑자기 이 일을 당하니, 아아 애통하도다."〈「聾巖李先生行狀」〉라 하였다. 퇴계가 이현보를 얼마나 존경하고 따랐는지를 생생하게 보여준다.

(3) 권벌(沖齋 權橃, 1478~1548)

퇴계는 권벌의 행장을 지었는데, "내가 공의 내외종(內外從)의 후손으로, 오랫동안 이끌어 주고 깨우쳐 주신 은덕을 입었고, 공이 조정에 계실 때의 높은 지조와 절개를 대략 마음속에 기억하고 있다."고 하였다. 퇴계와 권벌은 인척(姻戚) 사이였고, 퇴계의 고향인 예안과 권벌의 고향인 봉화(奉化 酉谷)는 이웃 고을로 그다지 멀리 떨어져 있지 않았다. 퇴계가 33세 때 태학에 유학하고 고향으로 돌아가는 길에 밀양 부사로 부임하러 가는 권벌과 동행하여 여주에서 김안국을 예방하였던 사실도 일찍부터 권벌이 퇴계를 깊이 신뢰하고 아꼈음을 보여준다. 조정에서 같이 벼슬하게 되니 왕래가 자주 있었을 것으로 짐작된다. 퇴계가 홍문관 수찬(修撰)이었던 41세 때 가을에는 당시 64세로 예조판서였던 권벌을 모시고 임형수(錦湖 林亨秀, 1504~1547)와 함께 동호에서 뱃놀이를 하였던 일도 있다. 권벌은 을사사화(1545)때 병조판서에서 파면되고 이듬해 삭주(朔州)로 유배되었다가 1548년 그곳에서 죽었다. 임형수도 을사사화에 제주목사로 쫓겨났다가 파면되고, 이듬해 절도(絶島)에 안치되었다가 사약을 받고 죽었으니, 모두 사화에 희생된 선비들이다.

2) 조식(南冥 曺植)과 편지를 통한 교유

퇴계와 조식(1501~1572)은 동갑이요, 예안에서 강학하던 퇴계와 단성(丹城: 현 山青郡 丹城面)에서 강학하던 조식은 당시 영남에서 강좌(江左)의 안동지역과 강우(江右)의 진주지역에 도학의 학풍을 이끌어가던 두 축을 이루었다. 퇴계와 조식은 서로 존중하고 깊이 이해하면서 편지를 주고받으며 교유를 하였지만 직접 만났던 일은 없었다. 그러나 두 인물이 이 시대에 차지하고 있는 위치와 다음 시대에 지속적으로 미친 영향력이 컸던 만큼, 편지를 주고받은 사실 만으로도 큰 의미를 지닌다.

1553년(명종8) 조정에서 산림에 은거한 명망 높은 선비들을 과거시험 출신이 아니지만 유일(遺逸)로 6품관의 벼슬을 내려 불렀는데, 성수침(聽松 成守琛)과 이희안(黃江 李希顔)은 부임하였으나 조식은 끝내 벼슬에 나오기를 거부하였다. 이때 퇴계가 먼저 조식에게 편지를 보내 선비의 출처(出處)문제를 논하면서, "나아가기를 경솔히 하여 여러 번 말로에서 실패한 것은 나의 어리석은 소행이요, 한번 나아가기를 신중히 하여 평소의 지조를 온전하게 한 것은 그대의 뛰어난 식견이다."라 하여, 조식의 지조를 높이 평가하고 자신도 벼슬에서 물러날 뜻을 밝혔다. 또한 퇴계는 이 편지에서 "천리 멀리서 마음으로 사귀는 것은 옛 사람도 숭상한 바이니, 또한 어찌 반드시 잠시라도 만난 뒤에야 구면인 것처럼 친해지겠는가."라 하여, 멀리서 서신으로나마 교유할 뜻을 밝혔다.

같은 해에 조식은 퇴계에게 보낸 답장에서 평생 퇴계의 덕을 사모해

왔음을 말하면서 "눈에 병이 있어서 눈이 어두워 사물을 볼 수 없게 된지 여러 해인데, 그대는 '발운산'(撥雲散: 안약)이 있으니 눈을 열어주는 것이 어떻겠는가."라고 하여, 가르침으로 자신의 눈을 열어달라고 겸허하게 청하였다. 퇴계는 다시 답장을 보내면서, 조식이 선비로서 지조를 지키는 어려움을 칭송하면서, '발운산'을 구해 달라고 하여 가르침을 청한데 대해, "나 자신은 '당귀'(當歸)를 찾는데도 얻지 못하니, 어찌 그대를 위해 발운산을 찾아보겠는가."라 하였다. 글자로 풀이하면 벼슬을 버리고 돌아간다는 뜻의 '당귀'가 자신의 약임을 언급하여, 서로 존경하는 마음과 뜻이 통함을 밝힘으로써 왕복 편지를 통해 정신적 교유(神交)를 이어갔다.

이때 조식이 퇴계에게 보낸 답장에 대해 퇴계의 제자 홍인우(洪仁祐)가 감정적인 말이 많다고 지적하자, 퇴계는 홍인우의 견해를 인정하면서, "사람들은 대개 그(조식)를 꿋꿋하고 고상한 사람이라고 하나, 학문에 있어서 그처럼 공부를 쌓은 것이 아니기 때문에, 하는 일에 진취하지 못하였다."고 하여, 조식의 학문이 부족함을 드러내는 것으로 언급하였던 일도 있다.

그 뒤 64세 때 조식이 퇴계에게 편지를 보내, 당시 퇴계문하에서 학자들의 학문하는 태도에 대해 문제점이 있음을 지적하였다. 곧 "요즈음 공부하는 사람들을 보니, 손으로 물 뿌리고 마당 쓰는 절도조차 모르면서 입으로는 하늘의 이치(天理)를 말하여, 명성을 훔쳐서 남을 속이려 하니, 해독이 남에게까지 미치게 될 것이다. 어찌 선생이나 어른이 꾸짖어 그만두게 하지 않은 까닭이 아니겠는가."라고 언급하였던 것이다. 여기서 조식은 퇴계 문하에서 학자들이 성리설의 토론에 열중하고 있는 사실이 도학의 실천적 학풍에서 벗어날 수 있음을 경계하여 엄중하게 비판하고 있음을 보여준다.

이에 대해 퇴계는 답장을 보내어 "학자들이 명성을 훔치고 세상을 속인다는 지적에 대해, 그대만 염려하는 것이 아니라 나도 염려하고 있다."고 밝히면서 성리설을 토론하는 학풍을 금지할 수 없음을 면밀하게 검토하여 제시하였다. 퇴계는 본래 세상을 속이고 명성을 훔치려는 자야 당연히 꾸짖어 못하게 해야겠지만, 천하의 영재(英才)로서 성심으로 학문을 원하는 자도 많이 있음을 지적하면서, "만일 세상의 환란을 범할 염려가 있다 해서 일체 꾸짖어 그만두게 한다면, 이것은 상제(上帝)께서 선을 내려 주신 뜻에 어긋나고 천하 사람들이 도(道)를 지향하는 길을 끊어 버리는 것이다."라 하여, 성리설을 토론하는 학풍이 지닌 정당성을 변호하였다.

한 치의 거짓됨도 용납하지 않는 조식의 엄격한 입장과 가능성을 열어놓고 이끌어주는 퇴계의 포용적 입장은 두 인물의 학풍이 지닌 차이를 잘 드러내주고 있는 것이다. 퇴계와 조식은 서로를 인정하면서도 자신의 학풍을 일관하게 지킴으로써, 사실상 이 시대 도학의 학풍이 지닌 다양성을 발현하였다고 할 수 있다.

1555년 조식이 단성 현감(丹城縣監)에 임명되었을 때도 나가지 않고 올렸던 사퇴상소에서 "대왕대비도 깊은 궁궐의 한 과부에 지나지 않는다."는 과격한 말을 하였던 일이 있다. 이에 대해 퇴계는 "대개 상소의 글은 … 뜻은 곧으나 말은 순해야 하고, 너무 과격하여 공순하지 못한 병통이 없어야 할 것이다. 그래야만 아래로는 신하의 예를 잃지 않고, 위로는 임금의 뜻을 거스르지 않을 것이다. 남명(조식)의 상소문은 요

새 세상에서 진실로 보기 어려운 것이지만, 말이 정도를 지나쳐 일부러 남의 잘못을 꼬집어 비방하는 것 같으니, 임금이 보시고 화를 내시는 것도 무리가 아니다."〈『언행록』〉라 하여, 조식의 상소문 문장이 내용은 탁월하지만 표현에서 절제되지 않고 과격한 문제점을 지적하기도 하였다.

조식은 58세 때 지리산을 유람하고 「유두류록」(遊頭流錄)을 지었는데 퇴계는 2년 후 조식의 「유두류록」에 발문(「書曹南冥遊頭流錄後」)을 지었다. 이 발문에서 퇴계는 조식의 글이 늠름한 기상을 드러냄을 찬탄하면서 간혹 '기이한 것을 숭상하고 특이함을 좋아하여'(尙奇好異) 중용의 도리(中道)라 하기 어려운 의문점이 있음을 지적하였다. 또한 "남명은 비록 이학(理學)으로 자부하고 있지만, 그는 다만 일개의 기이한 선비일 뿐이다. 그의 의론이나 식견은 항상 기이한 것을 숭상해서 세상을 놀라게 하는 주장에 힘쓰니, 이 어찌 참으로 도리를 아는 사람이라 하겠는가."〈『언행록』〉라고 상당히 엄격한 비판적 언급을 하였던 일도 있다. 평상의 건전한 상식을 뛰어넘는 기이함을 추구하는 것은 도학의 학풍에서 항상 경계하는 조건인 것이 사실이다.

퇴계와 조식 사이에는 학풍의 차이에 따라 서로 비판적 지적을 하기도 하지만 상호 이해와 존경의 마음을 잃지는 않았던 것으로 보인다. 그러나 뒷날 조식의 제자 정인홍(來菴 鄭仁弘)이 퇴계를 비판하고 나섰던 일이 있는데, 이에 대해 이식(澤堂 李植)은 "이른바 '기이한 것을 숭상하고 특이함을 좋아한다'거나 '중용의 도리라 하기 어렵다'는 등의 말은, 대개 '도'가 시행되지 않음은 현명한 자가 중용을 지나치고 혹은 다른 사상 갈래에 휩쓸릴까 우려한 것이었다. 불행하게도 정인홍이

(조식의) 청백한 기풍을 모독함을 초래했으니, 퇴계가 당시에 우려하였던 것이 이에 이르러 비로소 드러났다."고 언급하여, 퇴계를 옹호하고 정인홍을 비판하기도 하였다.

3. 사림파 선비들에 대한 논평

1) 고려말 삼은(三隱: 牧隱 李穡, 圃隱 鄭夢周, 冶隱 吉再)에 대한 관심

퇴계는 타고난 천품이 온화하여 다른 사람을 비판하기 보다는 자신을 성찰하는 데 더욱 힘을 기울이고 있는 것이 사실이다. 그러나 '도'의 기준을 밝히기 위해서는 앞 시대나 같은 시대의 인물의 행적이나 견해에 대해 논평을 피할 수는 없는 일이었다. 조선시대 도학의 성격을 확인하기 위해서는 고려말 절의를 지킨 세 사람의 유학자 곧 '삼은'(三隱)에 대한 인물평을 살펴볼 필요가 있다.

(1) 이색(牧隱 李穡, 1328~1396)

먼저 태조(太祖: 李成桂)가 이색을 만나보았을 때, 이색은 흰 옷을 입고 길게 읍(揖)만 하였을 뿐 절을 하지 않았던 사실이 높은 절개인지 질문을 받자, 퇴계는 "진실로 장하다고 할 수 있다. 그러나 그것도 태조의 포용함이 있었기 때문에 그렇게 된 것이다."라고 대답하였다. 그것은 이색이 새 왕조를 창업한 태조에게 신하의 예를 갖추지 않은 것은 고려왕조를 위한 충절을 보인 것임을 칭송하면서도, 동시에 태조가 이를 용납해준 포용의 덕이 있어서 가능한 것임을 지적하여 이색과 태조의 양쪽을 모두 긍정하는 입장을 보여준다. 또한 조광조의 문인인 기준(服齋 奇遵)이 이색에 대해 '부처에게 아첨하는 요망한 인걸'(佞佛妖妄之雄)이라 비판한 사실에 대해 의견을 묻자, 퇴계는 "이렇게 말해도 그가 반드시 안 그렇다고 할 수는 없을 것이다."〈『언행록』〉라 대답하여, 이색이 불교에 아첨한 점을 비판한 기준의 견해에 온건하게 동의하는 입장을 보여주고 있다. 이러한 사실은 이색의 절의를 높이 평가하면서도 도학 정통의 입장에서 이색이 불교에 우호적이었던 점을 비판하는 입장은 분명하게 확인하고 있는 것이다.

(2) 정몽주(圃隱 鄭夢周, 1337~1392)

다음으로 정몽주가 요승(妖僧) 신돈(辛旽)의 자식인 우왕(禑王: 辛禑)·창왕(昌王: 辛昌)을 섬긴 것이 죄가 아닌지 묻는 질문에 대해, 퇴계는 "왕위를 계승한 사람은 비록 신(辛)씨였으나, 왕(王)씨의 나라가 망하지 않았기 때문에 포은(정몽주)이 여전히 섬긴 것이다."라 하고, 진(秦)나라의 여씨(呂氏: 秦始皇이 呂不韋의 자식이라 함)나, 진(晉)의 우씨(牛氏: 琅邪恭王 覲의 妃인 夏侯氏가 牛氏와 통정하여 東晉의 中宗인 司馬睿를 낳았다 함)의 경우와 같은 것으로, 『자치통감강목』(資治通鑑綱目)에서도 왕도(王導)의 무리를 우씨 임금을 섬긴 것을 배척하지 않았던 의리를 들어 정몽주가 우왕·창왕을 섬긴 것이 정당함을 인정하였다.〈『언행록』〉 이처럼 퇴계는 정몽주의 처신이 의리에 어긋나지 않음을 적극적으로 해명하고 있음을 보여준다.

(3) 길재(冶隱 吉再, 1353~1419)

길재는 조선시대에 들어와서도 벼슬을 하지 않고 산림에 은거하여 후학을 배양함으로써 조선 초기 사림파의 원류가 되었던 인물이다. 퇴계는 33세 때 태학에 유학하고 돌아오는 길에 여주로 김안국(慕齋 金安國)을 예방하였다. 그해 겨울 다시 선산(善山)의 봉계(鳳溪: 현 선산군 고아면에 속함)로 길재의 옛 마을을 찾아가 사당에 참배하였다. 그것은 길재→김숙자(江湖 金叔滋)→김종직(佔畢齋 金宗直)→김굉필(寒暄堂 金宏弼)→김안국으로 이어져 내려오는 조선 초기 사림파의 연원을 거슬러 그 시원을 찾아가는 길이었다. 이때 지었던 시에서도 길재의 절개를 칭송하면서 그 자신도 벼슬을 탐하지 않는 지조를 본받겠다는 뜻을 보이고 있다.

천 년 전 낚시하던(後漢 嚴光) 기풍	千載釣臺風
다시금 이 땅 선비들을 감격케 하네.…	再使激東韓…
장부는 큰 절개 귀하게 여기지만	丈夫貴大節
평상시에 아는 사람 드물다네.	平生知者難
아아! 그대들 세상 사람들이여.	嗟爾世上人

부디 높은 벼슬 사랑하지 말게나.   愼勿愛高官.

〈「過吉先生閭」〉

2) 조선 초기 사림파(金宗直·金宏弼·趙光祖)에 대한 논평

(1) 김종직(佔畢齋 金宗直, 1431~1492)

퇴계가 49세 때 풍기군수로서 경상도 관찰사(沈通源)에게 올린 글에서 최충(崔冲)·우탁(禹倬)·정몽주·길재·김종직·김굉필 등 선현이 살던 곳에 모두 서원을 건립할 것을 건의했던 일이 있는데, 이때 김종직을 다른 선현들과 함께 열거하였던 사실에 대해 뒷날 질문을 받자, "그때는 미처 생각지 못했는데, 지금에 와서 생각해 보니 과연 큰 잘못이다. 점필(佔畢: 김종직)은 결국 문장 하는 선비일 뿐이다."라고 대답하였고, 김종직에 대해 "학문하는 사람이 아니다. 그가 종신토록 했던 일은 다만 화려한 사장(詞章)에 있었다."고 논평함으로써, 김종직을 도학자로 인정하지 않고 문장가로서만 규정하고 있음을 보여준다.

(2) 김굉필(寒暄堂 金宏弼, 1454~1504)

김종직의 제자로서 연산군 때 사화(士禍)에 희생되어 사림파의 종장으로 높여지고 뒷날 문묘에 배향되었던 김굉필에 대해서도, "한훤(寒暄: 김굉필)의 학문이 실천하는 데 돈독했다고는 하나, 도에 있어서 묻고 배우는 공부에는 지극하지 못한 점이 있는 듯하다."고 언급하여, 김굉필의 학문이 실천에 독실하였음을 인정하면서도, 그 학문이 깊이 탐구된 바가 없다는 한계를 지적하였다.

또한 "한훤(김굉필)선생의 학문에 대해서는 그 저술도 없고, 또 문헌에도 찾아볼 수 없기 때문에 그 조예의 깊이를 알 수가 없다."고 언급하면서, 당시 천곡서원(川谷書院)에 정자와 주자를 제사하면서 김굉필을 '배향'(配享)하는 문제에 대해, "'배'(配)자의 뜻은 함부로 쓰는 것이 아니다. 문선(文宣: 공자)의 사당에는 오직 안자·증자·자사·맹자만을 배향하고, 그 나머지는 비록 공문십철(孔門十哲: 顏回·閔子騫·冉伯牛·仲弓·宰我·子貢·冉有·季路·子游·子夏)의 서열에 든 사람이라도 다 사당 안에 '종사'(從祀)한다고 일컬으며, 정자와 주자 같은 큰 현인도 오히려 문묘의 동쪽과 서쪽에 모셔 놓고 '종사'한다고 일컫는다. 이로써 본다면, '배'(配)자와 '종'(從)자는 차이가 있는 것이다. 한훤의 학문이 비록 문묘에 들기에 부끄럽지 않으나 다만 '종사'라 일컬을 것이요, '배향'이라고는 일컫지 않는 것이 옳을 것이다."라고 하여, 김굉필을 정자·주자에 '배향'하는 것이 아니라, 격을 낮추어 '종사'(從祀: 從享)해야 할 것을 주장하였다. 이처럼 퇴계는 선배 학자들에게 기대하는 학문의 수준이 높았음을 보여주는 것이라 할 수 있다.

그러나 65세 때 퇴계는 자신의 문하에도 출입했던 이정(龜巖 李楨, 宋麟壽 문인)이 김굉필의 시문(詩文)과 행적의 기록을 모아 편찬한 『경현록』(景賢錄)을 개정하기도 하여 깊은 관심을 보였으며, 김굉필의 유적에 경현당(景賢堂)·임청대(臨淸臺)·옥천정사(玉川精舍) 등의 여러 현판을 직접 써서 높이는 마음을 보이기도 하였다.

(3) 조광조(靜菴 趙光祖, 1482~1519)

그 다음으로 김굉필의 제자인 조광조는 기묘사화가 일어나기 직전 퇴계가 19세로 문과 별시(文科別試: 중종이 태학에 거동하여 문묘에 알현할 때 시행했던 謁聖試였음)의 초시(初試)에 응시하러 서울에 올라왔을 때 태학에서 임금을 모시고 있는 조광조의 모습을 멀리서나마 직접 볼 수 있었다. 이때의 감회를 서술하면서, "중종을 뵈올 때의 정암(조광조)을 유심히 본 일이 있는데, 그 걸음걸이가 마치 날개를 편 듯하고 위의(威儀)가 본받을 만하였다. 한번 보자 그 사람됨을 알 수 있었다."고 하여, 그 풍채의 당당함에 경탄하였다.

뒷날 조광조의 종손 조충남(趙忠男)이 조광조의 행장을 지어달라고 부탁하러 퇴계를 찾아왔을 때 조충남에게 지어준 시에서도 19세 때 한번 보았던 조광조의 풍채를 사모해 왔던 사실을 밝히고 있다.

대궐 계실 적 봉황같은 풍채 항상 사모했는데,	相思儀鳳瑞王庭
이제 후손이 오시니 그 모습 생각나네.	玉樹今來想典型
성대한 아름다움 떨쳐냄을 내 어찌 감당하리	盛美揄揚吾豈敢
천리 눈밭 길 찾아온 그대에게 부끄럽구려.	雪霜千里媿君行.

〈「贈趙忠男」〉

퇴계는 64세 때 조광조의 행장을 지었는데, 『소학』(小學)을 독실히 믿고 『근사록』(近思錄)을 존숭하며 몸가짐을 살피고 삼가서 '경'(敬)을 지키는 실천의 도학적 학풍을 드러내었으며, 중종의 신임을 받아 이상

정치를 실현하려는 큰 포부와 지극한 정성으로 도학을 실현하고자 하였던 사실을 서술하였다. 그러나 당시 조광조와 더불어 조정에 나왔던 선비들 가운데 너무 조급하게 효과를 추구하였던 과오가 있음을 주목하여, 기묘사화(己卯士禍, 1519)의 재앙을 당하게 된 책임이 선비들(士類)에도 있었음을 지적하였다.

퇴계는 조광조의 업적이 선비가 학문의 방향을 알 수 있게 하고, 세상의 다스리는 도리가 밝아져 도학을 드러내고 나라의 기맥을 무궁하게 하는데 있었음을 제시하였다. 또한 선비들이 사화의 재앙을 당했지만 '도'를 높이고 학문을 이끌어간 조광조의 업적은 후세에 큰 영향을 끼쳤음을 지적하며, 그 시대에 성현의 '도'가 행해지지 못했지만 만세(萬世)에 행해질 수 있게 되었음을 강조하였다. 그러나 그는 조광조가 학문을 깊이 연마하고 충분히 덕을 닦을 기회를 놓치고 너무 일찍 높은 벼슬에 발탁되어 후세에 가르침을 전할 수 없었던 것을 안타까워하였다. 이러한 평가는 왕도(王道)정치의 실현에 앞서서 도학의 학문적 역량이 확보되어야 할 것을 중시하는 퇴계의 입장을 보여주는 것이기도 하다.

조광조는 도학의 이상을 선명하게 밝히고 그 시대에서 실현을 위해 헌신하였지만 중종의 의심과 간교한 신하들의 계략에 빠져 선비들이 일망타진되는 사화를 겪으면서 그 포부가 좌절되고 말았다. 이러한 사실에 대해 퇴계의 평가는 조광조의 탁월한 이상과 방향을 극진히 높이면서도 다른 한편으로 그 학문적 역량이 미숙하였다는 일면을 동시에 지적하는 것이다. 그는 "정암(靜菴: 조광조)은 타고난 자질이 비록 아름다웠으나, 학문에 충실하지 못하여 시행한 것에 지나침이 있었기 때문에, 마침내 일에 실패하고 말았다. 만일 학문에 충실하고 덕기(德器)가 이루어진 뒤에 세상에 나가서 세상일을 담당하였더라면, 그 이룬 바를 쉽게 헤아릴 수 없었을 것이다."〈『언행록』〉라 하여, 아쉬움을 분명히 밝히고 있다.

당시 조광조와 함께 진출하였던 선비들 가운데는 너무 과격하고 급진적인 인물들이 다수 있었던 것이 사실이다. 퇴계는 조광조도 일찍부터 이를 깊이 우려하였다는 사실을 지적하여, "요순(堯舜) 때의 임금과 백성같이 되게 하는 것이 아무리 군자의 뜻이라 하더라도, 때를 헤아리지 못하고 역량을 헤아리지 못한다면, 어떻게 그런 일을 할 수 있겠는가. 기묘년(1519)의 실패도 여기에 문제가 있었던 것이다. 당시 정암은 이미 실패할 줄 알고 자못 스스로 억제하였지만, 사람들은 도리어 잘못이라 하여 창을 거꾸로 잡고 (조광조를) 공격하고자 하였다."〈『언행록』〉고 지적하였다. 이 점에서 퇴계는 당시 조광조와 사림파의와 훈구세력을 대립시키면서 조광조와 선비들의 선함과 정당함을 적극적으로 해명하는데 초점을 두고 있는 것이 아니라, 조광조와 사림파에게 안으로 어떤 문제점이 실패를 초래했는지 성찰하는데 주의를 기울이는 시각을 보여주고 있는 것이다.

3) 당대의 성리학자(徐敬德·李彦迪)에 대한 논평

도학(주자학)은 고려 말에 전래되어 조선왕조의 통치원리로 받아졌지만, 조선왕조가 건국된 이후에도 150년 정도 지나 퇴계가 활동하던 시대인 16세기 중반과 후반에 이르러서야 봄을 맞아 사방에서 꽃피거나 비온 뒤의 죽순(雨後竹筍)처럼 솟아나는 형국을 이루었다. 이 시대 도학의 성리설이 개화(開花)하는 지도를 그려보면, 개성(開城)의 서경덕(花潭 徐敬德)은 퇴계보다 12년 선배로 성리설에서 주기론(主氣論)을 내세웠고, 이와 달리 경주(慶州)의 이언적(晦齋 李彦迪)은 퇴계보다 10년 선배로 주리론(主理論)을 표방하여 주류의 선하(先河)를 열었다. 영남에는 퇴계가 예안에 자리 잡았는데 퇴계와 동갑인 조식(南冥 曺植)은 산청(山淸)에 자리 잡았고, 호남에는 태인(泰仁: 현 정읍군 태인면)의 이항(一齋 李恒)이 퇴계보다 2세 위고, 장성(長城)의 김인후(河西 金麟厚)는 9세 아래로 같은 시대에 활동하던 인물들이다. 후배로는 영남 상주(尙州)의 노수신(蘇齋 盧守愼), 호남 광주(光州)의 기대승(高峯 奇大升), 경기 파주(坡州)의 이이(栗谷 李珥)와 성혼(牛溪 成渾) 등 많은 인물들이 출현하여 활발하게 활동하였다. 이러한 성리학자들의 출현에서 퇴계가 선배이었던 서경덕과 이언적에 대한 어떤 이해태도를 가졌던지 살펴보는 것은 의미있는 일일 것이다.

(1) 서경덕(花潭 徐敬德, 1489~1546)

퇴계는 서경덕의 학문에 대해, "그의 의론을 보면 '기'(氣)를 논한 것은 지극히 정밀해 마지않으나, '이'(理)에 대해서는 그다지 정밀하지 못하였다. 그래서 '기'를 주장하는 데 너무 치우치기도 하고, 혹은 '기'를 '이'로 알기도 하였다. 그러나 우리 동방에는 이보다 앞서 책을 지어 이렇게까지 한 사람이 없었으니, '이'와 '기'를 밝힘에 있어서는 이 사람이 처음이다. 다만 그가 말할 때에 자부함은 너무 지나치지만, 아마 터득한 바는 깊지 못한 것 같다."〈『언행록』〉 하였다. 그는 서경덕의 학문이 지닌 정밀하고 깊음을 인정하면서도 동시에 문제점을 엄격하게 지적하고 있는 양면성을 보여준다. 심지어 "화담(서경덕)의 견해는 특히 정밀하지 못하며, 그 저술의 여러 이론을 보면 한 편도 병통이 없는 것이 없다."〈「答鄭子中講目」〉고 지적하기도 하였다. 그러나 서경덕의 이론에 대한 비판의식을 밝히면서도 그의 학문적 관심에 대한 존경심을 잃지는 않았던 것이다.

서경덕의 문집 『화담집』(花潭集)을 읽고서 책 끝에 붙인 시에서도 퇴계가 서경덕을 얼마나 마음 깊이 존중하고 있는지 잘 보여준다.

한탄스럽네. 화담의 노인이여   嘆息花潭老
지금 나와는 영원히 멀어지고 말았구나.…   于今永我疎…
그 때에 만약 만나 볼 수 있었다면   當年如得見
십년동안 독서한 것 보다 나았으리라.   勝讀十年書.

수리는 억년을 헤아림이 손바닥 보듯 하고   數窺億世猶看掌
학문은 천년을 거슬러 일가를 이루려 했네.…   學泝千年欲擅家…
내 생애에 이 사람을 못 만나고 말았으니   吾生又未斯人見
평생이 헛되고 허물 속에 던져질까 두려웠네.   自恐平生虛擲過.
                                       〈「書徐處士花潭集後」〉

퇴계가 46세 때 서경덕이 세상을 떠났으니, 그 전에 찾아갔다면 만날 수 있었을 것이다. 퇴계는 서경덕이 죽고 난 다음에 그 문집을 읽으면서 진작 서경덕을 만났더라면 성리설에 관해 깊이 있는 토론을 하여 크게 계발을 받을 수 있었을 것을 생각하며 아쉬움을 절실하게 표현하고 있다. 그것은 아쉬움만이 아니라 자신의 학문을 정밀하고 확고하게 정립하는데 큰 도움을 받을 수 있는 기회를 놓친데 대한 회한을 드러내고 있는 것이기도 하다. 그렇다고 퇴계가 서경덕의 성리설에 동의한 것은 결코 아니다. 오히려 서경덕이 제기한 '주기론'(主氣論)의 입장을 비판하여 서경덕이 '형기'(氣)를 '이치'(理)로 잘못 인식하는 병통이 있음을 엄격하게 비판함으로써 주자학 정통의 입장에서 벗어나는 문제점을 분명하게 밝히고 있다.

　서경덕은 56세 때(1544)「원이기」(原理氣)·「이기설」(理氣說)·「태허설」(太虛說)·「귀신사생론」(鬼神死生論)의 매우 간략하지만 그의 사상적 핵심을 밝힌 4편의 논문을 지었는데, 이 논문을 박민헌(正菴 朴民獻)과 허엽(草堂 許曄) 등 제자들에게 주면서, "이 이론은 비록 말이 졸렬하지만, 그 본 바는 무수한 성인들도 전하지 못한 경지에까지 이른 것이다. 후학들에게 전할 만하니, 성리(性理)에 관한 책 끝에 붙여, 멀고 가까이 중화나 오랑캐들로 하여금 우리나라에 학자가 나왔다는 것을 알게 하라."고 말했다 한다. 퇴계는 이 말을 매우 못마땅하게 여기며 너무 과장하는 병통이 있다고 보았지만, 서경덕의 인물됨을 매우 중히 여겼다 한다.〈『언행록』〉그뿐만 아니라 퇴계는 서경덕의 '귀신'개념에 대한 이해에 대해서도, "'기'(氣)와 '수'(數)의 한쪽 편은 익숙하지만, 그 이론은 '이치'(理)를 '형기'(氣)로 인식하는 것을 면하지 못하였고, 또한 때로는 '형기'를 가리켜 '이치'로 삼기도 하였다."〈「答南時甫」〉고 지적하여, 서경덕의 성리설이 근본적인 오류에 빠져있는 것으로 비판하기도 하였다.

서경덕의 제자들은 그들의 스승을 극진하게 높였는데, 퇴계는 스승을 높이는 도리가 실상을 벗어나는 문제점이 있음을 지적하였다. 서경덕의 제자 허엽이 서경덕을 명나라의 진헌장(白沙 陳獻章: 陸象山의 心學을 계승)에 견주고 있다는 말을 역시 서경덕의 제자인 남언경(東岡 南彦經)으로부터 전해 듣자, 퇴계는 "백사(白沙: 진헌장)는 비록 허황하고 방탕하여 선(禪)불교의 소굴에 들어갔지만 그 인품은 고매하고 투철하며 시(詩)도 뛰어나게 오묘하다. 그러나 화담(서경덕)은 그 자질이 소박한 듯하지만 실지는 허망하고, 그 학문은 높은 듯하지만 실지는 잡박하다. 그 이기(理氣)를 논의한 자리는 드나듦이 얽매어 전혀 분명하지 않다. 근원의 자리가 이와 같으니 현실에서 공부는 미루어 볼 수 있다. 그 시와 문장은 좋은 곳은 좋지만 좋지 않은 곳도 많으니 백사에 견주어본다면 아마 그 무리에서 벗어날 것이다."〈「答南時甫」〉라고 거부하는 입장을 분명하게 밝혔다.

남언경은 퇴계의 서경덕에 대한 견해를 허엽에게 전하자, 허엽은 스승 서경덕을 한층 더 높여 "장횡거(橫渠 張載)와 더불어 무슨 차이가 있겠는가."라고 반박하였다. 퇴계는 이 반박에 대해, "화담은 공(허엽)이 친히 배운 바요 나는 전해들은 것이니, 마땅히 전해들은 사람이 잘못이라 해야 할 것이다. 그러나 화담의 저술을 내가 모두 얻어 보았는데, (장횡거의) 「서명」(西銘)에 견줄 만한 글이 어느 글이며, 『정몽』(正蒙)에 견줄 만한 글이 어느 글인지 모르겠다."고 대답하여, 서경덕을 장횡거에 견줄 수 없음을 강조하였다.〈「答鄭子中講目」〉 퇴계와 서경덕은 성리설에서 기본입장이 달랐으니 서경덕의 제자들이 스승의 학설을

높이려는 태도에 대해 비판적 입장을 엄격하게 지키는 것은 퇴계로서
는 도학적 정통을 확립하는 자신의 임무를 밝히는 것이기도 하다.

(2) 이언적(晦齋 李彦迪, 1491~1553)

퇴계는 조선시대 도학의 전통을 돌아보면서, 자신의 시기까지 조선
의 학자들 가운데 주자학의 정통에 합치하는 학자로서는 이언적을 가
장 뛰어난 인물로 인정하였다. 그는 "우리 동방의 '이학'(理學: 성리학)
은 포은(정몽주)을 시조(祖)로 삼고, 한훤당(김굉필)과 정암(조광조)을
으뜸(首)으로 삼는다. 다만 이 세 선생의 저술을 구할 수가 없어서 이
제 그 학문의 깊이를 알 수가 없다. 요즈음 『회재집』(晦齋集)을 보았는
데, 그 학문의 바름과 그 터득함의 깊이가 거의 근세의 제일이라 할 수
있다."고 하였다. 또한 "근대에 회재(이언적)의 학문이 매우 바르다. 그
저술한 문자를 보면 모두 가슴속에서 흘러나온 것으로, 이치가 밝고
의리가 바르다. 온전하여 하늘이 이룬 것이요 조예가 깊지 않으면 이
와 같을 수 있겠는가."〈『언행록』〉라 하여, 이언적의 학설이 정대함을
극진하게 높였다. 그것은 정몽주에서 김굉필을 거쳐 조광조에 이르는
조선 초기 도학의 학맥을 살펴보아도 성리설의 이론적 깊이를 알 수
있는 저술이 없다는 점을 안타깝게 지적하면서, 명망이나 영향력에서
평가하는 것이 아니라 저술을 통한 이론의 깊이에서 평가한다면 이언
적을 최고의 학자로 인정할 수 있다는 것이다.

또한 퇴계는 조광조와 이언적의 행장을 지었는데, 두 인물을 비교하
면서, "내가 정암(조광조)의 행장을 지을 때 그 타고난 자질의 높은 곳

에 대해서는 지극히 말하였으나, 그 학문이 힘쓴 곳을 말한 것은 비교적 적었다. 회재(이언적)의 행장을 지을 때에는, 그 학문적 역량의 깊은 곳에 대해서는 지극히 말하였으나, 그 타고난 자질을 말한 곳은 비교적 소홀했다."〈『언행록』〉고 언급하였다. 곧 조광조는 타고난 자질이 탁월하지만 그 학문적 깊이는 드러난 것이 없는데 비하여, 이언적은 학문적 깊이가 잘 드러났지만 타고난 자질은 높일만한 것이 없음을 보여주는 것이다.

인종 초기에 퇴계와 홍문관에 함께 근무했던 이몽필(李夢弼)의 회고담에 의하면 당시 홍문관의 여러 관료들 사이에 이언적을 정승이 될만하다고 말하는 주장이 왕성했는데, 퇴계만 홀로 "이공(이언적)은 도량이 좁아서 정승 지위에 있기는 적합지 않다."고 말하여 사람들이 깜짝 놀랐던 일이 있었다고 한다. 퇴계는 이언적의 성리학적 이론에서 탁월함을 극진히 높이면서도 그 인물에 대해서는 매우 냉정하게 평가하는 객관적 시각을 잃지 않고 있음을 보여준다.

이언적이 『대학장구보유』(大學章句補遺)를 저술하면서, '경(經)1장'의 구절(知止而后有定…則近道矣)을 옮겨다가 '격물치지장'(格物致知章)을 보충하는 견해를 제시하였다. 이에 대해 퇴계는 본체(正寢)의 한 쪽을 헐어다가 곁채(廊廡)의 부서진 곳을 보완하려드는 과오라 비판하였던 일이 있다. 〈「答李仲久 別紙」〉 이처럼 퇴계는 이언적의 성리설을 적극적으로 높이 평가하면서도 그 학설에 문제점이 있는 것은 엄격하게 지적하여 비판하고 있음을 보여준다. 이식(澤堂 李植)은 "회재(이언적)가 비록 한 세대의 명신(名臣)이었으나 그 학문의 깊이는 사람들이 몰랐다. 퇴계가 그를 드러내 놓으니, 당시의 학자들이 퇴계에게는 마음으로 복종하였기 때문에 감히 다른 말을 하지 못하였고 국론(國論)도 그렇게 정해진 것이다."〈『연보모유』〉라 하였다. 결과적으로 이언적의 학문적 깊이는 퇴계의 인정을 받으면서 이 시대에 공인받게 되었던 사실을 말해주는 것이다.

4. 벼슬길에서 남긴 자취

1) 과거시험에 여러 번 떨어지고

퇴계는 학문의 길에 뜻을 세웠지만, 일찍부터 과거시험에 응시하여 벼슬길에 나갈 뜻이 없었던 것은 아니다. 그는 일찍이 추천을 받아 향선(鄕選)에 들어 있었고, 19세 때 봄에 서울에 올라와 처음으로 문과별시(文科別試)의 초시(初試)에 응시했지만 합격하지는 못했다. 뒷날 퇴계는 자신의 젊은 시절을 회고하면서, "나는 비록 과거에 응시하였으나, 처음에는 합격 여부에 마음 쓰지 않았다. 스물네 살 때까지 연달아 세 번 낙방하였지만, 역시 낙심하지 않았었다. 어느 날 집에 있는데 갑자기 누가 와서 '이서방' 하고 부르는 사람이 있어서 나를 부른다고 생각했다. 천천히 살펴보니 누가 늙은 종을 찾는 것이었다. 이에 '내가 아직 한 가지도 명칭을 이루지 못해서 이런 욕됨을 불러들이는구나.'라고 탄식하였다. 한 순간에 합격 여부에 마음을 쓰고 있음을 깨달았다. 과거시험이 마음을 동요시킴이 매우 두려운 일이다."〈『연보보유』〉

라 하였다. '생원'이나 '진사'의 명칭도 얻지 못하였다는 자격지심을 성찰하면서, 제자들에게 과거시험에 얽매이기 쉬운 마음을 깊이 경계하도록 당부했던 일이 있다.

과거시험에 여러 번 떨어졌다고 퇴계의 학문적 역량이 부족했던 것은 아니다. 이미 퇴계의 해박한 실력은 누구나 인정하고 있었던 것 같다. 그가 젊은 시절 과거시험장에 나갔을 때 있었던 일이다. 시험문제가 나오자 여러 응시자들이 생소한 문제에 당황하여 문제를 바꾸어달라고 요구하면서 아무개(퇴계)가 이미 이 문제로 답안을 써놓았다고 핑계를 대었다고 한다. 시험관이 퇴계를 불러서 사실여부를 묻자, 그는 답안을 미리 써놓은 일이 없음을 밝히면서, "다만 이 시험 문제가 사실은 『음부경』(陰符經)에 있습니다. 어찌 다른 경전이나 역사의 글이 없어서 잡서(雜書) 속의 문제로 선비를 시험해 보여야만 합니까?"라고 항의하여, 시험관도 이를 부끄러워하여 즉시 문제를 바꾸었다는 것이다. 『음부경』은 황제(黃帝)가 지은 것이라 하지만 당(唐)나라 때 이전(李筌)의 위작(僞作)으로 알려진 책이요, 주자가 주석한 『음부경고이』(陰符經考異)가 있지만 도가(道家)의 서적으로 분류되거나 병가(兵家)의 서적으로 분류되어 유교 정통에서 벗어난 잡가(雜家)에 속하는 것으로 취급되었다. 시험문제가 『음부경』에서 출제되었다는 사실을 곧바로 지적하였다는 사실은 퇴계가 유교의 경전이나 공인되는 역사서뿐만 아니라 제자백가의 글에 대해서도 평소에 익숙하게 읽어 해박한 지식을 지녔음을 말해준다.

퇴계는 27세 때 가을에 경상도 향시(鄕試)에서 진사시(進士試: 司馬試·小科)의 초시(初試)에 수석하고, 생원(生員) 2등의 우수한 성적으로 합격하였고, 이듬해 봄 서울에서 치른 진사시의 회시(會試)에서도 2등으로 합격하였다. 이때 그는 합격 발표를 기다리지 않고 고향으로 돌아왔는데, 한강을 건너기 전에 합격 소식을 들었지만, 발길을 돌리지 않고 그대로 남쪽으로 갔다고 한다. 그는 과거시험에 연달아 낙방하고서도 태연하였고 소과에 합격하고서도 가면서 조금도 기쁜 기색이 없었다는 것은 학문에 대한 그의 입지가 확고하게 굳어져 있어서 벼슬길에 대한 집착에서 이미 벗어나 있었음을 보여주는 것이다.

진사시(進士試: 小科)에 합격하고 난 뒤로 퇴계는 과거시험에는 뜻을 두지 않자, 넷째 형(李瀣)이 모친에게 권유하도록 말씀드리자, 모친의 권유를 받고 32세 때 다시 서울에 올라와 문과 별시(文科別試)의 초시(初試)에 2등으로 합격하였다. 이듬해 33세 때는 잠시 태학에 유학하고, 마침내 34세 때 3월 문과(文科: 大科)시험에서 을과(乙科)의 제1인으로 합격하여 벼슬길에 나오게 되었다. 34세에 문과에 합격하였다는 것은 벼슬길에 나오는 출신(出身)이 빠른 것은 결코 아니요, 장원급제한 것도 아니니, 그는 과거시험에서 두각을 드러내었던 것으로 보이지는 않는다.

2) 34세에 벼슬길에 나와서

퇴계가 34세 때부터 벼슬길에 나가 관료로 활동하였던 사환(仕宦)의 시기는 크게 보면, ① 34세에서 44세까지의 '초기사환'(初期仕宦)시기, ② 45세에서 49세까지 '은거준비'(隱居準備)시기, ③ 50세 이후의 '은거 위주'(隱居爲主)시기로 나누어 볼 수 있다. 은거하려는 뜻은 초기사환

시기에서부터 이미 지니고 있었지만, 은거준비 시기 이후에는 관직활동에 뜻을 잃고 물러나는데 주력하였음을 보여준다.

퇴계는 34세 때 4월에 종9품직인 승문원(承文院)의 권지부정자(權知副正字)로 관직생활을 시작하였다. 바로 이어서 추천을 받아 예문관(藝文館) 검열(檢閱)에 임명되고 춘추관(春秋館) 기사관(記事官)을 겸직하게 되었다. 그러나 벼슬길에 나오자마자 시련이 시작되었다. 당시 권력을 잡았던 김안로(金安老)가 퇴계를 자기 세력에 끌어들이기 위해 만나고 싶어 했는데도 찾아가지 않은데 앙심을 품고 대간(臺諫)을 사주하여 퇴계의 장인(權礩)과 그 아우(權礴)가 기묘사류(己卯士類)로 안처겸(安處謙)의 옥사(獄事)에 연루되었다는 사실을 이유로 사관직(史官)의 직책을 맡을 수 없다고 추천한 사람까지 탄핵하여 다시 승문원 부정자(副正字)로 돌아갔다. 같은 해 정자(正字: 정9품), 저작(著作: 정8품)으로 승진되었는데, 이때 관료들에게 보이는 정시(廷試)에서 시(詩)로 1등을 하였던 일이 있다.

35세 때 호송관(護送官)으로 왜인(倭人)을 동래(東萊)까지 보내주었다. 이때 여주(驪州)를 지나다가 목사(牧使) 이순(李純)과 함께 신륵사(神勒寺)에서 놀았다. 이순은 『주역』과 음율에 관한 소강절(邵康節)의 저술인 『황극경세(내편)』(皇極經世 內篇)와 위백양(魏伯陽, 東漢人)의 『주역참동계』(周易參同契)를 20여 년 연구해온 학자로 이순의 강론을 들을 기회를 얻기도 하였다. 이듬해 36세 때 성균관 전적(成均館典籍: 정6품)을 거쳐 호조좌랑(戶曹佐郎)에 임명되었는데, 그동안 자신의 직책을 아무 흠 없이 잘 수행하였으므로, 권력을 잡은 김안로의 무리도 그의 지위를 위협하지는 못하였다. 37세 때 10월에 모친상을 당하여, 고향에 내려가 거상하고 39세 때 12월에 탈상하였다. 이때는 김안로가 이미 실각하였으므로 퇴계는 홍문관(弘文館: 玉堂)의 수찬(修撰: 정6품)에 임명되었다.

40세 때는 사간원 정언(司諫院正言)을 거쳐 사헌부 지평(司憲府持平: 정5품)에 오르고 형조 정랑(刑曹正郎)에 임명되었다. 형조정랑으로 있을 때는 죄인을 다루는 것을 볼 때마다 죄인을 가련하게 여기는 마음 때문에 식사 때 밥상을 밀어놓고 차마 먹지 못하였다고 한다. 이때 홍문관에서 올린 차론(箚論)으로 잠시 파직되었던 일도 있으나, 곧 복직되고, 다시 홍문관 교리(校理)로 돌아왔다. 홍문관(玉堂)에 근무할 때도 동료들이 옆에서 웃고 떠드는 일이 있어도 고요히 앉아 책을 읽어 동료들도 그 성실함에 감복하였으며, 경연(經筵)에 나아가서도 말씀이 진중하여 조정에서 벼슬하는 선비들로부터 깊은 신뢰와 공경을 받았다 한다.

41세 때 동호(東湖: 현 서울 성동구 옥수동)의 독서당(讀書堂: 湖堂)에서 사가독서(賜暇讀書)를 하였다. 이때 독서당에서 함께 사가독서 하였던 당대의 이름난 선비로 김인후(河西 金麟厚)와 노수신(蘇齋 盧守愼)도 있었다. 다시 사헌부 지평을 거쳐, 5월에 홍문관 수찬에 임명되었는데, 중국과 주고받는 외교문서를 관리하고 말을 점검하는 자문점마관(咨文點馬官)으로 의주(義州)에 파견되었다. 의주에서 돌아오는 길에 다시 단련사(團練使: 사신을 수행하고 호위하는 관원)일행이 중국 물품을 불법으로 구입해 오는 것을 적발하라는 왕명을 받고 의주로 되돌아갔다. 곧이어 홍문관 부교리로 임명하면서 경연에 참석하라는 왕명을 받고 조정에 돌아왔다. 그해 9월에는 흉년이 들어 농작물의 피해를 조사하기 위해 경기도지역 재상어사(災傷御史)로 파견되어 삭녕(朔寧) 등을 다녀왔다. 발길이 무척 분주하였던 것은 퇴계에 대한 임금의 신임이 두터웠음을 보여주는 것으로 짐작된다.

42세 때는 홍문관 부교리(副校理)를 거쳐 3월에 의정부 검상(檢詳)에 임명되자, 충청도지역의 여러 군읍(郡邑)에서 흉년에 구휼사업이 잘되고 있는지를 검찰하기 위해 어사(御史)로 파견되어 나갔다. 그는 여러 지역의 산마루에서 물가에 이르기까지 몸을 아끼지 않고 두루 다니면서 실정을 파악하기 위해 애썼다. 이때 전의현(全義縣) 남쪽 어느 산골에서 굶주린 백성을 살펴보며 지었던 시가 있다.

허물어진 집 더러운 옷에 얼굴은 누렇게 뜨고	屋穿衣垢面深梨
관청 곡식은 텅 비었는데 야채마저 드물구나.	官粟隨空野菜稀
사방 산에는 꽃이 비단처럼 곱게 피었으나	獨有四山花似錦
춘신(春神)은 어찌 사람들 굶주림을 알리오.	東君那得識人飢.

〈「全義縣山谷遇飢民」〉

흉년에 백성들이 겪는 생활의 비참함과 관청의 창고마저 텅 비어 나라가 무기력함에 빠져있는 절망적 현실을 한 눈에 보여준다. 봄날 산야에는 꽃들이 화사하게 피어 아름다운데, 굶주림에 허덕이는 백성들의 참혹한 실상을 대비시켜, 봄을 맡은 신(東君)의 무정함을 원망하는 것은 하늘에 대한 원망과 호소를 토로하고 있는 것이다. 그가 충청도에서 돌아와 복명(復命)하면서 임금에게 일상의 경비를 절약해서 저축해두어야 재난에 대처할 수 있음을 역설하였으며, 공주 판관(公州判官)

인귀손(印貴孫)의 패악하고 탐욕스러운 죄를 다스리도록 요청하였다. 이어서 의정부 사인(舍人: 정4품)에 승진되고, 사헌부 장령(掌令)에 임명되었다. 그해 8월에는 다시 재해를 시찰하는 재상어사(災傷御史)로 강원도에 나가 영월(寧越) 등 다섯 고을을 살피고 왔다. 이때의 기록으로 「관동일록」(關東日錄)을 지었다.

43세 때는 종친부(宗親府) 전첨(典籤)에 임명되었다가 사헌부 장령, 전설사 수(典設司守), 성균관 사예(司藝)를 거쳐, 사간원 사간(司諫: 종3품)에 승진되었으나 병으로 부임하지 못하였다. 이어서 사복시(司僕寺) 첨정(僉正)을 거쳐, 10월에 성균관 사성(司成)에 임명되었다. 휴가로 고향에 돌아가 머물다가, 이듬해 44세 때 2월에 홍문관 교리로 소환되고, 세자시강원 좌필선(世子侍講院左弼善), 사헌부 장령(掌令), 성균관 직강, 홍문관 교리, 종친부 전첨(典籤)을 거쳐 홍문관 응교(應敎)의 여러 직책에 임명되었으나, 병으로 나가기도 하고 나가지 못하기도 하였다. 이 시절 그는 여러 관직을 차례대로 거쳤지만 주로 경전과 전적(典籍)을 담당하는 홍문관의 관료로 경연(經筵)에 나가 임금을 위해 강의하는 학자로서 활동하였다.

퇴계는 40세 때 경연에 나가 가뭄이 심하다고 죄인을 풀어주는 은사(恩赦)를 내리는 일을 삼가도록 요청하였으며, 당나라 현종(玄宗)의 실정(失政)을 경계로 삼아 평소에 물자를 절약하여 재난에 대비할 것을 당부하였다. 또한 41세 때 경연에 나가서도 당시 전염병과 소의 역병(牛疫)이 한꺼번에 발생한 변괴에 대응하여, 임금이 수양하고 반성할 것을 요청하였다. 특히 하늘과 사람이 서로 감응함을 강조하여, 천재지변을 막기 위해 정성을 다하고 인심에 부합하도록 할 것을 강조하였다. 이때 홍문관의 부제학 이언적(晦齋 李彦迪)을 비롯한 동료들과 함께 왕도정치를 실현하기 위해 임금의 덕을 닦아야 하는 일을 조목으로 제시한 「일강구목소」(一綱九目疏)의 상소를 올렸다. 이 상소에서 한 가지 강령(一綱)은 '중화를 이룰 것'(致中和)이요, 아홉 가지 조목(九目)은 '기강을 바로 잡을 것', '인재를 분별할 것', '백성의 고통을 구휼할 것', '형벌과 옥사를 신중히 할 것', '사치를 금할 것' 등이다. 42세 때 경연에서는 동한(東漢)이 외척(外戚) 때문에 멸망하게 된 사실을 들면서, 외척이 권력을 장악하여 나라를 그르치는 것을 경계하기도 하였다.

44세 때 9월에 휴가로 고향에 돌아갔다가 10월에 조정에 돌아왔는데, 그해 11월에 중종(中宗)이 세상을 떠났다. 임금이 붕어(崩御)하자 조정에서 명나라에 사신을 보냈는데, 이때 부고를 전하고 시호(諡號)를 청하는 두 가지 표문(表文)을 모두 퇴계가 지었다. 명나라에 갔던 사신(閔齊仁·李浚慶)이 돌아와서 명나라의 예부(禮部)관원이 퇴계가 지은 두 표문을 보고 "표문의 글이 매우 좋고 서법(書法)도 또한 기묘하다."고 감탄하며 칭찬했다고 보고하였다. 이 일로 말 한필을 하사받았다. 뒤이어 동지사(冬至使)가 명나라에 가지고 가는 「동지표」(冬至表)도 그가 지어 올렸다. 외교문서를 작성하는 중대한 임무를 맡길 만큼 조정에서 그의 문장에 대한 신임이 깊었던 사실을 말해준다. 이렇게 중종치하에서 퇴계의 초기 관직생활이 마무리 되었던 것이다.

3) 을사사화(1545)와 정미사화(1547)의 험난한 파도를 넘으며

퇴계가 45세 때 7월에는 인종(仁宗)이 재위 8개월 만에 선왕 중종의 상(喪)을 마치지도 못하고 붕어하자, 이복동생인 명종(明宗)이 12세에 왕위에 올랐다. 이때 중종의 계비(繼妃)요 명종의 생모(生母)인 문정왕후(文定王后)가 수렴청정하면서, 문정왕후의 아우인 소윤(小尹) 윤원형(尹元衡)이 권력을 장악하여 반대세력을 숙청하는 을사사화(乙巳士禍, 1545)를 일으켰다. 을사사회의 거친 풍파 속에 많은 선비들이 희생되고, 조정은 물론이요 온 나라가 흉흉한 정국을 맞게 되었다. 퇴계는 45세 때 을사사화를 겪은 이후 벼슬을 버리고 초야에 은거하거나 풍파를 피하여 조정을 벗어나 지방의 수령으로 나갈 결심을 굳히고 있었다.

45세 때 7월까지 인종이 재위하고 있는 동안은 그래도 안정된 관직생활을 하고 있었다. 정월에 중국 사신을 맞이하는 원접사(遠接使)의 종사관(從事官)에 임명되었으나 병으로 가지 못했다. 그러나 국상 중에 왕명을 받고 중종의 능지(靖陵誌)를 지어 올렸으며, 중종을 위한 만사(挽詞)를 지어 올렸다. 중종의 장례 때는 대축(大祝)의 직책으로 참여하였으며, 국상에서 상복제도를 논의한 「국휼복제의」(國恤服制議)를 차자(箚子)로 올렸다. 이때 퇴계는 병이 잦아 여러 번 사직을 청하였으나, 내섬시 첨정(內贍寺僉正: 종4품), 군자감 첨정(軍資監僉正), 홍문관 응교(應敎: 정4품), 홍문관 전한(典翰: 종3품)으로 승진이 계속되었다. 인종은 병환이 깊고 조정에서는 소인배가 준동하자 그는 지방수령으로 나갈 길을 찾았는데 마침 경상도 청송(靑松)의 수령 자리가 비어 나가기를 청했지만 받아들여지지 않았다. 인종은 왕위에 오르기 전 세자(世子)로 있을 때 어느 날 어진 인물 세 사람의 이름을 특별히 써서 책상 속에 넣어두었는데, 그 첫째가 퇴계였고 다음이 이언적(晦齋 李彦迪)이요, 세 번째가 김인후(河西 金麟厚)였는데, 뒷날 삼공(三公: 宰相)으로 선발할 인물을 대비한 것이었다고 한다.〈『연보보유』〉인종이 퇴계에 대해 특별히 두터운 신망을 가졌던 것으로 보이나, 상중에 병을 앓다가 죽고 말았으니, 퇴계를 크게 발탁해 볼 기회가 없었다.

인종이 승하하여 국상이 거듭 일어나고 어린 명종이 즉위하여 조정이 황망한 가운데도 왜인과 교류할 것인지의 외교문제를 처리하지 않을 수 없었다. 당시 조선정부는 삼포왜란(三浦倭亂, 1510)이후 왜인과 교류를 단절해 왔는데, 이때 왜인이 다시 사신을 보내와 통교(通交)를 요청해 왔던 것이다. 퇴계는 왜인의 사신을 물리치지 말고 일본과 강화를 허가하도록 청하는 상소를 올렸다. 여기서 그는 일본을 오랑캐로 규정하면서도, 오랑캐를 다루는 중국의 역사적 경험과 지혜를 예로 들고 오랑캐에 대한 화친(和親)정책이 왕도(王道)정치의 포용적 원리임을 제시하였다. 또한 그는 '대마도주 종성장(宗盛長)에게 보내는 답서'와 '일본국 좌무위(左武衛)장군 원의청(源義淸)에게 보내는 답서' 등을 지었으며, 외교문제에서 원칙과 현실의 조화를 추구하는 탁월한 외교적 역량을 발휘하였다.

또한 7월에 퇴계는 홍문관의 동료들과 함께 윤원로(尹元老)를 처벌하도록 청하였으나 인종의 허락을 받지 못했다. 윤원로는 문정왕후(文定王后: 明宗의 生母)의 오라비로 아우인 윤원형과 함께 소윤(小尹)의 일파로서 장경왕후(章敬王后: 仁宗의 生母)의 오라비인 대윤(大尹)의 윤임(尹任)과 권력투쟁을 하였던 윤원로(尹元老)를 처벌하도록 청하였으나 명종의 허락을 받지 못했다. 이 시절 불안한 정국 속에서 아무리 명분이 정당하다 하더라도 외척의 험악한 권력투쟁에 가볍게 개입했던 것이 아닐까 의심이 되는 대목이다.

45세 때 8월에 병으로 사임하니 통례원 상례(通禮院相禮: 종3품)에 제수되었다. 바로 이때 을사사화가 일어났다. 9월에 사옹원 정(司饔院正: 정3품)에 이어, 홍문관 전한(典翰)에 다시 임명되었는데, 사화는 더욱 혹독해져 봉성군(鳳城君: 중종의 여섯 째 아들 李岏)이 역모로 모함을 받아 울진에 유배되었다. 10월에는 권력을 잡고 을사사화를 주도하던 이기(李芑)의 요청으로 퇴계 자신도 한때 관직이 삭탈되었다. 그러나 죄 없는 사람을 벌줄 수 없다는 여론이 일어나 왕명으로 12일 만에 관직이 다시 회복되고 사복시 정(司僕寺正: 정3품)에 임명되었으며, 11월에는 중국사신을 맞이하는 영접도감(迎接都監)의 낭청(郎廳)에 임명되었다. 을사사화의 거친 파도를 힘겹게 조용히 넘어가고 있었던 것이다.

46세 때 2월에 휴가를 얻어 고향에 돌아가 장인(權礩)의 장사를 지냈다. 4월에는 조정에 돌아가기 위해 길을 나섰으나 병으로 영주(榮川草谷)의 전장(田庄)에 머물다가 젊을 때 독서하던 용수사(龍壽寺)에 머물면서 제자들과 학문을 토론하는데 전념하였다. 계속 병을 일컬으며 조정에 돌아오지 않고 해직을 요청하는 상소를 올리자 5월에 해임되었다. 이에 고향에 돌아오자 지었던 시에 그 때의 감회를 잘 드러내고 있다.

> 깊은 산에 살리라 굳게 맹서 했는데　　　　雲山正似盟藏笏
> 신세는 전장터서 징소리에 퇴각하는 꼴이네.…　　身世渾如戰退鉦…

임금님 큰 은혜 날 버리지 않을 줄 알지만   聖主鴻恩知不棄

병이 많아 물러나 밭가는 게 합당할 뿐이라오.   只緣多病合歸耕.

〈「晨至溪莊…」〉

초야에 물러나겠다는 뜻은 일찍부터 확고하였지만, 을사사화의 풍파에 쫓겨나오는 처지가 패잔병의 신세임을 돌아보고 있는 것이다. 이미 그는 아무리 임금이 벼슬로 자신을 붙잡아도 물러나는 것이 자신의 길임을 분명하게 밝히고 있다. 병이 많다는 말은 사실 그 자신이 젊었을 때 과도하게 독서에 힘쓰다가 건강을 상하여 병이 많았던 것이 사실이지만, 그보다 이미 정세가 나가서 활동하기 어려움을 돌아보면서 병을 칭탁하는 측면이 더 컸던 것으로 보인다. 그후 8월에 다시 교서관 교리(校書館校理)가 제수되고, 11월에 예빈시 정(禮賓寺正)으로 불렸지만 모두 부임하지 않고 고향에 머물며 모처럼 안정을 얻었던 것으로 보인다. 이 해에 지방 수령의 직책을 원했지만 이루지 못하였다고 한다.

47세 때 7월에는 안동부사에 제수되었으나 부임하지 않고, 8월에 홍문관 응교(應敎)로 부름을 받아 1년 반 만에 조정에 돌아왔다. 서울로 올라오는데 배가 양근(陽根: 경기도 楊平)에 도착했을 때, 비로소 양재역 벽서(良才驛壁書)의 변고가 일어났다는 소식을 들었다. 윤원형 일당이 을사사화 이후 잔존한 반대파를 숙청하기 위해 정미사화(丁未士禍, 1547)를 일으킨 것이다. 이때 송인수(圭菴 宋麟壽) 등이 죽임을 당하고, 이언적(晦齋 李彦迪) 등이 유배되어, 많은 선비들이 죽거나 유배당했으며, 을사사화 때 울진에 유배되었던 봉성군(鳳城君)이 죽임을 당했다. 그해 9월에 경연에 나가 명종을 위해 강의를 계속 하였다. 퇴계는 자신이 이렇게 심한 정치적 풍파 속에 잘못 들어온 줄을 깨닫고 병을 칭탁하여 물러나고자 하였지만 휴가를 받아 겨울 내내 문밖에 나가지 않았다 한다. 12월에 다시 병으로 사직을 청하였으나 의빈부 경력(儀賓府經歷: 종4품)에 제수되었다. 그는 거듭 사직을 요청하였지만, 사퇴가 여의치 않자, 지방 수령으로 나가 조정에서 벗어나고자 하였다.

4) 은거를 준비하며 지방 수령으로 나가다

퇴계는 일찍부터 조정을 벗어나 지방 수령으로 나가려고 여러 차례 요청하였고, 이때에도 고향에서 가까운 경상도 청송(靑松)군수 직을 요청하였지만, 48세 때 정월에 마침내 충청도 단양(丹陽)군수로 나오게 되었다. 그가 아직 단양에 부임하지 못하고 서울에 남아 있었을 때, 당시 윤원형의 심복으로 집권세력의 핵심에 있던 진복창(陳復昌)이 퇴계가 자기를 찾아오지 않는다고 원망을 품고 있었다. 그가 단양에 부임하는 것을 송별해주던 친우 민기(閔箕)가 이 사정을 살피고 자신의 집은 찾아오면서 그 이웃에 있는 진복창의 집을 예의상 한번 들리도록 권유하여, 퇴계도 부득이 지나가면서 찾아갔었다. 이때 퇴계의 방문을 받자 진복창은 매우 반갑게 맞았는데, 진복창이 그를 조정에 붙잡아두려 한다는 말을 듣고, 퇴계는 다음날로 서울을 떠났다. 진복창이 조정에 건의하였지만 이미 퇴계가 서울을 떠난 뒤여서 임금이 외직에 나가 있도록 허용해 주었다. 하마터면 그가 숙원하던 외직에 나가는 것조차 좌절될 뻔하였다. 이처럼 그가 외직에 나가려고 애썼던 것도 장차 벼슬을 버리고 고향으로 돌아가 은거하며 학문에 전념할 계책을 도모한 것이었다.

그는 한 지역을 다스리는 일에 정성을 다하였고 백성을 사랑하였다. 또한 그 다스림이 맑고 간결하여, 아전들이나 백성들을 모두 편안하게 해주었다 한다. 단양군수에 부임하자, 그해 2월에 매포창(買浦倉)의 곡식을 풀어 굶주린 백성을 구휼하고, 날이 저물어서야 돌아오면서 읊은 시가 있다.

깃발 흔들며 나간 수령 일처리 어설퍼 부끄럽고	一麾出守愧疎慵
곤궁한 백성 봄 맞으니 마음 속 절로 걱정되네…	民困當春意自忡…
열집 작은 고을도 흉년을 견디기 어려운데	十室不堪星在罶
예악(禮樂)의 교화로 풍속을 어찌 바꿔보랴.	絃歌那得變謠風.
	〈「買浦倉賑給…」〉

목민관으로 나가서 백성을 보살필 책임의식을 되뇌며, 흉년으로 곤궁에 빠진 백성들의 생계에 대한 걱정이 간절하다. 먹고 입는 생활기반이 무너진 백성들을 다스리기 위해, 예법과 음악으로 풍속을 교화하기에 앞서 식량을 넉넉히 해주어야 하는 현실적 과업을 분명하게 밝히고 있는 것이다.

그해 4월에 가뭄이 심하여 상악산(上岳山)에서 기우제를 지냈더니 비가 내려 백성들이 감복하였던 일이 있다. 단양에는 귀담(龜潭)·도담(島潭) 등 경관이 수려한 명승지가 많아, 퇴계는 백성을 보살피고 사무를 처리하는 여가에는 산수 유람하고 시를 읊으며 풍진이 험한 세상에서 벗어난 흥취를 즐기기도 하였다. 이때 단양의 건물과 경치를 읊은 앞 사람들의 시를 수집하여 「단양관우산수제영」(丹陽舘宇山水題詠)의 시집을 편찬하여 군청에 남기고 떠났다. 단양군수로 있으면서도 병으로 두 차례나 사직을 청했다.

10월에 넷째 형(李瀣)이 충청감사로 부임하자 그는 풍기군수와 맞바꾸어 풍기군수로 자리를 옮겼다. 퇴계는 단양군수로 부임할 때도 재물을 모으는데 전혀 욕심이 없었으며, 떠난 뒤에도 아무런 사심의 흔적을 남기지 않았다. 단양군수를 이임할 때 다만 괴이하게 생긴 돌 2개를 가지고 나섰다고 한다. 그가 죽령(竹嶺)에 도착했을 때, 단양의 관졸들이 관청 밭에서 수확한 인삼을 한 짐 지고 와서, 사또가 이임할 때 관례에 따라 전별의 선물로 드리는 것이니 받기를 청했다. 이때 그는 "도로 가져다 두었다가 후일 고을을 위하여 쓰도록 하라." 하고 단호하게 물리쳤다. 청백리의 맑은 기풍을 잘 보여주는 모범을 이루었던 것이다. 또한 그가 떠난 후에 아전들이 새 사또를 맞기 위해 관사(官舍)를 새로 도배하려고 들어가 보니 창호지나 벽지에 얼룩이나 흠집이 하나 없어 새 방처럼 깨끗하였다 한다. 수리할 필요가 없으니 아전들이 기뻐하였던 것은 말할 것도 없다. 공공의 기물을 얼마나 아끼고 소중하게 다루었는지 일면을 엿볼 수 있게 하는 것이다.

퇴계는 48세 때 11월에 풍기군수로 부임하여 49세 때 한해는 풍기군을 다스렸다. 이때 퇴계가 보여준 업적 가운데 가장 중요한 것은 서원의 학풍을 일으킨 것이었다. 앞서 풍기군수로 재임했던 주세붕(愼齋 周世鵬)이 1543년 이곳에 우리나라 최초의 서원인 백운동서원(白雲洞書院)을 세웠는데, 퇴계가 이곳에서 강학하여 학풍을 크게 일으켰던 것이다. 그는 경상도 관찰사(沈通源)에게 나라에서 백운동서원에 편액과 서적을 내려주기를 청원하였고, 그래서 '소수서원'(紹修書院)으로 나라에서 편액을 내려준 최초의 사액(賜額)서원이 되었다.

또한 그는 풍기의 용천사(龍泉寺)에 가서 고려 태조의 어진(御眞)에 참배하였다. 당시 용천사에서는 고려 태조의 어진을 궤짝 속에 넣어두고 함부로 굴렸는데, 퇴계는 그 불경함을 바로잡기 위해 고려 태조의 어진을 모시는 건물을 짓게 하였다. 그는 이 건물이 완성되기 전에 군수에서 물러나 고향에 돌아갔지만, 뒷날(1576) 퇴계의 제자 유성룡(西厓 柳成龍)의 건의로 경기도 마전(麻田: 현 연천군 미산면) 숭의전(崇義殿)으로 옮겨 고려의 일곱 왕들과 함께 온전하게 봉안하게 되었다 한다.

퇴계가 풍기군수로 있던 49세 때 9월에 당시 충청도 관찰사였던 넷째 형이 휴가로 고향에 돌아와 나라에서 조상에게 내려준 직첩을 조상의 묘소에 고하는 분황(焚黃)의례를 행했는데, 이때 퇴계도 휴가를 받아 고향에 함께 갔다. 휴가를 마치고 넷째 형과 함께 돌아가는 길에 풍기의 관아에서 밤에 술을 마시며 작별을 아쉬워하는 시를 짓기도 하였고, 충청도와 경상도의 경계인 죽령 마루의 촉령대(矗泠臺)까지 따라가 넷째 형을 송별하였다. 그런데 이것이 넷째 형을 마지막으로 보는 이별이 되고 말았다. 10월부터 그는 고향으로 돌아가 한가롭게 병을 치료하며 독서할 것을 굳게 마음먹고, 경상도 관찰사를 통해 세 번이나 사직을 요청하였다. 그러나 회답이 없자 그해 12월 해임되기를 기다리지 않고 고향으로 돌아갔다. 이에 따라 함부로 직책을 버리고 갔다는 죄로 파직되었다. 정상적으로 사직의 허락을 받을 수 없으니, 무리수를 써서라도 단연코 벼슬에서 물러나겠다는 굳은 결의를 시행하였던 것이다.

퇴계는 풍기군을 다스리면서도 행정을 간결하고 조용하게 하여 동요하지 않도록 함을 중시하였다. 백성에게 세금을 부과할 때도 매우 가볍고 간략하게 하였으며, 백성이 해야 할 일을 법도에 어긋나게 늘리거나 줄여서 명예를 구하지 않았다. 또한 아전과 백성을 한결같이 정성과 믿음으로 대하여, 그들이 속일 것이라 미리 생각하는 일이 없었다 한다. 곧 부모로서 자식을 대하듯 백성을 보살피고 가르치는 목민관의 역할에 정성을 기울였던 것이다. 그래서 퇴계가 수령의 직을 버리고 떠나올 때 선비들은 그 가르침을 사모하고 백성들은 그 은혜를 그리워하여, 심지어 길을 막고 눈물을 흘리는 사람마저 있었다고 한다. 풍기군을 떠나 올 때의 행장(行裝)도 단지 책을 담은 상자 몇 개만 가지고 가볍게 돌아왔으며, 그 상자마저 풍기군으로 도로 돌려보냈다. 그것은 청렴한 선비가 벼슬자리에서 떠날 때는 부임해 왔을 때처럼 빈손으로 돌아가는 모습을 보여주는 것이다. 그 떠난 자리에는 가을바람처럼 맑은 기상과 국화꽃처럼 향기로운 품격이 서려 있음을 엿볼 수 있다.

풍기군 관아에는 퇴계가 옮겨다 심은 대나무와 소나무가 있었다. 그가 풍기를 떠나고 오랜 세월이 지난 뒤에도 이곳 사람들은 퇴계가 손수 심은 대나무를 '선생죽'(先生竹)이라 부르고, 소나무를 '선생송'(先生松)이라 불러 퇴계에 대한 존중과 사모함을 표하였으니, 그가 풍기군수로서 백성들에게 베푼 선정(善政)이 백성들의 마음에 깊이 젖어들었음을 보여준다.

그가 단양군수와 풍기군수로 외직에 나와 있던 48세와 49세 때의 2

년 동안은 사화의 피바람이 부는 조정의 거친 풍파를 벗어나서 잠시 숨을 돌리고, 다시 고향으로 돌아가 은거하기 위한 준비를 하였던 시기라 할 수 있을 것이다.

5) '은거 위주 시기'의 활동

퇴계는 도연명(陶淵明)이 팽택현령(彭澤縣令)을 내던지고 「귀거래사」(歸去來辭)를 노래하며 고향으로 돌아가듯 풍기군수의 직책을 내던지고 고향에 돌아갔다. 그 때문에 파면이 되어도 즐거운 귀향이었다. 50세 때부터 비록 어쩔 수 없이 잠깐씩 조정에 올라가 관직에 나갔던 일이 있지만, 이미 벼슬길에는 아무런 미련이 없었고 은거하여 강학하는 일에만 뜻을 굳혔다. 당시 문정왕후(文定王后)가 수렴청정하며 외척세력이 권력을 농단하고 있는 조정에서는 지조를 곧게 지키며 벼슬하기란 매우 어려운 처지였다. 을사사화(1545)의 거친 풍파는 쉽게 가라앉지 않았고, 마침내 그 파도가 퇴계의 가장 가까이까지 덮쳐왔다. 이때 한성부 우윤(漢城府右尹)이었던 넷째 형 이해(李瀣)는 일찍이 사헌부(司憲府)에 있을 때 이기(李芑)를 정승으로 합당하지 않다고 탄핵하였던 일이 있었다. 그 일로 이기의 원한을 사서 그 심복인 이무강(李無彊)의 무고로 죄를 입어 곤장을 맞고 갑산(甲山)으로 귀양가는 도중에 양주(楊州)에서 죽고 말았다. 퇴계에게는 한 집안이 환란을 당한 것이요, 또한 가장 가까웠던 형을 잃는 아픔을 겪어야 했다.

2년 남짓 벼슬을 떠났다가 52세 때 4월에 홍문관 교리로 부름을 받아 다시 조정에 나왔다. 이때 경연에서 강의를 하면서, 임금에게 공

(公)과 사(私)의 분별, 의리(義)와 이욕(利)의 분별에 유의하고 성찰하
도록 경계하였다. 그것은 사사로움과 이욕을 추구하는 소인배를 멀리
하고 공정함과 의로움을 추구하는 군자를 가까이 할 것을 강조한 말이
다. 이어서 사헌부 집의(執義: 종3품)에 임명되고, 홍문관 부응교(副應
敎: 종4품)를 거쳐, 성균관 대사성(大司成: 정3품)에 승진되었다. 그는
다시 벼슬에 나와서도 직책에 임명될 때마다 반드시 병을 일컬어 사퇴
하였고, 사퇴가 불가능할 때에 직책에 나아갔지만, 휴가 중에 있는 날
이 항상 절반을 차지했다고 한다. 그만큼 물러날 생각 속에 마지못해
벼슬에 나와 있는 관직생활의 모습을 보여준다. 그해 11월에 왕명으
로 청렴하고 근실한 관리 20명을 불러 대궐 뜰에서 잔치를 베풀었는
데, 그는 잔치에 참석하지 않고 병으로 사임하자, 상호군(上護軍: 정3
품)에 임명되었다.

　이듬해 53세 때 4월에 다시 대사성에 임명되었다. 그는 대사성으로
사학(四學)의 선생과 학생들에게 통문을 돌려, "학교가 풍속을 교화하
는 근원이며 선의 모범(首善)이 되는 자리요, 선비는 예법과 의리의 근
본이며 원기(元氣)가 깃든 곳이다."〈「諭四學師生文」〉라 밝히고, 학풍이
퇴락함을 지적하여 예의를 바로잡도록 타일렀다. 이 통문은 그의 교육
관을 가장 잘 드러내고 있는 것으로, 무너진 학풍을 회복하는데 큰 영
향을 미쳤다. 이때 그는 「종묘기우제문」(宗廟祈雨祭文)을 지어 올렸
고, 14세에 임금이 되었던 명종이 그해 21세가 되자 7월에 문정왕후가
수렴청정을 거두고 임금에게 친정(親政)하도록 했는데, 퇴계는 이때
명을 받고 환정교서(還政敎書)를 지어 올렸다. 8월에는 친시(親試: 殿
試)의 대독관(對讀官)으로 선출되었다.

53세 때 9월 경복궁의 강녕전(康寧殿: 임금의 寢殿)에 불이 나서 근정전(勤政殿) 북쪽은 모두 소실되는 큰 화재가 일어났다. 이때 퇴계는 왕명으로 종묘(宗廟)를 위안하는 제문(祭文)을 지어 올렸다. 이 무렵 경주(慶州) 관아에도 불이 났는데 그 일로 관아 북쪽에 있는 태조의 화상(畵像)을 모신 집경전(集慶殿)에 드린 제사의 위안문(慰安文)도 지어 올렸다. 이듬해 54세 때 경복궁의 화재 이후 새로 중수한 동궁(東宮)과 사정전(思政殿)의 상량문(上樑文)을 지어 올렸고, 새로 중수한 경복궁의 여러 전각(殿閣)과 문(門)들의 편액을 쓰고, 사정전(思政殿: 便殿)에 「대보잠」(大寶箴)을 썼으며, 경복궁의 중수기(重修景福宮記)를 지었다. 또한 경복궁의 문소전(文昭殿: 太祖와 神懿王后의 사당) 중신제(重新祭) 때 고유문(告由文)을 지었고, 강녕전(康寧殿)에 농사의 부지런하고 수고로움을 노래한 『시경』 빈풍(豳風)의 「칠월」(七月)편을 써 올렸다. 이처럼 당시 국가의 중요한 문서를 짓는 일이나 왕궁의 현판과 임금의 편전과 침전에 걸어둘 격언의 글씨가 모두 퇴계의 손에 맡겨졌던 것은 그가 학문과 덕성만이 아니라 문장과 글씨에서도 얼마나 품격이 높은지 온 조정과 임금의 인정을 받았음을 엿볼 수 있다.

53세 때도 거듭 사직을 요청했으나 충무위(忠武衛) 상호군(上護軍)에 임명되었고, 이듬해 54세 때는 형조 참의와 병조 참의를 거쳐 다시 상호군이 되고, 이어서 첨지중추부사(僉知中樞府事: 정3품)로 임명된다.

55세 때 2월에 병으로 세 번 사퇴를 청하여 마침내 허락을 받자, 즉시 도성을 나와 배를 타고 고향으로 돌아가는데, 그날 다시 상호군에 임명되었다. 조정에서는 퇴계에게 다시 첨지중추부사에 임명하며, 식량을 하사하고 서울에 와서 의원을 보이게 하였으며, 왕명으로 『역학계몽』(易學啓蒙)을 연구하게 하였다. 56세 5월에 임금이 어찰(御札)로 간절하게 부르고, 홍문관 부제학에 임명하였으나, 거듭 사직을 청하였다. 6월에 다시 첨지중추부사로 제수하면서, 안심하고 병을 조리하라는 교지를 내려주었다.

58세 때 임금의 간곡한 부름을 받고 조정에 돌아왔는데, 10월에 대사성에 임명하였다. 임금은 퇴계에게 학교를 다시 진흥시키고 선비의 기풍을 바로잡도록 하라고 당부하며 담비가죽(貂皮) 귀마개를 하사하고, 또 어사주(御賜酒)를 내려주었다. 그만큼 임금의 신뢰가 두텁고 선생을 대우함이 정중하였음을 알 수 있다. 11월에 병으로 사직하였으나 상호군에 제수되었다. 12월에는 임금이 친필로 특별히 공조참판(종2품)에 승진시켰다. 병으로 거듭 사퇴를 청하였지만 허락받지 못하여 관직에 나갔다. 그러나 이듬해 59세 때 2월 휴가를 받아 귀향한 뒤로 벼슬에 나가지 않았다. 고향에 머물면서 계속 사직 상소를 올리자 7월에 동지주추부사(同知中樞府事: 종2품)로 옮겨 제수하고 음식을 하사하면서 병을 조리하도록 허락하였다.

60세 때 12월에 중국 사신이 올 것에 대배해 임금의 부름을 받아, 다음해 61세 때 정월에 서울로 올라가려는데 마침 말에서 떨어져 병으로 사퇴하고 고향에 머물렀다. 65세 때는 2월에 풍비증(風痺症: 中風)을 앓고 나서, 직첩만 받고 나가지 못하고 있었던 동지중추부사의 해직을 거듭 요청하여 허락받았다. 이때 문정왕후가 죽어 국상이 있었다. 12월에 특명으로 소환(召還)되었는데, 이때 임금의 전교(傳敎)는, "내가 총명하지 못하여 어진 이를 좋아하는 정성이 모자라, 전부터 자주 불렀지만 늘 늙고 병들었다는 이유로 사양하여 내 마음이 편하지 못하였다. 경(卿)은 나의 지극한 심회를 알고 이에 빨리 올라오라."고 간곡히 불렀다. 이어서 동지중추부사로 임명되고, 이듬해 66세 때 정월에 임금의 부름을 끝까지 사양할 수 없어서 서울로 올라가다가 영천(영주)에 이르러 병으로 사표를 올리고 풍기로 가서 머물며 사퇴를 허락하는 왕명을 기다렸다. 임금은 사퇴를 허락하지 않고 공조판서로 승진시켜 임명하였으나 거듭 사퇴상소를 올렸다. 마침내 병을 조리하고서 올라오도록 허락하고 내의(內醫)에게 약을 주어 문병하도록 하였다. 퇴계는 고향에 돌아와 병으로 벼슬을 사양하면서 제자들과 강학하고 있기가 곤란하다고 제자들을 돌려보냈다. 벼슬이 내려와 사퇴를 허락하지 않으니 제자들과 강학하기도 어려움을 겪었음을 보여준다.

66세 때 홍문관 대제학으로 예문관 대제학 등을 겸하였는데, 사퇴가 허락되지 않고, 4월에 지중추부사로 임명하여 다시 불렀다. 7월에 사표를 올려 벼슬에서 완전히 물러나는 치사(致仕)를 빌었으나 허락하지 않았다. 임금은 퇴계를 간절하게 불렀으나 끝내 나오려 하지 않자, '현인을 불러도 이르지 않음을 탄식한다'(招賢不至歎)는 제목으로 독서당(讀書堂)의 학자 신료들에게 시를 한 수씩 짓게 하고, 또한 송인(礪城君 宋寅)에게 퇴계가 사는 도산(陶山)을 그림으로 그리고, 그림 위에 「도산기」(陶山記)와 「도산잡영」(陶山雜詠)을 쓰게 하여 병풍을 만들어 거처하는 방 안에 펼쳐놓고 퇴계를 간절하게 그리워하는 마음을 드러내었다.

명나라 세종(世宗)이 죽고 목종(穆宗)이 새로 등극하여, 명나라 사신이 오게 되자, 여덟 차례나 부름을 받고 67세 때 6월에 서울에 들어왔는데, 미처 임금께 숙배(肅拜)도 하기 전에 명종임금이 세상을 떠났다.

명종은 퇴계를 그리워하는 마음이 간절하여 환후 중에도 "이 아무개(퇴계)를 보았으면 내 병이 좀 나을 것 같다."고 말하기도 하였으며, 의관들이 진맥할 때에는 도산을 그린 병풍을 좌우에 둘러놓고 있었다 한다. 퇴계는 돌아가신 명종의 행장을 지었다. 선조 즉위 초에 예조판서에 임명되었다. 명나라 사신으로 한림원 검토(翰林院檢討)인 허국(許國)과 병과 급사중(兵科給事中)인 홍도(洪都) · 위시량(魏時亮)이 우리나라에 오자, 이들을 접대하여 질문에 응답해주었으며, 예조에서 일본국의 요구에 답하는 글을 지었다. 국상의 시기에 외교문제의 중대한 일을 원만하게 처리하였던 것이다. 예조판서의 사직을 거듭 청하다가 8월에 병으로 사임하고 고향으로 돌아간 다음에 명종의 만시(挽詩)를 지어 올렸다.

10월에 용양위(龍驤衛) 대호군(大護軍)으로 부름을 받았고, 이어서 동지중추부사(同知中樞府事) · 지중추부사(知中樞府事)로 잇달아 제수되고 교서를 내려 특별히 부르고, 68세 때는 종1품직으로 올려 의정부 우찬성(右贊成)에 이어 판중추부사(判中樞府事)로 부르자, 그해 여름에 다시 서울에 올라왔다. 선조는 퇴계를 깊이 신뢰하여 홍문관 대제학과 예문관 대제학 등의 중책을 겸임시켰지만, 그는 병으로 거듭 사퇴를 청하였으며, 임금은 내의원(內醫員)을 보내어 문병하고, 음식을 하사하여 병약한 노(老)석학을 세심하게 공경하였다. 그는 새로 등극한 17세의 소년인 선조임금을 위하여 「무진6조소」(戊辰六條疏)를 올렸다. 곧 '왕실의 계통을 소중히 하고 인효(仁孝)를 온전히 할 것', '참소와 이간을 막아서 임금의 생가(生家)와 양가(養家) 양쪽을 모두 편안히 할 것', '성학(聖學)을 독실히 하여 정치의 근본을 세울 것', '도덕과 학술을 밝혀 인심을 바르게 할 것', '심복을 믿어서 이목(耳目)을 튼튼히 할 것', '성심으로 몸을 닦고 살펴서 하늘의 사랑을 받게 할 것'의 6조목을 건의함으로써, 정치의 기본원리와 당면과제를 제시한 것이다.

경연에서는 중종임금의 국장(國葬)과 중국 사신을 접대하느라 백성이 지쳐있음을 지적하여 군적(軍籍)정리를 뒤로 미루도록 요청함으로써, 빈곤한 백성을 보호하는 일을 정치의 가장 급선무로 강조하였다. 또한 경연에서 정자의 「사잠」(四箴:四勿箴)과 『논어집주』 및 『주역』을 비롯하여 『시경』·『중용』·장횡거의 「서명」(西銘)과 『소학』 등을 강의하면서, 군왕의 덕을 닦는 방법을 친절히 깨우쳐 주었다. 그는 노년의 병든 몸으로도 임금을 인도하여 정치를 바르게 이끌어가도록 정성을 다하였다.

퇴계는 선조임금을 위해서 자신의 평생 학문을 응축하여, 성인(聖人)이 되고 성군(聖君)이 되기 위한 수양의 원리와 방법을 집약한 『성학십도』(聖學十圖)를 저술하여 선조께 올렸다. 그는 이 작은 책자를 올리면서, "나의 나라에 보답함이 여기에 그칠 뿐이다." 라 하였으니, 그가 『성학십도』의 저술에 얼마나 심혈을 기울였는지를 알 수 있다. 그는 임금에게 이 책자를 10폭의 병풍에 써서 거처하는 방에 둘러놓고 또 수첩으로 만들어 책상 위에 올려놓고서, 나날이 수양해가는 안내서로 삼기를 요청했다. 실제로 선조임금은 병풍을 만들게 하여 항상 신변에 두고 음미할 수 있게 하였다 한다.

69세 때 1월 이조판서에 제수 되었으나 취임하지 않았고, 2월에 문소전(文昭殿: 太祖의 妃 神懿왕후의 사당)의 제도에 관한 논의에 참여하여, 의례와 법도를 고증하였다. 국가의례의 제도를 정비하는 과제의

하나인 이 일이 그가 조정에서 활동한 마지막 사업이었다. 3월에 마침내 물러나도록 임금의 허락을 받았고, 임금은 퇴계에게 고향으로 돌아가기 전에 남길 말을 하도록 요구하였다. 그는 "태평한 세상을 걱정하고, 밝은 임금을 위태롭게 여긴다."는 옛 말을 인용하여, 나라는 항상 위난에 방비함이 있어야 하고, 임금은 겸허하여야 할 것을 역설하였다. 이 자리에서 그는 『성학십도』에 관한 임금의 질문에 대답하고, 임금의 요청에 따라 조정의 신하 가운데 이준경(李浚慶)과 기대승(奇大升)을 천거하고 돌아갔다. 임금은 그에게 표범가죽으로 만든 요 한 벌과 후추 두 말을 하사하시고, 경상도에 명하여 쌀과 콩을 보내게 하였으며, 귀향길에 말과 뱃사공을 제공하게 하여, 은퇴하고 돌아가는 노신(老臣)을 따뜻하게 전송하였다.

임금께 하직하고 바로 도성을 나왔는데, 조정의 명사(名士)들이 강변까지 따라 나와 전송하며 만류하여 동호(東湖)의 몽뢰정(夢賚亭)에서 하룻밤 자고, 이튿날 배를 탔지만 박순(朴淳)·기대승(奇大升) 등 여러 사람들이 함께 타고 강 건너 봉은사(奉恩寺)에 가서 또 하룻밤을 묵으며 노학자를 떠내 보내기를 못내 아쉬워하였다. 전송 나온 명사들은 시를 주고받으며 석별의 정을 나누었는데, 퇴계가 화답한 시가 있다.

큰 배에 벌여 앉은 분 모두 명망 높은 선비라 　　列坐方舟盡勝流
돌아가고픈 마음 종일 붙들려 머물고 있네. 　　歸心終日爲牽留
바라건대 한강물 벼루에 부어서 　　願將漢水添行硯
작별의 한없는 시름 그려내고 싶어라. 　　寫出臨分無限愁.

〈「東湖舟上…」〉

율곡은 당시의 광경을 서술하여, "선생이 작별을 고하고 나자 대궐 안에서 벼슬하는 선비나 공부하는 선비들이 작별 연회에 나와서 도성이 들끓었다. 소매를 이끌고 만류하여 사흘을 강가에서 자고 남쪽으로 돌아갔다"〈『石潭日記』〉고 하였다. 퇴계가 조정의 선비들로부터 얼마나 존경을 받고 있었는지를 잘 보여준다.

5. 굳이 물러나려는 까닭

　퇴계의 어머님은 그에게 훈계하기를, "너의 뜻이 매우 고결하여 세상과 맞지 않으므로 고을 수령 한 자리만 지내고 높은 벼슬은 하지 않는 게 좋을 것이다. 세상 사람들이 겁내어 너를 수용하지 못할 것이다."라 하여, 그의 고결한 기품이 탐욕스러운 세속적 추세와 어긋남을 유의하여 처음부터 높은 벼슬자리에 뜻을 두지 말도록 멀리까지 내다보고 당부하였다. 자식의 성품을 가장 잘 아는 어머니로서 충고한 말씀이다. 퇴계는 정치권력의 중심에서 활동하는데 요구되는 야심이나 강인함과 권모술수를 지니지 않은 온화하고 겸허한 학자의 기질을 타고 났던 것으로 보인다.

　실제로 퇴계는 관직에 나간 뒤에도 나아가기를 어려워하고 물러나기를 쉽게 여겼던 은둔형 선비로서의 모습을 보여준다. 그의 제자 정유일이, "선생은 본래 벼슬할 마음이 적었고, 또 그때의 시국이 크게 어려운 사정이 있음을 보고, 계묘년(1543)으로 부터 물러가 쉴 뜻을 결정하고, 그 뒤에는 여러 번 불러서 돌아왔지만 항상 조정에 오래 있지 아니하였다."〈『言行錄』〉고 언급한데서도 그는 벼슬길에서 언제나 물러나기에 힘썼음을 알 수 있다.

그는 46세 때 자신의 호를 '퇴계'(退溪)로 삼아 물러남을 자신의 기본 과제로 밝히고 있으며, 60세 때 도산서당(陶山書堂)이 이루어지자 자신의 호를 '도옹'(陶翁)이라 하면서도 물러남의 뜻을 재확인하여 '퇴도'(退陶)라 일컬었다. 이처럼 그는 일관하게 물러나려고 애썼던 까닭을 살펴보면 대체로 다섯 가지 이유를 확인할 수 있다.

(1) 나서서 활동하기보다 물러나 고요히 독서하고 사색하기를 좋아하는 기질적 성격, (2) 젊어서부터 병이 많아 신체적으로 허약하였다는 건강상의 문제, (3) 본래 학문에 뜻을 세웠으니, 벼슬을 버리고 학문에 전념하고자 하는 학문의 입지, (4) 자신이 헛된 명성을 얻었지만 높은 벼슬을 감당할 식견과 역량이 부족하다고 말하고 있는데, 정치적 역량의 자각, (5) 사회(士禍)가 거듭 일어나고 세도(勢道)권력이 횡포를 부리고 있는 시대의 정치상황에서 선비로서 나아가고 물러남을 판단하는 출처(出處)의 의리에 따른 시국의 인식 등을 찾아볼 수 있다. 앞의 네 가지는 개인적 이유라면, 마지막 한 가지는 정치상황적 이유라 할 수 있다. 이러한 여러 이유들이 복합되어 작용하고 있겠지만, 그 가운데 과연 어떤 이유가 벼슬에서 물러나기를 집요하게 추구하게 하였던 것인지를 음미해 볼 필요가 있다. 물론 경우에 따라 어느 쪽에 더 강한 이유를 두고 있을 것이다. 그러나 중요한 것은 퇴계가 굳이 물러나려 하였던 이유는 개인적 판단의 문제이기만 한 것이 아니라, 당시의 정치적 상황 속에서 어떤 의미를 지니는 것인지 이해하는 것이 중요한 의미를 지니는 것이라 하겠다.

1) 물러나야할 개인적 이유

첫째, 기질적 특성으로, 퇴계는 고요함을 좋아하고 관직생활의 번거로움을 좋아하지 않았던 천성을 엿볼 수 있다. 그는 벼슬길에 나서서 불과 2년이 지난 뒤인 36세 때부터 벌써 관직생활에 뜻을 잃고 있었던 것으로 보인다. 당시 성균관 전적(典籍)이었던 그는 승문원 교리이던 넷째 형과 함께 휴가를 얻어 고향으로 돌아갈 때 형제가 함께 자면서 벼슬을 버리고 돌아가 산 속에서 살자고 약속했었던 사실이 있다. 그해 연말 고향에서 온 편지를 받아보고서도 시골에 돌아가 모친 봉양할 마음을 다짐하면서, 자신의 감회를 한 수의 시로 읊었다.

서울 와서 한 일이 무엇이었던가	西來何所爲
답답한 침묵 속에 벼슬에 매여 있구나.	悶黙繫袍笏
자신을 돌아보니 스스로 너무 부끄럽고	撫躬良自媿
나라 은혜 갚자 한 것도 못하였구나.	報國亦云缺
어찌하여 이 졸렬함 빨리 거두어	胡不早收愚
고향 집에 돌아가 편히 있지 못하나.	歸安在蓬蓽

〈「歲季得鄕書書懷」〉

그의 건강은 분망한 공무에 시달려 피로하고, 학문에 두었던 뜻은 수고로운 벼슬살이와 어긋났으니, 벼슬길은 처음부터 그에게 어울리지 않았던 것 같다. 더구나 그의 맑고 고결한 성품은 권세를 따르는 명성이나 이익과 양립하기 어려웠다.

42세 때는 고향에 돌아가 어느 산 속의 풍광이 아름다운 마을을 찾아가는 꿈을 꾸었던 일이 있는데, 뒤에 고향에 돌아와 자하오(紫霞塢)라는 마을이 꿈에 본 곳과 꼭 들어맞는 것을 기뻐하여 지었던 시에서도, "세상에 나갔던 이 몸 병이 들었는데/ 전원으로 돌아오니 얽매임 가벼워 다행이네"(出世此身病, 歸田幸累輕.〈「霞明塢」〉)라 읊어, 벼슬을 버리고 돌아온 해방감을 노래하였다. 뒷날 58세 때 벼슬에서 물러나 있으면서 도산 가까운 강가 풍광이 아름다운 창랑대(滄浪臺)에서 읊은 시에서도, "풍진에 넘어지고 엎어지면서 몇 번이나 머뭇거렸던가/ 지금 산림의 몸이 되어 더욱 기쁘네"(風埃顚倒幾逡巡, 尙喜林泉見在身.〈「滄浪詠懷」〉)라 읊어, 자신이 벼슬길에서 벗어나 산수간에 풀려난 자유로움을 못내 즐거워하고 있음을 잘 보여준다.

66세 때 소 두 마리 그림의 화제(畵題)로 지은 시(「題畵二牛」)에서도 한 마리의 소는 "하루 종일 고단하게 끌려다니는데/ 뒤에서는 매질이요 앞에서는 코를 꿰었네"(終日困驅牽, 後捶前繩鼻)라고 읊어, 벼슬에 나간 선비의 신세를 고삐에 꿰어 부려지는 소의 모습에 견주고, 다른 한 마리의 소는 "자유로이 풀을 뜯고 자유로이 누워 자네"(自牧自閑眠)라고 읊어, 여유자적하는 초야의 선비를 멍에를 벗고 한가로운 소에 비유하고 있다. 이처럼 그는 벼슬길에 나가서 끝날 때까지 벼슬생활을 굴레요 속박으로 여기고 초야에 풀려난 자유로운 몸이 되고자 애썼던 것이다.

둘째, 건강상의 조건으로, 퇴계는 젊어서 건강을 해친 뒤로 평생동안 병이 많았다. 그는 병을 이유로 끝없이 사퇴를 요청하는 상소를 올렸다. 실제로 그는 20세 때 여름 『주역』 공부에 골몰하다가 건강을 상한 이후로, 항상 파리하고 피로한 병으로 평생을 고생했던 병약한 몸이었다. 그러니 조정의 분망한 공무는 힘겨울 때가 많았던 것이다. 그래서 그는 벼슬을 사직하였던 이유의 대부분으로 '병'을 내세웠다. 40대 초반에 벼슬이 내려올 때마다 자주 병으로 취임하지 못하거나 사직하기 시작하였다.

49세 때 풍기군수를 사직하기 위해 감사에게 올린 글에서는, 자신의 병증을 장황하리만치 자세하게 소개하고 있다.

> "저는 몸이 허약하고 파리한데다 심기(心氣)의 병까지 겹쳐,…기침이 몹시나고 가래가 끓으며, 허리와 갈비뼈가 당기고 아픈가 하면, 트림이 나고 신물이 오르며, 등에는 한기가, 가슴에는 열기가 번갈아 발작하여, 때로는 눈이 아찔아찔하고 머리가 어지러워 넘어질 것만 같으며, 숱한 일을 그르치고 또 어제 일을 오늘 잊고 아침의 일을 저녁에 잊으며, 밤으로 걸핏하면 악몽에 시달리며, 기혈이 마르고 정신이 흐리며, 헛땀이 줄줄 흐르고 눕기를 좋아하며 곯아떨어지곤 했습니다."
>
> 〈「離豊基郡守上監司狀(1)」〉

병 증세는 약간씩의 차이가 있지만 대부분 사직 상소에서도 다양한 병세를 호소하고 있다. 그의 건강이 좋지 않았던 것은 사실이지만, 고향에 머물 때는 이렇게 심한 병증을 호소하지 않는데 비해, 벼슬에 나오면 이렇게 여러 가지 병증을 호소하고 있다는 사실은 분명 병이 아닌 다른 이유가 있을 것이니, 이른바 병을 핑계로 삼는 '칭병'(稱病)의 측면이 있을 것이다.

그는 51세 때 다시 조정에 돌아왔으나 더욱 자주 병으로 사직하여, 조정에 있을 때는 드물고 고향에 내려가 있는 기간은 길었다. 55세 때 봄에 그는 병으로 세 번 장계를 올려 겨우 해직되었는데, 머뭇거리고 있다가는 또 관직을 받게 될까 염려하여, 그날로 성문을 나와서 배를 타고 떠났다. 그만큼 병의 치료를 위한 요구 이외에 벼슬에서 벗어나야겠다는 그의 의지가 강하였던 것으로 보인다. 이무렵 부터 조정의 신하들은 임금에게 퇴계의 학문과 인품을 존중하여 불러오기를 거듭 요청하고 임금도 간절하게 벼슬에 나오도록 불렀으나, 퇴계는 물러나기를 고수하여 좀처럼 올라오지를 않았다.

셋째, 학문을 위한 입지로서, 퇴계의 평생 사업은 학문에 있었다. 그러니 관직생활의 번거로운 사무와 학문과 병행하기 어렵게 되자 학문을 위해 벼슬에서 물러나고자 하였을 것이다. 그는 53세 때 남명(南冥 曹植)에게 보낸 편지에서도 자신이 살아온 길을 돌아보면서 벼슬길에 들어선 것을 후회하고 학문에 매진하고자 하는 소원을 절실하게 밝히고 있다.

"(나는) 집이 가난하고 모친이 늙으셔서 억지로 과거를 보아 녹봉(祿 俸)을 받게 되었습니다. …그 뒤 병은 더욱 깊어가고, 또 세상에 나가 일할 만한 능력이 없음을 스스로 헤아린 뒤에야, 비로소 뉘우치고 물러나 옛 성현의 글을 더욱 힘써 읽어보니, 전날의 학문 방향과 처신이나 행사가 모두 옛 사람에 비해 크게 어긋났습니다. 이에 두려운 마음으로 지난날의 잘못을 깨닫고 옛 사람들을 따르고자 길을 바꾸어 노년기의 삶을 수습하려고 하였습니다. … 벼슬을 그만두고 서적을 싸 짊어지고 고향으로 돌아가서 이르지 못한 바를 장차 더욱 열심히 구하려 하였습니다. 그리하여 하늘의 신령함에 힘입어 조금씩 공부가 쌓인 뒤에, 만에 하나라도 터득하는 것이 있어 일생을 헛되이 보내지 않게 되기를 바라는 것이 나의 10년 이래의 소원이었습니다." 〈「與曺楗仲[植]」〉

이처럼 퇴계는 벼슬의 길이 아니라 학문의 길이 자신의 평생과업임을 명확히 인식하고 있었으며, 그가 벼슬에 사퇴한 가장 큰 이유 가운데 하나는 학문에 전념하기 위한 것임을 알 수 있다.

넷째, 역량에 대한 자신감의 문제로서, 퇴계는 자신이 물러나야 하는 이유로 헛된 명성을 얻었을 뿐 중책을 수행할 역량이 부족함을 반복하여 내세우고 있다. 58세 때 그는 상소하여 벼슬을 마치기를 빌면서, 자신이 벼슬에 나올 수 없는 의리를 어리석음, 병, 헛된 명성, 재목이 못됨, 합당한 직책이 아님의 다섯 가지 조목으로 제시하면서, 마땅하지 못한데 벼슬에 나가는 것은 '의'를 저버리는 것임을 강조하여, 자신의 사퇴가 정당함을 주장하고 있다.

"어리석음을 숨기고서 지위를 훔치는 것을 마땅하다고 할 수 있겠습니까? 병으로 폐인이 되어서도 녹봉만 받는 것을 마땅하다고 할 수 있겠습니까? 헛된 명성으로 세상을 속이는 것을 마땅하다고 할 수 있겠습니까? 재목이 못됨을 알면서 관직에 나가기를 탐내는 것을 마땅하다

고 할 수 있겠습니까? 합당한 직책이 아닌데 물러나지 않는 것을 마땅
하다고 할 수 있겠습니까? 이 다섯 가지 마땅하지 못함을 가지고서 조
정에 선다면 신하된 자로서의 의리에 어떠하겠습니까? 그러므로 신
(臣)이 감히 나아가지 못함은 다만 하나의 '의'(義)자를 성취하고자 할
뿐입니다." 〈「戊午辭職疏」〉

퇴계가 자신이 직책에 나가지 못하는 이유로 들고 있는 다섯 가지
가운데서도 특히 주목되는 것은 세상에 알려진 자신의 명성이 '헛된
명성'(虛名)으로 실상이 없다는 것이나 그 직책을 수행할 '재목이 못됨
을 자신이 안다'(知非)는 것이다. 따라서 그 직책을 수행하기에 자신의
역량이 부족하다는 사실을 내세우고 있는 것이다. 그러나 헛된 명성인
지 아닌지, 합당한 재목인지 아닌지를 판단하는 것은 퇴계 자신만이
할 수 있는 것은 아니다. 남들도 퇴계의 명성이 얼마나 실제와 부합하
는지 퇴계의 역량이 적절한 재목인지 평가할 수 있는 위치에 있다. 그
렇다면 퇴계의 주장은 자신을 겸허하게 낮추는 말일 수도 있고, 거절
하기 위한 변명일 수도 있다.

실제로 퇴계의 이 상소를 받아본 명종임금은 친히 편지를 써서, "내
가 실로 덕이 없고 사리에 어두우며 하잘 것 없기 때문에, 그대는 '도'
를 지키고 '의'를 지킨다면서 도와줄 뜻이 없으니, 내가 매우 부끄럽노
라. 마땅히 내 뜻을 알라."고 말하여, 비감한 자책의 말로 대답하였다.
결국 임금은 퇴계가 내걸고 있는 사직 이유를 사실의 고백으로 받아들
이는 것이 아니라 거절의 뜻으로 받아들이고 있음을 보여준다.

67세 때 명종이 죽고 나서 장례를 하기 전에 퇴계가 고향에 내려가

자 여론이 분분하였다. 기대승도 퇴계에게 벼슬에 나오기를 간곡히 부탁하였다. 퇴계는 답장에서 "나의 처신이 곤란하니 왜 그런 것인가? 크게 어리석음과 심한 병과 헛된 명성과 잘못된 은명(恩命) 때문이다. … 큰 어리석음으로 헛된 명성을 채우려 한다면 망령된 짓이 되고, 심한 병으로 잘못된 은명을 받든다면 부끄러움을 모르는 것이 된다. 부끄러움을 모르면서 망령된 짓을 행하는 것은 '덕'에 상서롭지 못하고, 사람에게 길하지 못하며, 나라에 해가 된다."〈「答奇明彦(丁卯9月21日)」〉고 하였다. 벼슬에서 물러나려는 이유로 '크게 어리석음'(大愚), '심한 병'(極病), '헛된 명성'(虛名), '잘못 된 은명'(誤恩)의 네 가지 조목에서도 결국 핵심은 어리석음과 헛된 명성이라는 자신의 역량문제로 귀결될 수 있다. 퇴계가 자신의 역량이 부족하다고 주장하는 것은 단순히 겸허한 말로 자신을 낮추려는 것이 아니라면 그 자신이 요구하는 역량의 수준이 매우 높은 것이었음을 쉽게 짐작할 수 있다. 그는 자신의 최선을 다하는 것으로 정당화되는 것이 아니라, 그 시대의 문제를 온전하게 해결할 수 있는 성인의 식견과 역량을 요구하는 것으로 보이기도 한다.

68세 때 사퇴 상소를 거듭 올리자, 남언경(南彦經)은 퇴계가 '자기만 위한다'(爲我)고 비판적 지적을 하였다. 이에 대해 퇴계는 "나는 일생 동안 헛된 이름에 시달리면서 오직 물러나는 것으로 의리를 삼았다. … 또한 스스로 어리석고 졸렬하며 경륜을 갖춘 것이 없다고 여겨서 일찍이 시국의 일에 감히 팔을 걷어붙이고 망령되게 행한 것이 없으니, 그 자취가 한결같이 자기만 위함에 비슷할 것이다."〈「答金而精 別紙」〉라 하였다. 퇴계와 남언경은 친교가 깊어 서로 잘 이해하는 사이인데, 남언경은 퇴계가 벼슬에 나와 나라를 위해 봉사하려들지 않는 태도에 대해 맹자가 이단으로 배척하였던 양주(楊朱)의 '자기만 위함'(爲我)에 가까운 것이 아니냐고 과격하게 비판하였던 것이요, 퇴계는 자신의 행동이 물러나는 것을 의리로 삼았으니 그렇게 보일 수도 있다고 너그럽게 받아들였다. 여기서도 퇴계는 자신이 물러나는 것으로 일관하였던 이유로서 헛된 이름에 시달렸다는 사실과 자신이 어리석고 졸렬하며 경륜이 없음을 들어 역량이 부족함을 강조하고 있다.

이처럼 퇴계가 물러나려는 입장을 군게 지키자, 당시의 관료들 사이에 그의 처신을 괴이하게 여겨서, 혹은 '이름을 내기 좋아해서 그런다' 하거나, 혹은 '거짓 병이다' 하거나, 혹은 '산새'에 비유하기도 하고, 혹은 '이단'이라 비판하기도 하였다. 그럼에도 불구하고 퇴계는 우직하리만치 한결같이 물러나는 것을 부득이한 자신의 처지일 뿐만 아니라, 역량이 부족한 사람으로서 마땅히 물러나는 것을 자신이 처신하는 의리라 주장하고 있었던 것이다.

2) 물러나야할 정치상황적 이유

퇴계가 벼슬에 나갔던 시기는 끊임없이 사화가 일어나고 외척이 권력을 농단하였으니 선비로서 벼슬길에 있다는 것 자체가 위태로운 시기였다. 그가 관직생활을 하던 중종-명종의 시대는 기묘사회 이후 권신(權臣)들이 득세하고 선비들은 위축되었으며, 을사사화의 여파로 정치는 어지럽고 벼슬길이 위태로운 상황으로서, 출처(出處)의 의리에 나아가기 어려움이 있었던 시기이다.

퇴계 자신은 벼슬에 나온 뒤 45세 때 을사사화를 겪었고, 47세 때 홍문관 응교(應敎)로 조정에 돌아오자, 양재역(良才驛) 벽서(壁書)사건이 일어났으며, 무고(誣告)와 살육이 이어지는 조정에 남아 있고 싶지 않았던 것은 당연하다. 그 자신 을사사화 직후 이기(李芑)의 배척으로 관직이 삭탈되었던 일이 있고, 48세 때는 진복창(陳復昌)의 해침을 당할 뻔하는 등 당시 권력을 잡았던 간교한 인물들의 위협을 거듭 받았으니 더욱이나 벼슬자리에 뜻이 멀어졌을 것이다. 또한 그가 50세 때 가장 가까웠던 넷째 형이 이기 등의 보복으로 화를 입어 유배 도중에 장독(杖毒)으로 죽었던 사실은, 그가 벼슬을 버리려는 결심을 더욱 굳게 하였을 것으로 보인다.

이처럼 그가 벼슬길에서 굳이 물러나려고 하였던 이유는 여러 가지가 복합적으로 작용하였겠지만, 그 시대의 상황적 조건으로 사화의 여파 속에 벼슬에 나아가야할 의리가 분명하지 않았기 때문이라 할 수 있다. 그가 병이 많았다거나 기질이 고요한 것을 좋아한다는 이유는 오히려 부차적인 것이라 볼 수 있다.

그가 벼슬을 사직할 때에도 이에 따른 명분과 의리가 언제나 고려되어야만 했다. 그는 휴가를 받아 귀향한 뒤에도, 병으로 조정에 돌아가지 않고 사직 상소를 올려 본직을 사임하고자 하였으나 허락되지 않았다.

59세 때 그가 휴가로 고향에 왔다가 조정에 돌아가지 않은 것을 의아하게 여겨서 묻는 사람이 있었다. 이에 그는 편지로 대답하면서, "옛사람도 매우 부득이한 곳에 이르게 되면 또한 다른 일을 칭탁하고 거취를 정하였는데, 어찌 임금님을 섬기는 정성이 없어서 그러하겠습니까. 싫어하는 바가 칭탁하는 것보다 심하기 때문입니다."라 하여, 형식

상으로는 휴가를 나왔다가 병으로 복직하지 못하는 것이지만, 내용에서는 병을 칭탁하여 물러나려는 의지를 보여주는 것이다. 따라서 퇴계가 '병'을 이유로 벼슬에 나가지 않거나 사퇴를 요청하였던 사실에서 많은 경우는 '병'을 칭탁한 것임을 알 수 있다. '병'만 칭탁하는 것이 아니라 어리석고 경륜이 없다는 역량의 부족을 내세우는 것도 칭탁일 수 있다. 그렇다면 퇴계가 벼슬에서 물러나려는 진정한 이유는 무엇보다 사화를 겪고 집권세력이 권력을 전횡하는 정치현실에 있었던 것으로 보인다.

을사사화가 일어나기 한 해 전인 44세 때 어떤 사람이 신발을 보내왔는데, 그는 "티끌 속에서 이 신발을 얻으니, 나로 하여금 더욱 시골로 갈 감흥을 일으키게 한다. 옛 친구의 뜻을 살펴보니, 나에게 빨리 고향으로 돌아가라고 권고한 것이 아니겠는가?"라고 말하고 있는 사실도, 당시의 정국에서 조정에 남아 있는 것이 위험한 상황임을 인식하고 있었던 것으로 보인다. 45세 때 몇 차례 병을 일컫고 물러나기를 청하였으나 허락을 받지 못했는데, 이때 그는 넷째 형에게 보낸 편지에서, "36계책 가운데 시골로 돌아가는 것이 상책이라고 이미 결심을 하였습니다."라 하여, 당시의 불안한 정국을 벗어날 결심을 확고하게 하였던 것이다.

67세 때 조정에서 퇴계를 부르는 명령이 내렸는데, 이때 기대승은 상소를 올려, "요사이 이 아무개(퇴계)에게 글을 내려 그로 하여금 올라오게 하셨으나, 그 사람은 어려서 책을 읽을 당초부터 착한 사람이 죄를 받는 일을 보았기 때문에 물러나 떠나갔습니다. … 대체로 옳고 그름이 분명하지 않음을 보고서 그러한 대오를 쫓아다니는 것을 부끄럽게 생각하여 차라리 초야에 물러나 있으려는 것입니다. 새로운 정치에 현인을 부르는 것이야 가장 좋은 일이지만 현인을 등용코자 하신다면 옳고 그름을 분명히 하지 않아서는 안 됩니다."라고 하였다. 기묘사화(1519)와 을사(1545)를 겪으면서 선비들이 혹독한 수난과 희생을 당하고 나서는 옳고 그름을 말하려고 나서는 사람이 없게 된 것이 당시의 실정임을 지적하고, 퇴계도 사화를 직접 겪고 나서 물러날 뜻을 굳게 한 것이라 하였다. 따라서 사화를 일으킨 집권자들과 희생된 선비들 사이에 누가 옳은지 그른지를 분명하게 밝히지 않고 있는 조정에서는 지조있는 선비가 벼슬에 나와도 할 수 있는 역할이 없기 때문에 퇴계가 물러나고자 할 뿐 나오려 하지 않는 것이라 설명하고 있는 것이다.

3부
스승의 길

退溪評傳

1. 스승의 길 - 가르치는 즐거움

퇴계는 독서를 통해 학문하는 기쁨만큼이나 천하의 영재(英材)들을 제자로 가르치는 즐거움도 누렸다. 그는 제자들에게 학문의 길을 열어 주면서 그 방법을 환하고 자세하게 일깨워 주기에 힘썼다.

퇴계는 자신의 학문방법으로서 독서법을 소개하여 성현(聖賢)의 글을 그대로 순순하게 받아들이고 자신의 견해를 고집하는 태도를 버리도록 충고하고 있다.

"나의 독서하는 방법은 무릇 성현이 의리를 말씀한 곳에서, ① 현저하면(顯) 현저함을 따라 의리를 찾고 감히 곧바로 은미(微)한 데서 찾지 않으며, 은미하면 그 은미함에 따라 연구하고 감히 경솔히 현저함에서 추론하지 않는다. ② 얕으면(淺) 그 얕음에 인하고 감히 천착하여 깊게(深) 하지 않으며, 깊으면 그 깊은 데로 나아가고 감히 얕은데 머물지 않는다. ③ 갈라서(分開) 말한 곳은 갈라서 보되 혼합함(渾淪)이 있음을 해치지 않고, 혼합하여 말한 곳은 혼합하여 보되 갈라놓음이 있음을 해

치지 않게 한다. 사사로운 생각에 따라 왼쪽으로 끌고 오른쪽으로 당기
어 갈라놓음을 합쳐서 혼합함으로 만들거나, 혼합함을 쪼개어 갈라놓
음으로 만들지 않았다. 이렇게 하기를 오래 하면 자연히 그 조리가 정
연하여 어지럽게 할 수 없음을 점차 엿볼 수 있을 것이요, 성현의 말씀
은 횡적으로 말하거나(橫說) 종적으로 말함(竪說)이 각각 마땅한 바가
있어 서로 방해되는 곳이 없다는 것을 보게 될 것이다.”

〈「答奇明彦(論四端七情第二書)後論」〉

이러한 퇴계의 독서법은 성현의 말씀을 ① 현저함(顯)과 은미함(微),
② 얕음(淺)과 깊음(深), ③ 혼합함(渾淪)과 갈라놓음(分開)에 따라 그
말씀의 무게와 의도에 맞게 수용하기를 요구하는 것이다. 그만큼 자신
의 견해와 논리에 따라 성현의 글을 끌어들이거나 왜곡시키는 태도를
경계하고 있는 것이다. 여기서 퇴계의 성리설도 경전과 선현(先儒)들의
논설에서 갈라놓은 분석적 설명과 혼합해 놓은 종합적 설명의 두 관점
이 있음을 받아들이는 입장이다. 이치(理)와 기질(氣)의 개념을 이해함
에서 주자의 언급도 논리적 일관성에 문제가 있는 것으로 지적하는 기
대승의 비판적 인식 태도를 경계하였다. 그것은 성리설의 쟁점에서만
이 아니라, 성현의 글을 읽는 퇴계의 기본적 독서 자세를 보여주는 것
이기도 하다.

퇴계는 제자들이나 집안의 자식과 조카들을 가르치는 자세에서도
가르치기를 게을리 하지 않는 교육자로서의 모습을 잘 보여준다. “그
깊고 얕음에 따라서 가르쳐 지도하여 주었다. 만약 확실히 깨닫지 못
하는 곳이 있으면 자세히 거듭 설명하여 알아들은 뒤에야 그만두었다.

가르치고 타이르고 이끌어 줌을 싫증내거나 게을리 하지 않았으며, 병이 나서도 여전히 여러 학생들과 강론하기를 평일과 다름이 없었다." 〈『연보』〉고 하여, 깨우칠 때까지 반복하여 설명해주는 친절하고 자상한 스승이었음을 알 수 있다.

독서하는 방법에 대해서도, "다만 익숙하게 해야 한다. 글을 읽는 사람은 모름지기 문장의 뜻을 알아야 하지만, 만약 익숙하지 못하면, 읽자마자 곧 잊어버려, 마음에 간직할 수가 없다. 이미 배웠으면 또 익히는 공부를 더한 다음에야 마음에 흠뻑 젖어 드는 맛이 있을 것이다." 〈『언행록』〉고 하여, 배움(學)은 반복하여 익힘(習)을 통해 완성될 수 있음을 강조하였다. 과일이나 술이 적당한 햇볕과 온도 속에 시간이 경과해서 익어야 향기와 맛을 내듯이, 공부도 반복하여 익숙하게 해야만 지식이 가슴에 푹 젖어들어 제 맛을 낼 수 있다는 것이다.

또한 유학자로서 독서의 기본은 성인의 경전을 읽는 것이다. 퇴계는 제자들에게 글을 읽는 요령을 제시하여, "반드시 성현의 말씀과 행실을 마음에 체득하며, 침잠하여 뜻을 찾고 묵묵히 음미한 다음에라야 바야흐로 심성을 배양하고 학문이 진보하는 성과가 있을 것이다. 만일 대충대충 말하여 넘기고 예사로 외우기만 한다면, 글귀를 들은 대로 말하는 나쁜 습관에 불과할 것이니, 비록 천편의 글을 외우고 머리가 희도록 경전을 담론한들 무슨 이익이 있겠는가." 〈『언행록』〉라 하였다. 훌륭한 문장을 외우고 풀이하는 문자 상의 공부가 아니라, 글에 담긴 성인의 말씀과 행적을 자신이 체득하는 인격적 감화의 공부를 하도록 강조하고 있다. 독서를 통해 인격의 변화와 향상이 없다면 그것은 입에 바른 지식(口耳之學)일 뿐이라 경계한 것이다. 지식을 자랑하여 남

에게 보이기 위한 공부 곧 '위인지학'(爲人之學)이 아니라, 자신의 인격
에 체득되고 성숙되는 공부 곧 '위기지학'(爲己之學)을 하도록 타이르
고 있음을 보여준다. 퇴계는 61세 때 주자가 여릉(廬陵)의 제자들에게
보낸 짧은 편지(「與廬陵後生小簡」)를 손수 베껴서 제자들에게 주었던
일이 있는데, 주자의 편지도 바로 부지런히 독서할 것과, 절실하게 자
신을 단속하여 방탕하지 말도록 당부하는 내용이다.

　퇴계는 「권학문」(勸學文)에서도 "독서는 익숙하게 하지 않으면 생각
해도 깨달음이 없을 것이요, 사색은 지극하지 않으면 이치가 드러남이
없을 것이며, 글짓기는 부지런히 하지 않으면 문체가 황폐해질 것이
다."(讀不熟則思而無得, 思不至則理無由見, 作述不勤則筆路荒澁)라 하여,
익숙하게 읽고 깊이 사색하며 부지런히 글짓기를 연습할 것을 제자들
에게 타일렀다. 또한 그는 학문의 방법을 아는 좋은 길잡이로 『주자전
서』(朱子全書)를 중시하여, "이 책(『주자전서』)을 읽는 사람은 학문하는
방법을 알 수 있을 것이요, 그 방법을 알게 되면 반드시 감동하여 일어
날 것이다. 이로부터 공부를 시작하여 오랫동안 익힌 뒤에 『사서』(四
書)를 다시 보면, 선현의 말씀이 마디마디 맛이 있어서 비로소 자신에
게 받아들여 쓸 수가 있게 될 것이다."〈『언행록』〉라 하였다. 주자학의
빛으로 경전을 조명하는 학문세계를 열어주었던 것이 바로 퇴계가 제
자들을 가르치는 기본방법이었음을 보여준다. 그는 특히 주자의 편지
를 중시하여 『주서절요』(朱書節要)를 편집하였으며, 자신에게 학문의
세계를 열어주는 가장 절실한 통로였음을 강조하였다.

　남언경(南彦經)·정유일(鄭惟一)·이문량(李文樑) 등 여러 제자들이
학문하는 과정에서 겪고 있는 어려움으로 마음의 병(心氣之患·心恙)

을 호소해오자, 퇴계는 자신이 젊은 시절 침식을 잊고 과도하게 학문에 열중하다가 오랫동안 마음의 병으로 고통을 받았던 경험을 밝히면서, 그 치료방법으로 세상의 이해득실에 마음을 쓰지 말고, 때로 산수와 화초와 서화 등을 즐기며 마음을 집착에서 벗어나 항상 한가롭고 편안하게 할 것을 강조하고, 공부도 자신의 기운을 헤아려 무리하지 않게 하며, 마음을 성찰하고 간직하여 '경'(敬)으로 수양하는 방법을 제시하기도 하였다.

66세 때는 성현들 사이에서 서로 전하여 내려온 심법(心法)을 시대순으로 엮어서 병풍을 만들 수 있는 「병명」(屛銘)을 지어, 손수 깨끗이 써서 제자 김성일(鶴峰 金誠一)에게 주었다. 제자를 가르치면서 그 가르침을 항상 가슴에 새기고 잊지 않도록 정성스럽게 가르치는 스승의 모습을 엿볼 수 있다. 또한 제자 이담(李湛)에게 '경'(敬)을 논하는 답장을 보냈는데, 퇴계는 자신이 보낸 답장을 베껴 써서 벽에 걸어 두었던 일이 있었다. 다른 제자가 그 이유를 묻자, "내가 비록 남들에게는 이와 같이 하라고 가르치지만 나 자신에 돌이켜 보면 아직 스스로 다 그렇게 하지는 못하고 있기 때문이다."라고 해명하였다 한다. 그만큼 제자들에게 훈계하여 가르친 말로 스스로 자신을 돌아보며 성찰하는 성실한 스승의 자세를 보여주고 있는 것이다.

그는 제자들과 강학하는데 헌신적인 정열을 기울였다. 경전의 강론은 물론이요, 주자의 서한을 비롯하여 『근사록』(近思錄)과 『심경』(心經) 등 성리학의 기본문헌을 강론하였으며, 『역학계몽』(易學啓蒙)·『주역참동계』(周易參同契) 등 역학(易學)에 대한 강론을 심화시키기도 하였다. 70세 때 돌아가시기 한달 전까지 도산서당과 역동서원(易東書

院) 등에서 제자들과 『심경』과 『역학계몽』을 강론하였다. 돌아가시기 사흘 전 병석에서도 다시 제자들을 불러 보았는데, 자제들이 말렸지만, "죽고 사는 이때에 아니 볼 수 없는 것이다."라 하고, 웃옷을 덮게 하고, 여러 제자들을 불러서 영결하여 말하기를, "평생에 그릇된 식견을 가지고 제군과 더불어 종일토록 강론하였다는 것도 역시 쉽지 않은 일이다."라 하였다 한다.〈『연보』〉 그의 평생동안 제자들을 가르치고 함께 토론하였던 뿌듯한 보람을 표현하였던 것으로 보인다.

퇴계는 제자들을 '벗'이라 일컬으며 진심으로 사랑하며 학문으로 이끌어주었으니, 그의 인격에 감복하지 않는 제자가 없었다. 제자인 조목(月川 趙穆)은 극심한 빈곤에 허덕였는데, 퇴계는 때로 곡식과 건어물을 보내주기도 하고, 종이나 관가에 바칠 꿀을 보내주기도 하며, 자상하게 염려해주었다. 어느 때 퇴계는 그에게 쌀 2말과 콩 2말을 보내면서 배고파 우는 아이의 울음이나 한번 달래도록 당부하기도 하였다. 또 어느 겨울에는 "서재가 춥고 벼루 물은 얼겠구나. 숯 한섬을 보내니 질화로의 훈기를 마련하고, 백지 한속을 보내니 혹 책을 베끼는데 조금이나 도움이 될지. 붓이 얼어 서둘러 쓰네."라 하였으니, 자신의 서재도 냉기에 붓이 얼어가지만 제자의 추운 서재를 덥힐 숯과 글씨 쓸 종이를 보내주는 극진한 사랑을 보여준다.

제자 황준량(黃俊良)이 퇴계 초옥을 찾아오니, 그는 학문을 토론하며 그 기쁨을 시로 읊었다.

> 퇴계 위에서 그대 만나 의심 턴 일 물으며 　溪上逢君叩所疑
>
> 탁주잔도 오로지 그대 위해 잡고 있네. 　濁醪聊復爲君持

매화가 늦게 피니 하늘도 안타까워하여	天公卻恨梅花晚
잠깐 사이에 가지 가득 눈처럼 꽃피었네.	故遣斯須雪滿枝.

〈「退溪草屋喜黃錦溪來訪」〉

멀리서 찾아온 제자를 맞이하여 학문을 토론하는 자리에, 스승이 막걸리를 한 잔 가득 따라 제자에게 권하는 사제 간의 정겨움에 더하여, 때맞추어 눈처럼 하얗게 가득 핀 매화꽃 향기까지 감도는 풍경을 노래한 것이다.

퇴계는 제자들을 한 없이 애틋한 정으로 그리워하는 정다움을 보여주고 있다. 그는 평소에 제자들과 만남에도 강학 토론하는 여가에 함께 청량산을 유람하기도 하고, 탁영담(濯纓潭)에서 배를 띄우고 뱃놀이를 하기도 하며, 매화꽃 아래에서 술잔을 나누며 시를 짓기도 하는 화락한 자리를 만들어 정취를 살리고 인격적 만남 속에 교육이 이루어지는 것을 중시하였다.

학문과 인격의 감화가 제자들에게만 스며들었던 것이 아니라, 이미 학문을 성취한 인물들도 퇴계를 만나면서 깊이 감복하여 평생 스승으로 존경하고 따랐던 경우도 많았다. 서경덕(花潭 徐敬德)의 문인인 남언경(東岡 南彦經)은 퇴계를 무척 따라 여러 차례 서신 왕복과 직접 찾아와 토론하였으며, 남언경에게 마음의 병을 치료하고 학문하는 방법을 조언하기도 하고, 또 그를 위하여 「정재기」(靜齋記)를 지어주기도 하였다. 또한 그 시대에 천재적 인물로 명망이 높았던 23세의 청년 율곡(栗谷 李珥)은 예안으로 58세의 노학자 퇴계를 찾아뵙고 나서, 퇴계를 평생 스승으로 존경하고 따랐다. 퇴계가 세상을 떠난 뒤에 율곡은 성리설의 인식에서 퇴계와 견해를 달리하여 독자적 학맥의 문호를 열었지만, 퇴계가 살아있을 때에는 스승으로 존중하여 학문의 길을 묻고 토론하는 편지를 주고받았다. 율곡은 자신이 한때 불교에 깊이 빠졌던 사실을 퇴계에게 밝히면서 유교의 바른 도리를 찾아가는 길을 물었는데, 퇴계는 율곡에게 보낸 답장에서 "두려워하는 바는 새로 즐기는 것(유학)은 달지 않은데 익숙한 곳(불교)은 잊기 어려우며, 오곡(유교)의 결실은 아직 이루어지지 않았는데 피(불교)가 익는 가을이 먼저 닥친다는 것이다. 이를 면하려면 다른 것을 찾을 것이 아니라 오직 이치를 궁구하고(窮理) '경'을 생활하는(居敬) 공부에 십분 힘써야 한다."고 격려하면서 자상하게 충고해주었다. 아픈 곳을 잘 짚어주고 치료하는 방법을 절실히 제시해주는 스승의 모습이다. 조선시대 사상사에서 보면 퇴계와 율곡은 주자학 - 도학의 전통에서 대립적인 두 학파를 이루었으나, 율곡의 마음속에 스승이 있다면 퇴계뿐일 것이다.

기대승(高峯 奇大升)은 호남 광주출신으로 퇴계가 수정한 「천명도설」에 의문을 제기하면서, 전후 8년동안 왕복 편지로 '사단·칠정'(四端七情)문제에 관한 논쟁을 전개하여 한국 성리학의 가장 화려한 꽃을 피웠던 인물이다. 이 논쟁을 전개하는 과정에서 퇴계는 기대승의 견해를 받아들여 두 번이나 자신의 견해를 수정하였지만, 기대승은 퇴계의 학문과 인격에 감복하여 스승으로 받들었다. 서울에서 직접 만나기도 하였지만 영남과 호남으로 멀리 떨어져 살았고, 서로 첨예하게 대립된 학설의 입장을 지키고 있음에도 불구하고, 가장 깊은 사제관계의 정을 나누었던 아름다운 이야기를 남겼다. 기대승의 시에 화답하는 퇴계의 시에는 퇴계의 가슴에 넘치는 깊은 애정을 엿볼 수 있다.

영호남이 가깝지 않으니 찾으려면 꿈이 있을 뿐	湖嶺相尋只夢魂
꿈에서 깨니 밝은 달빛 산문(山門)에 가득하네.	覺來明月滿山門
원컨대 내 마음이 밝은 달을 따라가	願將心事隨明月
그대 뜨락에 비쳐도 번거롭진 않으리라.	寫向君庭不作煩
	〈「次奇明彦」〉

퇴계는 59세 때 기대승에게 보낸 답장에서도, 기대승이 벼슬에서 물러나 은거하는 도리를 물어온데 대해, "학문이 지극하지 못한데 너무 높게 자처하거나, 시기를 헤아리지 않고 세상의 경륜에 과감한 것은 패배를 부르는 길이요, 큰 명성을 지니고 큰일을 담당한 사람이 절실히 경계해야 할 것이다."라고 조언하였다. 이에 따라 그는 기대승에게 너무 높이 자처하지 말고 세상 경영에 너무 급히 서둘지 말고 자기주장을 너무 과격하게 하지 말 것을 당부하며, 세상에 나와 나라에 자신을 맡겼으면 물러날 뜻만 지킬 수 없고, 도덕과 의리를 준칙으로 뜻을 세웠으면 물러남이 없을 수 없음을 제시하여, 상황에 따라 의리에 맞게 처신할 것을 충고하였던 것이다.

퇴계에게서 가르침을 받은 사람은 가슴에 깊은 감동을 지녔던 것으로 보인다. 퇴계가 풍기군수시절에 백운동서원(뒷날 소수서원으로 사액받음)에서 강학하여 서원교육에 힘썼다. 이때 순흥(順興)의 대장장이인 배순(裵純, 일명 裵點)이 평소에 서원에 와서 퇴계로부터 학문과 행실을 배웠다. 퇴계는 가르치는데 신분의 차이를 두지 않았던 것으로, 그것은 공자의 '유교무류'(有敎無類) 정신을 실천했던 것이라 할 수 있다. 그후 퇴계가 벼슬을 버리고 고향에 돌아간 뒤에도 배순은 스승 퇴계를 사모하는 지극한 마음으로 퇴계의 철상(鐵像)을 주조하여 모시고 아침저녁으로 분향하여 공경하며 독서하였고, 퇴계가 돌아가셨다는 부음(訃音)을 듣고 배순은 삼년 상복을 입었다 한다. 스승으로서 퇴계의 덕화가 얼마나 깊이 스며들고, 또 서민들 속으로까지 미쳤는가를 실감할 수 있다.

또한 70세 때 돌아가시기 한 달 전에 계당(溪堂)에서 강학을 마치고 났을 때, 제자 유운룡(柳雲龍)은 "매 번 이곳에 와서 선생의 얼굴을 뵙고 선생의 말씀을 들을 때마다 마치 묵은 때가 씻겨나가고 취한 꿈이 깨어나는 듯하였다."고 감회를 토로하였으며, 제자 권호문(權好文)은 "내가 소년시절 선생을 뵈었을 때에는 마치 귀신의 신명(神明)함 같아서 그 갈피를 헤아리지 못하였으니, 마치 강물이 드넓어서 그 언덕을 알 수 없는 것과 같았다. 그런데 요사이에 와서는 스승님의 높은 경지에서 하시는 오묘한 말씀도 귀에 들어오면 스스로 이해가 되고 하시는 일도 눈으로 보게 되면 분명하게 볼 수가 있다. 내가 아마도 공력이 조금이나마 진전이 있었던 것 같다."〈『연보』〉고 하여, 퇴계의 문하에서 학문의 진보가 이루어졌음을 밝히기도 하였다. 퇴계에서는 학문의 연구를 통한 깨달음의 기쁨과 더불어 제자들을 가르치는 즐거움이 그의 인생을 충만하게 해주었던 중심축이라 할 수 있을 것이다.

2. 학문적 토론과 비판정신

1) 편지에 펼친 학문적 토론

퇴계는 제자들이나 당시의 학자들과 경학·예학을 비롯하여, 성리설·수양론·의리론 등 다양한 분야에 걸쳐 활발한 토론을 벌였다. 이처럼 그는 그 시대 학문적 토론을 이끌어가는 중심에서 자리잡고 있었으며, 또한 도학-주자학의 방향을 제시하고 인식을 심화시키는 역할을 주도하고 있었다. 퇴계를 중심으로 전개되었던 토론을 살펴보면 주제에 따라 중요한 쟁점으로 다음의 몇 가지를 열거해 볼 수 있을 것이다.

(1) 기대승(高峯 奇大升)과 '사단·칠정'(四端七情)논변

공자는 겸양의 덕을 강조하였지만, '배우기를 좋아한다'(好學)는 점을 자부하였는데, 퇴계의 평생은 배우는데 부지런하고 후배에게도 묻기를 좋아하여, 좋은 의견을 들으면 자신의 견해를 고치는데 주저하지 않았으니, 진실로 '배우기를 좋아하는'(好學) 군자의 표상이 되고 있다. 그 가장 잘 드러난 사례로서, 퇴계는 기대승과 사단칠정(四端七情)에 관한 성리설의 논쟁을 전개하면서 자신의 견해를 두 차례나 수정한 사실을 볼 수 있다. 기대승과 8년동안(1558~1565) 왕복편지를 통해 전개하였던 '사단·칠정'논쟁은 퇴계 자신의 성리설을 정립하는데도 결정적 역할을 하는 중요한 계기가 되었으며, 한국철학사에서 학술논쟁의 가장 정밀하고 진지한 토론의 모범을 보여주는 것으로 자리잡고 있다. 퇴계와 기대승 사이의 '사단·칠정'논쟁은 조선시대 성리학의 쟁점이 선명하게 표출되고 뒤에 퇴계와 율곡의 성리설로서 갈라져 두 줄기의 큰 흐름을 이룬 중요한 문제이므로, 퇴계철학의 주제로서 별도의 장으로 뒤에서 서술하고자 한다.

(2) 노수신(蘇齋 盧守愼)과 「숙흥야매잠」(夙興夜寐箴)에 관한 토론

퇴계가 54세 때 당시 진도(珍島)에 유배되어 있던 노수신이 남송(南宋)의 진백(南塘 陳栢)이 지은 「숙흥야매잠」을 주석한 「숙흥야매잠주해」(夙興夜寐箴註解)를 저술하여, 퇴계와 김인후(河西 金麟厚)에게 보내면서 바로잡아주기를 요청하면서, 「숙흥야매잠」을 중심으로 수양론의 토론이 벌어졌던 것이다.

노수신은 자신의 「숙흥야매잠주해」를 먼저 퇴계에게 보냈는데, 퇴계는 이때 「숙흥야매잠」이 도학의 수양론으로 중요함을 새롭게 각성하게 되었음을 밝히고, 노수신의 주석이 정밀함을 칭찬하면서, 구절의 해석에서 의문점을 제기하여 자신의 1차 논평(「與盧蘇齋寡悔」)을 답장으로 보냈다. 이에 노수신은 자신의 「주해」와 함께 퇴계에게서 받은 논평을 김인후에게 보내어, 김인후의 논평을 받았다. 그 다음 노수신은 퇴계의 1차 논평에 대한 자신의 답변을 보내면서 김인후에게서 받은 논평을 함께 보냈고, 퇴계는 60세 때 노수신의 답변과 김인후의 논평을 보고서 자신의 2차 논평(「答盧蘇齋」)을 노수신에게 보냈다. 따라서 퇴계와 노수신 및 김인후 세 사람 사이에 벌어진 노수신의 「주해」에 관한 토론은 노수신을 매개로 퇴계와 김인후 사이에서도 간접적으로 한번씩 상대편의 의견에 대한 논평이 제시되었다.

퇴계와 노수신 및 김인후 사이에서 토론된 안건은 모두 31조목인데, 그 가운데 퇴계가 먼저 의견을 제시한 것이 20건이고 김인후가 먼저 의견을 제시한 것이 11건으로, 쟁점은 먼저 수양론의 방법이었다. 곧 수양의 결과가 의도적 노력으로 성취되는 것인지 아니면 수양방법에 따른 결과로서 자연적으로 실현되는 것인지를 검토하는 문제와, 도학적 수양론의 핵심 개념인 '경'(敬)·'성'(誠)·'일'(一)의 상관관계를 어떻게 해석할 것인지의 문제, 및 「숙흥야매잠」의 전체적 취지를 무엇으로 파악할 것인지를 논의하는 핵심 문제로 삼고 있는 것이다. 노수신의 글자 풀이와 내용 해석이 매우 정밀하였기 때문에, 이에 대한 퇴계와 김인후의 논평도 진지하고 치밀하였다. 퇴계는 노수신에게 보낸 일차 논평에서, 노수신의 「주해」를 특별히 높이 평가하고 미세한 흠까지 다듬어 고쳐 가기를 당부하였다. 또한 노수신에게 보낸 2차 논평에서도 자신의 논평에 대응하는 노수신의 태도에 대해, "버리고 취하고 따르고 반대하는 데에 의리가 있음만 알고 남과 나의 의견을 구별하지 않아 공평한 마음으로 저울질하여 굳이 고집하는 바가 없다."고 칭찬하였다. 당시「숙흥야매잠주해」에 관한 퇴계와 노수신과 김인후 사이의 토론은 이 시대 선비들이 지닌 도학 정신의 진지함과 학문 자세의 정밀함을 잘 보여주는 소중한 토론이라 할 수 있다.

(3) 조목(月川 趙穆)·율곡과「심학도」(心學圖)에 관한 토론

65세 때 퇴계는 정복심(程復心)의「심학도」(心學圖) 상단에서 '심'의 여러 명목들을 배열하고 있는데 대해 제자 조목(趙穆)이 배열의 위치에 대해 의문점을 제시하자, 이에 관해 토론하였다. 퇴계는 정복심의 「심학도」에서 동그라미 속에 '심'(心)자 위에다 '양심'(良心)과 '본심'(本心)을 대응시키고, 양 옆에 '적자심'(赤子心)과 '대인심'(大人心)을 대응시켜 놓은 것은 아래의 '인심'(人心)과 '도심'(道心)에 상응시켜 분류한 것이 아님을 지적하고, 전체로서의 '심'이 발동하고 나아가는 자리에 따라 여러 명목을 보임으로써 배우는 사람이 그 명목에서 그 의미를 찾아서 음미하고 체득하여 마음의 전체를 파악하게 하고자 하는 것임을 제시하였다. 곧 마음의 여러 명목으로 분별의 체계를 찾아가는 분석의 시각이 아니라, 여러 명목을 통해 마음의 전체를 발견하는 통합의 시각을 강조한 것이다.

「심학도」의 하단에서 '유정'(惟精)·'유일'(惟一) 이하 여러 조목에서 상대시켜 들고 있음을 인정하였는데, 조목이 '양심'(養心)은 마음공부의 시초인데「심학도」에서는 '심사'(心思)의 뒤에 두고 있는 것은 잘못이라 비판한데 대해, 퇴계는『맹자』가 "그 대체(大體: 心)를 기르면 대인(大人)이 된다."고 언급한 말을 인용하면서 '양심'의 마음을 배양한다는 것은 공부의 시작만이 아니라 시작에서 끝까지 관통하는 것임을 들어 정복심의 「심학도」를 변호하였다. 여기서 그는 자신도 한 때 「심학도」에서 '구방심'(求放心)과 '심재'(心在)의 순서를 바꾸면 대응구조가 잘 드러날 것이라 생각했던 일이 있었지만, 뒤에 다시 생각해보니 '구방심'이 처음 공부하는 단계를 말하는 것이 아니라 평생의 학문에 기본이 되는 것임을 깨달았다 하여, 「심학도」의 배열 위치를 의심할 필요가 없는 것으로 확인하고 있다.〈「答趙士敬」〉

퇴계가 68세 때『성학십도』(聖學十圖)를 선조에게 올린 다음,『성학십도』가 활발한 토론의 주제로 떠올랐다. 퇴계가 70세 때 율곡은『성학십도』에 수록된 정복심의 「심학도」에 대해 전반적으로 비판하고, 퇴계의 견해에 대해서도 문제점을 지적하면서, "저의 생각에는 이 「도」(「심학도」)는 중첩하여 말한 것일 뿐이요, 별로 의미가 없으니, 아마도 반드시 취할 것은 못되는 것 같습니다."〈「上退溪先生問目」〉라 하여,『성학십도』속에 「심학도」를 수록하고 있는 것 자체에 대해 의문점을 제기하였다. 그러나 퇴계는 이에 답하여, "「심학도」를 논한 여러 이론은 더욱 따를 수가 없다. 만약 그대의 이론과 같다면 당시 정복심의 이 「도」는어리석은 사람 앞에서 꿈 이야기 하는 것과 무엇이 다르겠는가? '견해가 투철하지 못하면서 남을 공격하기 좋아하는 자'라고 말하는 것이 진실로 괴이할 것이 없다. 그대의 탁월하게 총명한 식견으로도 이 「도」를 보는데 이렇게 얽매이고 막힐 줄은 뜻밖의 일이다."〈「答李叔獻」〉라고 정면으로 반박하였다.

율곡은 「심학도」에서 '대인심'(大人心)이란 공부와 성과를 극진히 하여 '본심'을 온전히 한 것인데, '도심'(道心)의 앞에 둔 것에 의문을 제기하고, 공부의 순서에서도 배열이 차례를 잃고 있음을 지적하였다. 퇴계는 율곡이 제기한 비판적 지적을 해명하면서,「심학도」에서 '심'(心)이라는 글자를 동그라미 씌운 위(良心‧本心)‧아래(人心‧道心)와 좌(赤子心)‧우(大人心)에 6개의 '심'은 바둑판에 해당하는 것으로 순서에 따라 말한 것이 아님을 지적하고, '유정'(惟精)‧'유일'(惟一) 이하 공부할 곳으로서 12항목(愼獨‧克復‧心在‧求放心‧正心‧四十不動心과 戒懼‧操存‧心思‧養心‧盡心‧七十而從心)은 바둑돌을 놓는 것과 같다고 설명하였다. 그는 성현이 심법(心法)을 논한 곳이 상황에 따라 여러 가지이므로 여러 가지 '심'의 양상과 수양방법을 열거하여 배열한 것은『대학』의 8조목에서처럼 실천의 순서가 있는 것은 아님을 강조하였다. 따라서 그는 율곡이 「심학도」의 배열에서 '심재'(心在)‧'심사'(心思)와 '진심'(盡心)‧'정심'(正心)을 바꾸어 놓아야 한다는 견해를 제시한데 대해, 율곡의 견해에 일리가 있음을 인정하면서, 배열된 항목들이 반드시 한 층을 거쳐서 다음 층에 이르러야 하는 것이 아니라 지적하며, 위에서부터 아래로 배열해 놓은 것이 도(圖)를 그리는 형편상 그렇게 하지 않을 수 없는 것이지,『대학』의 8조목처럼 공부하는 과정의 선후가 있는 것이 아님을 강조하였다. 또한 율곡은 안자(顏子)가 '구방심'했다는 퇴계의 언급도 타당치 않다고 비판하였는데, 이에 대해, 만약 안자의 지위에 도달하면 공부가 이미 정밀하여 다시는 털끝만큼의 흩어지는 마음(放心)이 있을 수 없다고 말한다면 지나친 주장임을 지적하였다.

　율곡의 비판은 항목 사이에 체계와 순서의 정밀성이 없다는 점에 초점을 맞추고 있는데 대해, 퇴계의 반론은 전체적 의도를 이해하여 실천에 활용하는데 관심을 기울이고 있는 것이다. 그것은 성리설의 쟁점

에서 퇴계가 분석적 관점을 취하고 율곡이 종합적 관점을 취하는 것과
달리, 수양론의 쟁점에서는 율곡이 체계적 분석을 중시하는데 비하여
퇴계는 실천적 종합을 중시하는 상반된 시각을 드러내주고 있음을 엿
볼 수 있다.

　나아가 『성학십도』에서 원래 퇴계는 제7도로 「심학도」 다음에 제8
도로 「인설도」(仁說圖)를 두었는데, 율곡이 「인설도」를 「심학도」 앞
에 두어야 한다고 지적하자, 퇴계는 율곡의 견해가 매우 뛰어난 것임
을 인정하여, 율곡의 견해에 따라 흔쾌히 「인설도」와 「심학도」의 위
치를 바꾸어 놓는 포용적 태도를 보여주고 있다.

(4) 이구(蓮坊 李球)의
　　「심무체용설」(心無體用說)에 대한 비판적 검토

　퇴계는 일찍이 서경덕(花潭 徐敬德)의 학설에 대해, "'기'(氣)를 논한
것은 정밀하지만 '리'(理)에는 투철하지 못하다. '기'를 주장함이 너무
지나쳐 혹 '기'를 '리'로 인정하고 있다."〈『언행록』〉고 비판하였던 일이
있다. 이에 대해 서경덕의 제자인 이구는 선배를 가볍게 논하는 병통
이 있다고 퇴계를 비판했던 일이 있었다. 퇴계는 서경덕의 제자인 허
엽(許曄)에게 보낸 편지에서 이구의 비판에 대해 해명하여, 주자가 선
배를 가볍게 논하는 병통을 경계했지만, 동시에 도학에 어긋나는 곳을
논변함에서는 털끝만큼도 버려두지 않았고 선배라고 덮어주지 않았던
사실을 지적하였다.〈「언행록」〉

　이처럼 당시 퇴계는 서경덕의 성리설이 '기'에 기울어져 있음을 비판

하면서 서경덕의 제자들과 논쟁적 토론이 일어났는데, 그 가운데 이구가 마음은 오행에서 불(火)에 해당하며, 불에는 일정한 형태나 바탕으로 본체를 삼을 수 있는 것이 없다고 하여, '마음에는 본체와 작용이 없음'을 주장하는「심무체용설」(心無體用說)을 지어 퇴계의 제자 김취려(金就礪)를 통해 퇴계의 견해를 문의해왔다. 퇴계는 64세 때 이구의「심무체용설」을 비판적으로 검토하는「심무체용변」(心無體用辨)을 지었다.

　퇴계는 본체(體)와 작용(用)의 개념은 정자와 주자 이후에 제기된 것이지만, 『주역』(繫辭上)의 '적'(寂)과 '감'(感)이나, 『예기』(樂記)의 '동'(動)과 '정'(靜)이나『중용』의 '미발'(未發)과 '이발'(已發)이나『맹자』(告子上)의 '성'(性)과 '정'(情)이 모두 심(心)의 본체와 작용을 말한 것이라 확인한다. 여기서 이구가 "마음에는 실로 본체와 작용이 있지만, 그 근본을 탐색하면 본체와 작용이 없다."고 말한 데 대해, 본체와 작용의 양면을 통합하여 마음이라 하였는데, 별도로 본체와 작용이 없는 마음의 근본이 마음 이전에 있을 수 없음을 강조하였다. 그것은 서경덕이 '음·양'이나 '이·기'로 갈라지기 이전의 근원으로 제시하는 '태허지기'(太虛之氣)의 개념을 비판하여 '음·양'이나 '이·기'의 통합으로서 '태극'을 제시하는 논리와 같은 것이라 할 수 있다.

　또한 이구가 본체의 '체'(體)자는 형상에서 시작된 것이요, 작용의 '용'(用)자는 활동에서 생긴 것이라 하여, 활동하기 이전에는 작용이 없고, 형상이 있기 이전에는 본체가 없다고 주장하면서, 소강절(邵康節)이 "본래 '체'(體)가 없다"는 말을 근거로 인용하고 있는데 대해, 퇴계는 이구가 오직 형상의 말단만을 보는데 치우쳤기 때문에 형상 이전에 본체가 없다고 주장하여 '형이상'의 세계에 대한 이해가 결여되었음을 비판하고, 소강절이 "'체'가 없다"고 한 것은 본체가 없다는 것이 아니라 단지 '형체가 없다'는 뜻임을 잘 못 이해한 것이라 지적하였다. 이처럼 퇴계가 이구의 마음에 본체와 작용이 없다는 이론을 비판하는 것은 바로 화담학파의 '기'철학에 대해 주자학의 '리'철학적 입장에서 비판하는 것으로, 이 시대 성리학의 정통을 정립하는 학문적 토론으로서 중요한 의미를 지니는 것이다.

2) 나흠순과 왕양명에 대한 비판

(1) 나흠순의 '이기일물설'(理氣一物說)에 대한 비판

퇴계는 성리설에서 주자의 이론을 표준으로 확립함으로써, 육상산(陸象山)과 왕양명(王陽明)이 마음을 이치로 보는 '심학'(心學)을 엄격히 비판할 뿐만 아니라, 명나라 유학자로 나흠순(整菴 羅欽順)이 이치(理)와 형기(氣)를 하나로 보는 '이기일물설'에 대해서도 단호하게 비판하여 「비이기위일물변증」(非理氣爲一物辯證)을 저술하였다. 당시 노수신이 나흠순의 『곤지기』(困知記)를 존중하고 있는 태도에 대해서도 비판하였으며, 기대승과 사단칠정논쟁을 전개하는 과정에서 기대승의 통합적 관점을 반박하면서, "같음을 기뻐하되 달라짐을 미워하며, 혼융함을 즐거워하고 분석함을 싫어하여, 사단과 칠정이 근원하여 나오는 곳을 구명하지 않으면서 대체로 '리'와 '기'가 겸하고 선과 악이 있다고 보아, 깊이 분별하여 말하는 것을 옳지 않다고 하였다.… 마침내 '리'와 '기'를 한 물건으로 여겨 구별이 없다하니, 근세에 나흠순이 '리'

와 '기'는 다른 것이 아니라는 이론을 주창하여 주자의 이론을 그르다고 여김에 이르렀다. 이 점은 내가 평소에 그 가리킴을 이해할 수 없었던 것인데, 뜻밖에도 보내온 말의 뜻이 이와 비슷하다."〈「答奇明彦(論四端七情第一書)」〉고 하여, 나흠순의 '이기일물설'에 접근하는 태도를 엄격하게 경계하고 있음을 보여준다.

　퇴계는 나흠순의 '이기일물설'을 비판하면서, 서경덕의 이론이나 그 제자인 이구의 이론을 나흠순과 같은 맥락으로 비판하였다. 먼저 그는 공자가 '음양'을 '태극'이 생성한 것이라 하고, 주렴계(周濂溪)가 '무극'과 '음양·오행'이 오묘하게 결합하였다고 말하는 것은 모두 '리'와 '기'를 분별한 인식임을 지적하고, 정명도(程明道)는 형이하의 '기'(器)가 형이상의 '도'(道)라고 한 것은 '기'를 떠나서 '도'를 찾을 수 없기 때문에 '기'가 또한 '도'라고 말한 것이지 '기'가 곧 '도'라고 말한 것은 아님을 강조하여 '리'와 '기'가 분별되는 것임을 확인하고 있다.

　특히 주자가 유숙문(劉叔文)에게 회답하는 편지에서, "'리'와 '기'는 결단코 두 가지이다. 다만 사물에서 본다면 두 가지가 한 덩어리가 되어서 따로 떼어 각각 한곳에 있게 할 수는 없으나, 두 가지가 각각 별개의 것이 되는 데 문제가 되진 않는다."라고 언급한 것을 근거로 서경덕의 '기'를 궁극적 근원으로 보는 '기'철학의 이론을 비판하며, 서경덕의 이론을 수호하는 그 제자 이구의 견해도 주자의 이 말로 비판될 수 있음을 강조하였다. 이처럼 그는 나흠순의 '이기일물설'과 서경덕을 주자의 '리'·'기'를 분별하는 견해에 상반되는 것이라 하여 동시에 비판하고 있음을 보여준다.

(2) 양명학의 비판

퇴계는 왕양명(王陽明: 王守仁)의 '심'중심 학설이 명나라에서 성행하고 있는 사실에 깊이 우려하면서, 66세 때 왕양명의 『전습록』(傳習錄)을 조목별로 비판한 「전습록논변」(傳習錄論辯)을 저술함으로써, 주자학의 정통을 수호하는 입장을 확고하게 정립하였다. 여기서 그는 양명학의 핵심적 주제로서 ①『대학』해석에서 주자학의 '신민'(新民)으로 수정한 것을 거부하고 옛 원본대로 '친민'(親民)을 주장한 점과, ②주자가 성품을 이치로 보는 '성즉리'(性卽理)의 견해에 상반하여 왕양명이 마음을 이치로 보는 '심즉리'(心卽理)를 주장하는 점과, ③주자가 앎이 앞서고 실행이 뒤따른다는 '선지후행'(先知後行)을 중시하는 입장을 거부하고 왕양명이 앎과 실행이 동일한 것이라는 '지행합일'(知行合一)을 주장한 점을 중심으로 비판한 것이다. 이 세 가지 쟁점은 양명학의 이론이 주자학으로부터 이탈하는 핵심적 쟁점들이다.

퇴계는 먼저 왕양명이 '친민'을 주장한데 대해, "왕양명은 이에 감히 멋대로 선유(先儒)의 확정된 이론을 배척하고 함부로 여러 이론의 흡사한 것을 끌어들여 견강부회하며 조금도 거리낌이 없으니, 그 학문의 오류와 마음의 병통을 볼 수 있다."고 하여, 강경한 거부입장을 밝히고 있다. 또한 왕양명이 '심즉리'를 주장한데 대해, "왕양명은 다만 바깥의 사물이 마음에 장애가 될까 근심하여, 사람의 떳떳한 마음과 만물의 법칙의 참되고 지극한 이치가 곧 내 마음에 본래 갖추어진 이치이며, 학문을 강론하고 이치를 궁구하는 것이 바로 본래 마음의 본체를 밝히고 본래 마음의 작용을 통달하게 하는 것임을 알지 못했다."고 비판하면서, 양명학이 불교와 가까운 것으로 배척하였다. 나아가 왕양명이 '지행합일'을 주장한데 대해, 말만 하고 실행하지 않는 자의 관념적 지식에 대한 비판으로서는 인정하고, 또 감각적 차원에서 지각과 감정의 발동이 일치하는 점에서는 인정하였다. 그러나 도덕적 선악에 대해서 앎이 바로 행위와 일치되지 않음을 지적하여, "의리에서 앎과 실행은 합하여 말하면 참으로 서로 의존하고 함께 실행되니 한쪽도 없어서는 안 되지만, 나누어 말하면 앎을 실행이라 할 수 없는 것은 실행을 앎이라 할 수 없는 것과 같다. 어찌 합하여 하나라고 할 수 있겠는가."〈「傳習錄論辯」〉라 하여, 왕양명의 '지행합일'은 감각적 차원에서만 가능하고 의리의 차원에서는 성립할 수 없는 것이라 밝히고 있다.

퇴계가 주자학의 입장을 철저히 옹호하고 양명학의 관점을 엄격하게 비판하였던 것은 사실상 조선시대 유교이념이 주자학-도학의 체제를 정통이념으로 확립하고 양명학이 자리잡을 수 있는 여지를 철저히 봉쇄함으로써, 조선시대 유교의 방향을 결정하는데 중요한 역할을 하였던 것으로 의미를 지닌다. 퇴계는 70세 때 제자 유성룡(柳成龍)이 중국에 사신으로 갔다가 북경의 태학(太學)에서 학생들과 문답하면서 당시 중국에 성행하던 왕양명·진헌장의 학문을 배척하였던 사실에 대해, "육상산과 선(禪)불교가 온 세상을 휩쓰는데 그대가 정당한 이론을 제시하여 그들이 길을 잘못 들었음을 점검할 수 있었으니 쉽게 될 일이 아니다."라고 칭찬하는 편지를 보냈다. 이러한 사실도 양명학을 비판하고 주자학을 정통으로 옹호하는 것이 퇴계의 학문 활동에서 중요한 사명으로 확인되고 있음을 보여주는 것이다.

3. 향약조직과 서원설립

1) 향약의 조직과 풍속교화

유학자로서 퇴계의 인간공동체 생활에 대한 관심은 가정과 학교와 향촌 및 국가를 들 수 있다. 곧 유교의 방법은 자신의 인격을 닦는 '수신'(修身)을 근본으로 하여 가정을 다스리는 '제가'(齊家)를 이루고 나아가 나라를 다스리는 '치국'(治國)으로 나아가는 것이 바른 순서이다. 따라서 퇴계의 향촌공동체에 대한 관심은 친속을 결속시키는 친계(親契)를 조직하고 향촌의 규약으로 향약(鄕約)을 제정하여 향촌의 풍속을 바로잡는 교화활동이 그 하나요, 향촌의 선비들을 교육하는 서원(書院)을 건립하여 선비의식을 각성시키고 인재양성을 도모하는 것이 다른 하나였다.

퇴계가 벼슬에서 물러나 고향에 머물러 살면서, 학문연구나 제자들을 가르치는 일과 더불어 향촌의 풍속을 바로잡는 일에 깊은 관심을 기울였던 사실이 주목된다. 그는 먼저 친족공동체의 결속을 통해 향촌의 풍속을 교화하는 일에 착수하였던 것이다.

55세 때 그는 마을 안의 친족들(洞中親)을 결속시키기 위해 계(契)를 조직하고, 계의 규약(洞中親契立議)을 제정하였으며, 그 취지를 밝히는 서문을 지었다. 그 서문에서 종친이나 인척 사이인 친척들이 서로 화목하게 지내는 것을 중시하면서, 옛 모범으로 당나라의 위장(韋莊)이 종친들과 꽃나무 아래서 집회를 열었던 법도(花樹韋家宗會法)를 들면서, 정기적으로 친목의 모임을 갖고 경사에서 축하하고 흉사에는 위로하며 친밀하게 왕래할 것을 강조하였다. 따라서 그는 큰 부담을 지지 않으면서 친척들 사이에 서로 돕고 정을 두텁게 하기 위한 절도를 규정하여, 매년 봄과 가을에 한 차례씩 모임을 갖는 등의 규약을 제정하였던 것이다.〈『연보』〉

이 친족의 모임은 마을 안에만 한정되는 것은 아니었다. 56세 때는 선조의 묘제(墓祭)를 지내면서 안동의 경류정(慶流亭)에서 종친들과 집회를 열었는데, 이때 지었던 시가 있다.

조상님들 선을 쌓아 복과 경사 넘치니,　　善積由來福慶滋
대대로 어질고 온후하며 종족이 번성했네.　　幾傳仁厚衍宗支
권하노니 그대들 더욱 힘써 집안을 지켜　　勸君更勉持門戶
위장의 집안 화수회를 해마다 따르세나.　　花樹韋家歲歲追.
　　　　　　　　　　　　　　　〈「題慶流亭」〉

친족의 화합을 이루는 것은 바로 향촌의 풍속을 아름답게 교화시키는 방법이기도 하다. 한 가정이 화합하는 데서 나아가 친족들의 화목함으로 확장하고, 한걸음 더 나아가면 향촌사회의 전체가 화합하는 길로 넓혀져 갈 수 있다. 이런 의미에서 '동중친계'(洞中親契)의 규약은 '향약'(鄕約)으로 확장되기 위한 기초가 되고 있는 것이다.

퇴계는 56세 때 '향립약조'(鄕立約條) 28조를 정하여 향촌공동체의 풍속을 교화하는 법규로 삼고자 하였다. 이것이 곧 '예안향약'(禮安鄕約)이다. 향약의 기원은 송나라 때 '남전여씨향약'(藍田呂氏鄕約)으로 4강령(德業相勸·過失相規·禮俗相敎·患難相恤)과 이에 따른 세부 조목이 있는데, 주자가 수정하고 보완한 것이 '증손여씨향약'(增損呂氏鄕約)이다. 조선시대 향약의 기준이 되었던 것은 주자의 '증손여씨향약'이지만, 퇴계의 '향립약조' 28조는 '남전여씨향약'의 4강령에 비추어보면 주로 '허물을 바로잡음'(過失相規)에 한정되는 것이라 할 수 있다.

퇴계는 이 '향립약조'의 서문에서 향약의 시원으로 고대에 지방행정을 담당하는 향대부(鄕大夫)의 직분이 덕행과 도덕과 기능으로 인도하고, 따르지 않는 자는 형벌로 규찰하였던 사실을 들고, 당시 조선사회의 유향소(留鄕所)가 바로 옛날 향대부의 역할을 하는 것임을 지적하였다. 또한 그는 이러한 향촌의 교화가 필요한 근거로서 선비가 도덕의 근본이 되는 효도·우애·충성·신실(孝·悌·忠·信)을 집안에서 닦아서 그 행실이 향촌에 드러난 다음에 나라에 나갈 수 있었음을 들어, 가정과 더불어 향촌이 도덕을 실행하는 것이 중요함을 강조하고 있다.〈「鄕立約條序」〉

또한 퇴계는 자신에 앞서 예안의 명사인 이현보(聾巖 李賢輔)가 약조를 세워서 풍속을 바로잡으려고 노력하였으나 미처 이루지 못하였던 사실을 지적하고, 고을 어른들의 요청으로 이현보가 미처 시행하지 못한 향촌의 규약을 정하여 시행도록 요청을 받고 '향립약조'를 정하게 된 배경을 설명하였다. 여기서 '향립약조'의 28조가 모두 허물을 바로잡기 위한 벌칙만 들고 있는 사실에 대해, 덕행을 권장하는 것은 국가가 학교를 세워 가르치는 것이므로 '향립약조'에서는 별도로 조목을 세울 필요가 없는 것이라 해명하였다. 이처럼 퇴계의 '향립약조'는 '남전여씨향약'체계를 따르는 것이라기보다, 학교의 교육에서 덕행의 교화를 행하는 보완의 기능으로 허물을 징계하는데 초점을 맞추고 있음을 보여준다.

그는 '향립약조' 28조를 향사당(鄕射堂)에 보내어 벽에 걸어두게 하였으나, 지방 선비들의 의논이 일치하지 않아서 시행하지 못하고 회수하였다 한다. 선비들 사이에 가장 중요한 쟁점이 되었던 것은 28조의 '향립약조'가 아니라, 이와는 별도로 향촌 인사들의 집회에 좌석의 순서를 정하는 향좌(鄕坐)문제로 극심한 의견대립이 일어났던 것이다. 당시 향촌은 관직이 없는 선비(士族), 관직이 있는 인물(品官), 지방의 서리(鄕吏), 하인(下人) 등의 신분집단으로 구성되어 있는데, 퇴계는 향촌의 집회(鄕會)에서는 향촌 사람들을 통합하기 위하여 벼슬이나 신분의 지위를 고려하지 않고 연령순으로 자리를 정해야 한다는 견해를 내세웠다. 그것이 맹자가 "향촌에서는 나이가 가장 중하다"라고 말한 것이나 주자가 '증손여씨향약'에서 "모든 집회에 참석자가 모두 향인일 경우에는 연령순으로 앉힌다."라고 언급하였던 사실에 근거를 두고 있는 것이다.

그러나 당시 예안의 사대부 계층은 서민이나 천인까지 포함하는 하인들과 신분의 구별없이 나이순으로 앉기를 거부하였고, 퇴계의 제자들조차도 퇴계가 따르는 옛 법도와 당시의 형편이 다르다는 점을 내세워 퇴계의 뜻에 동의하지 않았다고 한다. 당시 사대부 층의 신분의식을 깨뜨릴 수가 없어서 퇴계의 '향립약조'도 끝내 시행되지 못하고 말았다. 여기서 퇴계가 향촌의 집회를 통하여 신분적 차별의식을 넘어서는 향촌의 공동체를 추구하였던 사실은 퇴계의 '향약'이 지향하는 특성으로 중요한 의미를 갖는 것이라 할 수 있다. 퇴계의 '향립약조'는 퇴계가 죽고 나서 28년이 지난 뒤인 1598년에 제자 금난수(琴蘭秀)에 의해 다시 예안의 향사당 벽에 걸어두고 시행되었지만, 신분에 따라 자리를 따로 하는 등 퇴계의 본래 취지와는 상당히 달라진 것이었다.

퇴계는 향약의 조직 활동과는 별도로 60세 때 노비들을 다스리기 어려운 실정을 우려하여, 마을의 규칙으로 '동령'(洞令) 12조목을 정하였던 일이 있었다. 그것은 신분사회의 체제 속에서 마을의 질서를 유지하기 위한 방법으로 노비들이 과오를 저지르면 회의를 통해 적절하게 징계하는 마을공동체 규칙을 규정한 것이다. 이 '동령'12조는 온계 마을에만 적용하는 규정이었는데, 여러 마을에서 모방하여 시행하였던 사실은 당시의 지역사회에서 요구되는 합리적 제도로 받아들여졌던 것임을 알 수 있다.

2) 서원설립을 통한 교육활동

1543년 당시 풍기군수였던 주세붕(愼齋 周世鵬)이 주자의 백록동서원(白鹿洞書院)을 본받아 우리나라 최초의 서원으로 순흥(順興)에 백운동서원(白雲洞書院)을 세웠다. 그 5년 뒤에 퇴계는 48세 때 겨울에 풍기군수로 부임한 뒤에 백운동서원의 학생들에게 편지를 보내 출석하고 있는 자와 출석하지 않고 있는 자의 숫자를 묻고, 술과 꿩고기 등의 음식을 보내 학생들을 예법으로 대접하였다. 또 편지를 보내 추운 겨울날 숙소에서 지내는 어려움과 책상에서 공부하는 괴로움의 안부를 묻고 오직 책 속의 지극한 즐거움만이 온갖 괴로움을 이겨낼 수 있는 길이라 격려하기도 하였다.

그는 49세 때 봄부터 백운동서원에 나가 학생들에게 부지런히 강학하여 학풍을 크게 일으켰다. 백운동서원은 본래 고려말 주자학을 처음 도입하면서 유교를 진흥하였던 안향(安珦)의 고향이요, 서원의 사당에는 이 지역 출신의 고려말 유학자인 안향·안축(安軸)·안보(安輔) 세 분을 제향 하였다. 원래 백운동서원을 세운 주세붕이 지은 '축문'(祝文)과 제물을 차려놓는 '진설도'(陳設圖)와 제사의례의 진행순서를 적은 '홀기'(笏記)가 있었는데, 퇴계가 합당하지 않은 점을 개정하여, 의례절차의 기준을 확립하였다.

퇴계는 풍기군수를 떠나기 전인 49세 때 12월에 경상도관찰사 심통원(沈通源)을 통해 조정에서 서원에 현판과 서적과 토지를 내려주도록 요청하였다. 그것은 서원의 교육이 위로 임금의 명령에 말미암지 않으면 우리나라에서 처음 설립된 서원이 뒷날 없어질까 염려하였기 때문이었다. 그가 떠난 뒤이지만 이듬해(1550) '소수서원'(紹修書院)으로 사액(賜額)을 받아, 우리나라 최초의 사액서원이 되었다. 이때 조정에서는 『사서』(四書)·『오경』(五經)과 『성리대전』(性理大全) 등의 책을 내려 보내주었으며, 이를 계기로 퇴계는 만년에 서원교육운동을 적극적으로 벌여 선비들의 학풍을 일으키고, 서원을 통해 인재를 양성하는 기반을 마련하였으며, 그후 우리나라에서는 전국에 걸쳐 서원이 왕성하게 일어나기 시작하였다.

퇴계의 서원교육운동에 가장 먼저 호응하여 서원을 세운 것은 1553년 임고(臨皐: 현 경북 영천군 임고면)에 정몽주(圃隱 鄭夢周)를 제향 하는 임고서원(臨皐書院: 1555년 賜額)이다. 이듬해 54세 때 퇴계는 임금으로부터 하사받은 『성리군서』(性理羣書)를 임고서원에 보내 소장하게 하여 깊은 관심을 보냈다. 이 사실에 대해 어떤 사람이 임금께서 하사하신 것을 남에게 주는 것을 의아하게 여기자, 퇴계는 "서원을 위하여 책을 받들어 보관하면, 한편으로 선현(先賢)을 위하고, 한편으로 후학을 위하는데, 남에게 주었다고 말하는가?"〈『연보』〉라 반박하였던 일도 있다. 그는 임고서원에 제향 하는 정몽주를 위한 제문을 짓기도 하였으며, 제향에 제물을 잘못 선택한 것에 대해 바로잡도록 하는 등 관심을 기울였다.

퇴계가 서원교육에 힘썼던 것은 선비를 배양하는(養士) 임무가 바로 국가의 사업일 뿐만 아니라, 선비들이 스스로 학문과 덕을 닦아 선비(士林)공동체를 수립할 필요성을 인식하였기 때문이라 보인다. 그는 조선사회에서 국가가 성균관과 향교를 세워 선비를 양성하고 있지만, 과거(科擧)시험공부에 얽매어 있는 현실의 한계를 지적하며, 지방의 선비들이 스스로 서원을 세워 '선현(先賢)을 존숭하고 도의를 강론함'(尊賢講道)으로써 선비정신을 배양할 필요성을 강조하였던 것이다. 따라서 그 자신이 서원건립에 앞장섰으며, 또한 이 서원에 대해 국가에서 지원해야 할 것을 역설하였다.

그는 56세 때 소수서원의 일을 논의하는 편지를 써서 영천군수(榮川

郡守)에게 보내려 했던 일이 있었다. 여기서 그는 서원의 성격을 정의하여, "선현을 존숭하고 선비를 배양하며, 인재 기르기를 즐거워하는 곳이다."〈「擬與榮川守論紹修書院事」〉라 하였다. 또한 그는 제자 황준량에게 보낸 편지에서, "서원이란 근본적으로 '도학(道學)을 밝히기 위해 설치한 것이다."〈「答黃仲舉」〉라고 강조하기도 하였다. 곧 서원에서 사당(祠廟)을 짓고 제사를 드려 받들어야 할 선현은 마땅히 도학의 정신에 맞는 인물이라야 할 것을 역설함으로써, 서원을 통해 도학의 학풍을 세우고 도학이념으로 배양된 선비공동체를 수립하고자 하였던 것임을 보여준다.

퇴계 자신이 서원건립운동의 선두에 나서서 59세 때 영천(榮川: 榮州)에 이산서원(伊山書院)을 세울 때 편액을 쓰고, 「이산서원기」(伊山書院記)를 지었으며, 서원의 규약(院規) 12조목을 제정하였다. 60세 때 성주 영봉서원(迎鳳書院: 뒤에 川谷書院으로 개명)의 「영봉서원기」(迎鳳書院記)를 지은 것을 비롯하여 대구의 연경서원(研經書院)과 예안의 역동서원(易東書院)의 서원기(書院記)를 지었다. 특히 그의 고향에 세워진 역동서원은 터를 잡고 건축을 하는데 까지 직접 관여하였다. 그는 57세 때 고을의 여러 선비들에게 편지를 보내 예안 고을의 선현으로 고려말의 우탁(易東 禹倬)을 제향 하는 서원을 세우기를 역설하였으며, 이듬해 선비들과 서원 터를 살펴보았고, 65세 때도 역동서원을 세우는 의논을 하고, 서원 터를 살펴보았으며, 마침내 그의 의견을 따라 오담(鰲潭)으로 터를 잡게 되었다.

그는 65세 때 그동안 관심을 기울여 왔던 여러 서원들을 포함하여 풍기의 죽계서원(竹溪書院: 소수서원), 영천의 임고서원, 황해도 해주의 문헌서원(文憲書院), 성주의 영봉서원, 강원도 강릉의 구산서원(丘山書院), 함양의 남계서원(藍溪書院), 영주의 이산서원, 경주의 서악정사(西岳精舍), 대구의 화암서원(畫巖書院)의 9개 서원에 관해 각각 시를 짓고 여기에 여러 서원을 총론 하는 시를 한 편 지은 「서원십영」(書院十詠)에서 그 서원의 풍광과 학풍을 읊기도 하였다. 그 가운데 '여러 서원을 총론 하는 시'에서도 과거시험공부에서 벗어나 '도'를 찾는 진실한 공부 곧 '도학'을 주도하는 역할을 서원에서 찾고 있다.

머리 세도록 경전 연구해도 도를 듣지 못했는데	白首窮經道未聞
다행히 여러 서원이 우리 유학을 이끌어 가네.	幸深諸院倡斯文
어이하여 과거공부의 물결이 바다를 뒤엎어	如何科目波飜海
나에게 끝없는 시름 구름처럼 일게 하네.	使我閒愁劇似雲.

〈「書院十詠(總論諸院)」〉

돌아가시던 해인 70세 때 역동서원이 건립되자 낙성식도 하기 전에 제자들과 역동서원에 모여 『심경』을 강론하기도 하였고, 8월에 역동서원의 낙성식에도 나갔다. 그런데 낙성식에서도 참석한 사람들이 앉는 자리가 신분의 귀천에 따라 구별하지 않고 다만 옛 법도대로 나이에 따라 앉아야 한다고 주장하였다. 그러나 지방의 선비들은 옛날과 지금이 다르니 그렇게 할 수 없다고 주장하여 퇴계의 견해에 반대하였다. 이에 퇴계는 종일토록 옛날과 지금의 이치를 변론하여 설득했지만 끝내 선비들의 통속적 견해를 바꿀 수는 없었다. 돌아오는 길에 선비들이 그 토론의 광경을 시로 읊기도 하였다.

선생께선 아득한 옛날을 논하고　　　　　　　　先生上古論
제자들은 말세의 습속을 말하네.　　　　　　　　弟子末世言
서원의 규모가 정하여졌으니　　　　　　　　　　書院規模定
향촌에서 자리는 가려 무엇하랴.　　　　　　　　何須鄕坐分.

〈『연보』〉

　　퇴계는 제자 조목(趙穆)에게 보낸 편지에서도 "그대들은 다만 천한 사람 아래를 부끄러워한다는 말만을 고집하고서 마침내 남의 위에 앉고자 하는 마음을 갖는다. 그 역시 전혀 틀렸다고는 할 수 없겠으나, 예절과 의리는 어진 사람으로 말미암아 나오는데 그대들은 모두가 한 시대 향촌의 어진 사람들인지라 옛 의리를 깊이 찾고 예절에 관한 글을 자세히 고찰하여야 마땅할 것이다. …기세를 내세우고 남을 이기려 다투며 단지 한 때 한쪽 편에 불편함이 있음을 근거로 자신이 편하기만 구할 뿐이요, 다시 옛 의리가 어떠한지 향례(鄕禮)가 어떠한지 묻지 않으니, 현인·군자가 일에 대처하는 기상과 완전히 다르다. 이것이 한 탄스럽다."〈「與趙士敬」〉라고 하였다.

　　당시 지방에서 사대부들은 신분적 지위를 지키려는 의식이 견고하였지만, 퇴계는 향촌에서는 나이에 따른 어른과 젊은이의 구별만 인정하고, 신분이나 벼슬에 따른 분별에서 벗어나 화합하여 일체를 이루는 것이 중요함을 강조하였던 것이다. 그가 예안향약을 정할 때에도 회합에서 앉는 자리의 순서 문제가 신분적 차별을 확인하는 자리가 되어야 하는지, 공동체의 결속을 강화하는 자리가 되어야 하는지 끝내 타협점을 찾지 못하고 좌절되었던 일이 있고, 역동서원의 낙성식에서도 퇴계가 옛 성왕(聖王)의 예법을 근거로 내세웠지만, 당시의 지방 선비들은 물론이요 제자들조차 받아들이지 않는 벽에 부딪치고 말았다. 이처럼 퇴계는 조정에 나가서 정책을 펼치는데도 한계를 인식하며 물러나기를 힘썼던 것이요, 향촌에 돌아와 향촌의 공동체와 선비들을 교화하는 일에 힘썼지만, 여기에도 통속적 신분의식의 벽에 부딪치는 한계를 만났던 것이다.

3) 선비정신의 각성

퇴계는 조정에서 성균관 대사성(大司成)으로 교육을 책임졌을 때에나 향촌에서 서원을 건립하며 교육활동을 전개하면서도 교육의 중심 과제로서 선비정신의 각성을 강조하였다. 53세 때 대사성으로 사학(四學)의 스승과 학생들을 깨우치며 학풍을 쇄신하도록 훈계하는 글을 보냈던 일이 있다. 여기서 그는 "학교는 풍속을 교화하는 근원이요, 선(善)의 모범이 되는 곳이며, 선비란 예법과 의리의 근본이요 원기(元氣)가 깃든 자리이다."〈「諭四學師生文」〉라 하였다.

유교이념을 사회적으로 정립하기 위해 교육을 담당하는 학교의 중요성을 역설하고 있는 것이요, 학교의 교육이 선비를 배양함으로써 사회풍속의 근거가 되고, 모범이 되어야 함을 강조하는 것이다. 여기서 나아가 교육의 대상이 되고 동시에 유교이념을 담당하는 주체가 되는 '선비'는 유교이념의 기준인 예법과 의리를 실현하는 바탕이 되며, 그 나라에 생명력을 불어넣어주는 원천이라 확인하였다. 그만큼 선비는 신분적 존재를 훨씬 넘어서 진실한 가치와 강건한 생명력이요 의리정신의 담당자임을 밝히고 있는 것이다.

조선시대 전반기에서 도학이념을 표방하고 이를 실현하기 위해 투쟁하는 과정에서 엄청난 희생을 치렀던 사림파(士林派)의 자기 인식은 '선비'였다. 퇴계 자신도 선비의 한 사람으로서, 유교이념을 통치원리로 하는 조선사회에서 선비로서 갖추어야 할 이념적 조건을 자각하고 사회적 역할과 책임을 확인하는 데 깊은 관심을 기울였다. 곧 선비가 국가나 지역사회 공동체를 이끌어가는 핵심이 되어 유교이념의 가치를 사회적으로 실현하는 주체가 되어야 함을 인식하고 있으며, 그에 따른 선비의 정신적 조건과 책임의식의 각성을 요구하고 있음을 보여주는 것이다.

퇴계는 향촌에서 서원건립을 통한 교육활동에 마음을 기울였던 것도 선비를 배양하는 것이 바로 도학이념을 사회적으로 실현할 수 있는 기반을 확보하는 것임을 인식하고 있었기 때문이라 하겠다. 57세 때 그는 풍기군수 김경언(金慶言)에게 서원의 일을 논의하여 보내려고 썼던 편지에서도 옛 선비들이 남의 세력과 지위에 굽히지 않았음을 강조하여, 부유함(富)에 맞서서 '인'(仁)을 내세우고, 벼슬(爵)의 지위에 맞서서 '의'(義)를 내세우는 도덕적 정신을 확립하는데 선비로서의 품격이 있음을 강조하였다. 따라서 선비란 예법과 의리로 지조를 지킴으로써 어떤 세력과 지위에도 굽히지 않는 기개를 지닌 인격체임을 중시하였던 것이다.

또한 그는 유교사회의 이념을 올바르게 수립하기 위해서는 선비의 임무가 지닌 중요성을 확인하고, 선비가 사회적으로 존중받아야 하며 스스로 당당하여야 하는 존재임을 강조하였다. 곧 "선비는 필부로서 천

자와 벗하여도 참람하지 않고, 군왕이나 대신으로서 빈곤한 선비에게
몸을 굽히더라도 욕되지 않는다. 이것은 선비가 귀하게 여겨지고 공경
받을만하기 때문이요, 절의(節義)의 명칭이 성립하기 때문이다."〈「擬與
豊基郡守論書院事」〉라 하였다. 선비는 '도'를 밝혀 사회의 이상을 수립
하는 임무를 지녔기 때문에 존중받아야 하는 존재요, 천자나 군왕이나
대신의 높은 지위로도 벼슬이 없는 선비를 경멸할 수 없음을 강조하였
다. 그것은 도덕과 절의라는 유교적 이념을 담당하는 선비가 천자나
군왕과 대신의 존중을 받아야 함을 강조하는 것이면서, 동시에 선비로
서 자신이 도덕과 예법을 지키고 실현할 책임을 지켜야 하는 것임을
요구하는 것이다. 선비가 도덕과 절의를 저버리면 이미 선비로서 존중
받을 수 없을 뿐만 아니라, 유교이념을 지탱하는 주체를 잃게 되는 것
임을 경계하고 있는 것이다. 따라서 퇴계는 서원을 통하여 선비정신을
배양하고 선비의 인격과 예절을 연마하는데 깊은 관심과 큰 기대를 가
졌던 것이다. 그러나 실지에서는 서원의 선비들이 통속적 이해에 이끌
려 선비정신을 정립하는 역할과 책임을 감당하지 못하였던 것은 현실
의 한계라 할 수 있다.

4. 저술을 통해 전해주는 퇴계의 학문정신

퇴계의 많은 저술 가운데 한국사상사에서 중요한 비중을 차지하는 저술 몇 편을 열거해 보면 다음과 같다.

1) 「천명도설」(天命圖說, 1553)

먼저 조선시대 성리설에서 가장 중요한 논쟁의 발단을 제공한 「천명도설」을 들 수 있다. 「천명도설」은 본래 정지운(秋巒 鄭之雲)의 저작인데, 퇴계는 53세 때 서울에서 정지운과 토론을 거쳐 「천명도」와 「천명도설」을 상당부분 수정하였고, 55세 때 고향에 내려와서도 다시 한 차례 정밀하게 수정을 하였다. 그래서 「천명도」와 「천명도설」은 원래 정지운의 저작이지만, 퇴계의 수정을 거친 뒤 수정본은 퇴계의 저술 속에 자리를 잡게 되었다.

퇴계는 53세 때 「천명도」와 「천명도설」을 수정한 뒤, 「천명도설후서」(天命圖說後敍)를 지었는데, 여기서 그는 '천명'과 '태극'의 두 개념을 대비시킴으로써 '천'(天)의 성격을 더욱 분명하게 드러내고자 시도 하였다. 곧 「태극도」(太極圖)와 「천명도」(天命圖)의 차이를 정밀하게 비교하면서, '태극'은 인간과 사물이 생성하여 나오는 근원인데 비해, '천명'은 이미 생성된 인간과 사물에서 그 근원을 소급하여 인식하는 과정임을 보여준다. 따라서 '태극'에서는 우주적 생성의 근원을 인식 하는 길을 찾는다면, '천명'에서는 인간이 부여받은 인격적 가치를 실 현하는 길을 찾는 것이라 할 수 있다.

기대승(高峯 奇大升)은 퇴계가 수정한 「천명도」에서 사단(四端)과 칠 정(七情)을 '리'(理)와 '기'(氣)에 각각 분속시킨 것에 의문점을 제기하면 서 이른바 사단칠정(四端七情)논쟁이 8년동안(1559~1566) 왕복 편지를 통해 전개되었다. 이 논쟁은 한국사상사에 최초의 본격적 논쟁이요 성 리학 인식의 심화를 이끌어낸 가장 중요한 논쟁의 계기를 열어주었다 는 점에서 큰 의미를 지니는 것이다.

2) 『주자서절요』(朱子書節要, 1556)

퇴계는 주자의 전집인 『주자대전』(朱子大全) 속에서 특히 편지를 중시하여, 48권에 달하는 주자의 편지 가운데 학문과 삶에 절실한 편 지들을 선발하여 14권으로 간추려 『주자서절요』를 편찬하였다. 그는 55세 때 『주자서절요』의 편차를 정하고 여러 제자들에게 나누어 베껴 쓰도록 하였으며, 56세 때 편찬을 마쳤고, 58세 때 서문을 지었다.

그는 이 서문에서 "주자의 전체 저술에 나아가 논하면, 대지가 짊어 진 것이나 바다가 품고 있는 것과 같아서 비록 없는 것이 없지만, 그

요령을 얻기가 어렵다. 이에 비해 편지에 이르러 보면, 각각 그 사람의 재주가 높은지 낮은지, 학문이 얕은지 깊은지에 따라 병의 증세를 살펴서 약을 쓰는 것이며, 물건에 상응하여 연마하는 것 같아서, 혹은 누르고 혹은 들어올리며, 혹은 인도하고 혹은 구출하며, 혹은 격려하여 나아가게 하고, 혹은 물리쳐 경계하게 한다."〈「朱子書節要序」〉고 하여, 주자의 편지를 통해 인격적 만남을 통해 가장 구체적으로 개인의 재능과 학문의 역량에 맞게 도학의 학문방법에 따라 이끌어주고 도학의 학문세계를 열어주는 가르침을 확인할 수 있음을 강조하였다.

또한 "그 권유하고 타일러 줌이 남과 나의 구별을 두지 않으므로, 사람에게 일러주는 말이 그 사람으로 하여금 감동하고 분발하여 떨치고 일어나도록 해준다. 이것은 당시의 제자들에게만 그런 것이 아니라 백세의 뒤에 있어서도 그 가르침을 듣는 자는 귀를 끌어당기며 얼굴을 맞대고 일러주는 것과 다름이 없다."〈「朱子書節要序」〉고 하였다. 편지를 통해 절실하게 일깨워주는 말은 그 사람에게 실마리를 열어주어 '감동하고 분발하여 떨치고 일어나게 하는'(發端與起) 것이라 하여, 학문을 하려는 사람을 이끌어주는 가장 중요한 방법으로 강조하였다. 이러한 감동과 분발이 진리를 탐구하는 학문의 길을 찾는 진실한 면목이요, 교육이 이루어지는 진정한 모습이라 할 수 있다. 또한 그 자신도 주자의 편지를 읽다가 주자와 직접 마주 대하여 묻고 대답하며 떨치고 일어나게 되는 감동을 체험하였던 것이며, 주자의 편지를 통해 후세에 학문하는 사람은 누구나 주자와 만나 가르침을 받는 체험을 할 수 있음을 밝히고 있는 것이다.

퇴계의 제자 가운데 「주자서절요」에는 긴요하지 않은 내용이 들어 있다고 불만을 표시했던 일이 있는데, 이에 대해 퇴계는 "그 밖에 간혹 문안하는 것, 회포를 푸는 것, 산수(山水) 구경에 관한 것, 세상 풍속을 근심하는 것 같은 간절하지 않아 보이는 한가한 수작(閑酬酢)도 끼어 넣어 둔 것은 그것을 완미함으로써 주자를 한가한 사이에 친히 찾아뵈어 담소하고 기침하는 중에 그 말소리를 들어 보는 것 같이 하도록 하자는 것이다. 그렇게 함으로써 '도'를 지닌 사람의 기상을 그 풍채와 운치 속에서 찾아보는 것이 정밀한 의리에만 힘쓰고 긴요치 않은 일은 모두 시시하게 여기어 도리에 고독한 사람이 되는 것보다 더 깊지 않을까 한다."고 대답하였다. 여기서도 그의 교육에 대한 견해에서 인간미와 진실성이 깊이 배어들어 있음을 엿볼 수 있다. 따라서 철학적으로 아무리 고매한 이론을 논하더라도 퇴계는 관념의 추상적 세계에 빠져드는 것이 아니라, 인간의 구체적인 감정과 생명에 뿌리를 두고 있는 것이며, 따라서 편지가 지닌 인격적 만남의 대화는 저술의 어떤 다른 형태에서 찾을 수 없는 중요한 의미를 갖고 있음을 파악하였던 것이다.

논설이 모든 사람을 향해 논리적 설득을 하는 글이라면, 편지는 특정한 사람을 향해 호소하는 인격적 만남의 대화라 할 수 있다. 그만큼 편지는 그 인간이 부딪치고 있는 가장 구체적 현실의 문제를 다루고 있기 때문에, 가장 절실하게 다가올 수 있는 것이며, 이처럼 절실한 문제가 오히려 모든 사람에게 생생한 호소력을 발휘하기도 한다. 퇴계는 도학에 입문하는 지침으로서 주자와 여조겸(呂祖謙)이 편찬한 『근사록』(近思錄)과 진덕수(眞德秀)가 편찬한 『심경』(心經)을 중시하였지만, 그 자신은 주자의 편지를 가장 중시하여, 항상 하는 말로서 "학문을 하

려 한다면, 이 책(朱子書)보다 절실한 것은 없다"〈『연보』〉고 역설하였
던 사실이 주목된다. 그만큼 편지를 통한 인격적 만남에서 학문의 가
장 절실한 세계를 체험할 수 있음을 확인하고 있는 것이다.

3) 『자성록』(自省錄, 1558)

퇴계는 58세 때 자신이 제자와 후학들에게 보낸 편지들 가운데 남언
경(南彦經)·김백영(金伯榮)·정유일(鄭惟一)·권호문(權好文)·김부륜
(金富倫)·이이(李珥)·황준량(黃俊良)·기대승(奇大升)·노수신(盧守愼)
에게 보낸 편지 22편을 골라서 『자성록』을 편찬하고서는, 항상 책상
위에 두고 성찰하며 사색하는 자료로 삼았다. 그가 주자의 편지를 학
문의 방법에서 가장 절실한 것으로 중요시했던 것처럼, 그 자신도 편
지를 통하여 진리를 탐구하고 인격을 수양하는 문제에서 진실한 방법
을 토론하며 찾아갔던 것이다. 그는 편지를 통해 제자들에게 친절하게
학문의 길을 제시하고 자상하게 건강을 염려하면서, 언제나 자신이 지
난날 실패했던 경험을 들어 절실하게 타일렀다. 『자성록』은 바로 그
가 제자들에게 깨우쳐주고 훈계하였던 편지들을 묶어놓고, 자신이 제
자들에게 훈계하였던 말로 자기 자신을 돌아보며 성찰하는 자료로 삼
았던 것이다. 바로 이 점은 그의 학문과 교육의 자세가 얼마나 성실한
것이었는지를 가장 잘 드러내 주고 있다.

그는 "옛 사람이 가볍게 말하지 않는 것은 몸이 따르지 못함을 부끄
러워해서였다."〈『논어』, 里仁〉는 공자의 말씀을 되새기면서, "이제 벗
들과 학문을 강론하며 편지를 주고받으면서 말을 하는 것은 부득이하

지만, 이미 스스로 그 부끄러움을 견딜 수 없다. 하물며 이미 말한 뒤로 상대방은 잊지 않았는데 내가 잊은 것이 있고, 상대방과 내가 함께 잊어버린 것도 있으니, 이것은 부끄러울 뿐 아니라, 거의 거리낌이 없는 것이라, 매우 두려워할 일이다."〈「自省錄小序」〉라 하였다. 자신이 말해놓고서도 스스로 실행하지 못하는 것이 부끄러울 뿐만 아니라, 말한 내용조차 잊고 있는 사실에 대해 두려워하는 마음을 밝히고 있다. 그래서 자신이 보낸 편지를 「자성록」으로 묶어놓고 수시로 읽어보며 끊임없이 자신을 성찰하고 있었던 것이다. 이처럼 퇴계는 한 번 말했던 말 한마디도 잊지 않고 스스로 돌아보며 그 말에 책임을 지고자 노력하는 삶의 진지하고 성실한 자세를 지켜가는 모습을 보여 주었다.

남언경에게 준 편지에서 퇴계는 남언경의 건강을 염려하면서, "심기(心氣)의 병은 바로 이치를 살피는 데 통하지 못하여 공허한 것을 천착하고 억지로 탐구하며, 마음을 간직하는 방법이 어두워 곡식을 키우려는 조급한 마음에 싹을 뽑아 올려 말라죽게 하는 데서 비롯한다.…심기가 항상 화평하고 순조로운 상태에 있게 하여 분노나 원망으로 어지럽히지 않도록 하는 것이 가장 요긴한 방법이다"고 하였다. 퇴계는 학자의 공부가 올바른 방향을 잃으면 병을 일으키는 원인이 됨을 지적하고, 병을 치료하는 방법이면서 동시에 올바른 학문 방법을 자상하게 일러주고 있다. 그것은 바로 퇴계 자신이 학문의 바른 방법을 찾아가는 과정을 끊임없이 점검하면서 성찰하는 과제이기도 하였던 것이다.

퇴계는 편지를 통하여 토론을 하는 과정에서도 전혀 권위적이거나 위압감을 주는 흔적을 보이지 않는다. 비록 제자라 할지라도 겸허하게 자신의 의견을 표현하고 상대편의 말을 정성껏 경청하며 그 대답을 들고자 하였다. 더구나 기대승은 26년이나 후배이고, 율곡은 35년이나 후배이지만, 한마디의 충고를 하는 데도 조심하는 태도를 극진히 하고 있다.

기대승에 보낸 편지에서 "나의 뜻에도 (사단과 칠정의) 분별이 너무 심하여 혹 분쟁의 실마리가 되지 않을까 두려워한 까닭으로 '순수한 선이다'(純善)거나 '기질을 겸한다'(兼氣)는 등의 말로 고쳤다. 대체로 서로 도와 밝히고자 한 것이요, 그 말이 흠이 없다는 것은 아니다. 이제 그대의 변론을 보니 잘못을 지적하여 타일러줌이 자세하여 깨우침이 깊다. 그러나 아직 미흡함이 있기에 시험 삼아 말씀드리니 바로잡아 주시기를 청한다."〈「答李明彦四端七情分理氣辯第一書」〉고 하여, 기대승의 문제제기를 받고 일차로 자신의 견해를 수정하고 나서, 다시 겸허하게 의견을 물어 가르침을 청하고 있다. 퇴계는 아랫사람에 묻기를 부끄러워하지 않는 겸허하고 성실한 태도를 갖추었던 진정한 학자였음을 가장 잘 보여준다.

율곡에게 보낸 편지에서도 "두 번의 그대 편지가 나의 몽매함을 고치는 약을 주지 않고, 도리어 귀머거리인 나한테 듣기를 바라는 것은 어쩐 일인가. 두렵고 조심스러워 감히 뜻을 받들 수가 없다. 그러나 말을 하지 않는 것은 서로 사귀는 도리가 아니므로 마침내 감히 진실을 숨기지 못한다."〈「答李叔獻」〉라고 하여, 율곡이 퇴계에게 가르침을 청하였을 때, 퇴계의 대답이 얼마나 겸허하고 조심스럽게 대하는 것인지를 잘 엿볼 수 있게 한다.

「자성록」 속의 몇 구절에서 보는 것처럼 퇴계의 인품이 갖는 성실함과 학자로서의 진지함을 분명하게 알 수 있다. 그는 질문해온 편지를 받고 문제에 대답을 할 때에는 그 자리에서 답장을 쓰는 일이 없었다. 여러 날을 두고 경전과 성리학 서적들을 연구하여 한 구절 한 구절에 치밀하고 합리적인 대답을 하기 위해 그가 기울였던 노력이 역력하게 나타나고 있다. 그러나 무엇보다 퇴계는 이 편지들을 「자성록」으로 묶으면서 다른 사람에게 타이르고 설득하는 논리로서 보는 것이 아니라, 자신의 학문과 인격을 다듬어 가는 거울로 삼아 끊임없이 성찰함으로써, 성찰의 수양방법과 성실의 실천기준이 퇴계의 학문정신임을 잘 드러내주는 귀중한 저술이라 할 수 있다.

4)「성학십도」(聖學十圖, 1568)

「성학십도」는 퇴계가 68세의 만년에 선조(宣祖)임금에게 올렸던 것으로서, 그의 원숙한 철학정신이 응집하여 결정을 이루고 있는 그의 대표작이다. '성학'(聖學)이란 근원적으로는 '성인을 이루기 위한 학문'(聖人之學)이라는 뜻으로 학문을 목표를 제시하는 것이며, 현실적으로는 '성왕(聖王)이 되기 위해 제왕이 닦아야 할 학문'(帝王之學)이라는 양면적인 뜻을 가지고 있다. '성인'의 학문으로서는 모든 사람이 닦아야할 학문의 기준이 되는 것이며, '제왕'의 학문으로서는 특히 군주가 닦아야할 인격적 표준을 제시하는 것이라 할 수 있다.

「성학십도」는 '성학'을 10개의 도상(圖象)으로 구성하여 제시하고 있다. 곧 ①'태극도'(太極圖), ②'서명도'(西銘圖), ③'소학도'(小學圖), ④'대학도'(大學圖), ⑤'백록동규도'(白鹿洞規圖), ⑥'심통·성정도'(心統性情圖), ⑦'인설도'(仁說圖), ⑧'심학도'(心學圖), ⑨'경재잠도'(敬齋箴

圖), ⑩'숙흥야매잠도'(夙興夜寐箴圖)의 10도(圖)로 이루어져 있다. 퇴계는 선조임금에서 『성학십도』를 병풍으로 만들어 거처하는 방에 둘러놓고 동시에 수첩으로 만들어 책상 위에 올려놓고, 10도에서 매일 한 도를 차례로 깊이 음미해가도록 당부하였다.

퇴계는 "도리를 깨달아 성인이 되는 요령과 근본을 바로잡아 나라를 경륜하는 근원이 모두 여기에 갖추어져 있다"〈「進聖學十圖箚」〉고 강조하며, 이 저술 속에 자신의 학문적 역량을 모두 기울여 도학의 철학적 근거와 수양방법론을 체계적으로 집약하고 있음을 보여준다. 그는 『성학십도』에서 유교적 학문의 근본원리와 수양의 실현방법을 두가지 구조로 제시하였는데, 한마디로 '천도'(天道)와 '인도'(人道)를 소통시키고 실현하는 방법을 제시하는 것임을 밝히는 것이다.

첫째, 10도 전체를 하나의 체계로 보아, ③'소학도'와 ④'대학도'를 학업의 표준이요 근원으로 삼고, 그 앞의 ①'태극도'와 ②'서명도'는 단초를 찾아서 확충해가고, 하늘(天)을 체득하고 도리를 다하는 '극치의 자리'라 지적하며, 그 뒤의 ⑤'백록동규도'에서 ⑩'숙흥야매잠도'까지는 선을 밝혀 자신을 참되게 하며, 도덕을 높이고 사업을 넓히는 '노력하는 자리'라 하여, 하늘의 이치와 인간의 사업을 상응시키고 있다. 그것은 근원과 표준과 실천의 세 차원으로 분석한 것이다.

둘째, 10도를 두 단계로 분석하여, ①'태극도'에서 ⑤'백록동규도'까지 전반부 5도를 '천도에 근본하여 그 효과가 인륜을 밝히고 덕업에 힘쓰는데 나타나게 하는 것'이라 하고, ⑥'심통성정도'에서 ⑩'숙흥야매잠도'까지 후반부 5도를 '심성에 근원하여 일용에 힘쓰면서 상제(上帝)에 대해 공경하고 두려워함을 높이는데 있는 것'이라 하였다. 곧 전반부는 하늘로부터 인간에로 나오는 길을 보여주고, 후반부는 인간의 내면에서 밖으로 드러나고 위로 향하는 길을 보여줌으로써, 하늘과 인간의 상응관계를 보여주는 두 차원으로 분석한 것이다.

여기서 퇴계는 하늘과 인간의 관계로서, '천도'(天道)와 '덕업'(德業)을 대비시키거나 '천도'와 '심성'(心性)을 대응구조로 제시하고 있다. 하늘과 인간의 관계를 해명하기 위해, '천리'(天理)를 체득하고 '천도'(天道)를 다 밝혀내는 하늘에 대한 인식의 과정을 기반으로 하여, 도덕을 높이는 내면적 덕성과 사업을 넓히는 사회적 실천의 과정으로 나아가는 길을 제시하고 있다. 그것은 본체의 인식을 통하여 현실사회에 실현하는 방법을 제시한 것이다. 다음으로 '천도'에 근본하여 도덕과 사업으로 나오거나 '심성'(心性)에 근원하여 상제를 공경하고 두려워하여 높이는 데로 나가는 양면의 길로 제시되고 있는 것은 본체와 현실이 서로 근거가 되는 수양론적 방법의 이중구조를 보여주고 있는 것이다.

따라서 퇴계는 이 10도를 통해 하늘과 인간이 일치하는(天人合一) 인격적 이상으로 제시하면서, 이를 실현하는 학문적 방법으로 하늘과 인간의 두 근원을 상응시키며, 동시에 하늘과 인간이 서로 근원하고 서로 내포하는 것임을 확인시켜 주고 있다. 이처럼 하늘과 인간의 상응구조를 기반으로 삼으면서, 하늘을 공경하고 두려워하며 일상생활을 떠나지 않고 인격적 덕행을 닦으면서 천명으로서 인륜을 벗어나지 않는 공부 방법으로 제시하고 있는 것이다.

퇴계는 『성학십도』를 선조임금에게 올리고 이듬해 69세 때 물러나기 전 마지막 야대(夜對)하는 자리에서 선조에게 성현의 모든 말씀이 '마음을 간직하는'(存心) 방법이 아닌 것이 없음을 강조하고, 『성학십도』는 바로 이 마음을 간직하는 요령을 제시한 것임을 밝히면서, "(『성학십도』에서) 생각하기(思)를 극진히 하면 깨달아 얻음이 더욱 깊어질 것이요, 사업에 발휘됨을 알 수 있을 것입니다"라 하였다. 이 자리에서 선조임금은 『성학십도』 가운데서도 특히 ⑥ '심통성정도'에 관하여 세밀한 관심을 보이고 질문하였는데, 퇴계는 이치(理)와 기질(氣)이 합하여 마음(心)이 되어 한 몸의 주재가 되니, 마음이 성품(性)과 감정(情)을 통솔하기 때문에 '심통성정'(心統性情)이라 함을 지적하고, '중도'(中圖)는 본연지성(本然之性)으로 '사단'을 위주로 그렸고, '하도'(下圖)는 기질지성(氣質之性)으로 '칠정'을 위주로 그린 것이라 제시하였다. ⑥ '심통성정도'의 해석은 퇴계의 사단칠정론을 가장 포괄적으로 함축하고 있는 것이며, 뒤에 퇴계학파 안에서 20세기 초까지 끊임없이 활발한 토론의 주제가 되었으니, 그 영향이 얼마나 컸던 지를 알 수 있다.

4부
생활의 풍경과 인간적 품격

退溪評傳

1. 가정을 다스리고 자손을 훈계하며

1) 가족관계의 도리

(1) 부모자식의 도리

유교를 가장 간결하게 정의하여 '인간의 자기수련을 통한 사회질서 실현의 방법' 곧 '수기·치인의 도리'(修己治人之道)라고 할 수 있다. 이 때에 한 개인으로서 자신(身)과 인간관계의 사회(國·天下)라는 두 영역이 제시된다. 자신과 사회라는 두 영역을 연결시켜주고 매개시켜주는 영역이 바로 가정(家)이다. 곧 가정은 자신을 형성하는 기반이 되고 사회로 나가는 통로가 된다. 퇴계도 자신의 인격과 학문을 배양하는 뿌리를 가정에 두고 있으며, 그 사회적 활동의 출발점도 가정에서 찾고 있다.

퇴계는 68세 때 올린 유명한 상소문인 '무진육조소'(戊辰六條疏)에서

17세의 소년인 선조임금에게 정치에 기본이 되는 과제를 6조목으로 제시하였다. 그 제1조는 '계통(繼統)을 존중하여 인(仁)과 효(孝)를 온전히 할 것'이요, 제2조는 '헐뜯어 이간시킴을 막아 양궁(兩宮)을 친하게 할 것'이다. 6조목 가운데 처음 두 조목에서 가법(家法)의 문제를 제시하고 있는 사실은 군왕이 국가를 통치하는 데 있어서 가정의 법도(家法)가 차지하는 비중이 얼마나 큰지를 명확하게 보여주고 있는 것이다. 이 두 조목은 임금을 위해 국가를 다스리는 법도로 제시된 것이지만, 가정과 국가의 연관성에서 본다면 개인의 생활에서도 가정의 법도가 선행적으로 강조될 수 있음을 말해준다.

퇴계는 이 상소에서 "임금이 하늘에 대하는 관계는 자식이 어버이를 대하는 것과 같다"고 하였으며, "어버이 섬기는 마음을 미루어서 하늘 섬기는 도리를 다할 것"을 권고하였다. 이러한 인식의 근거는 『예기』(哀公問)에서 "어진 사람이 부모를 섬김은 하늘을 섬김같이 하고, 하늘을 섬김은 부모를 섬김같이 한다"는 공자의 말에 근거한 것이다. 여기서 부모의 위치는 하늘에 견주어질 만큼 자녀에게 절대적인 권위임을 드러내어준다. 이러한 부모-자식관계의 인식에서 자녀가 부모에 대해 행하여야하는 행동규범으로 효도(孝親)와 순종(順命)이 확립될 수 있다. 하늘-인간관계와 부모-자식관계의 구조를 일관시켜 이해함으로써 부모-자식관계가 가정의 기준인 동시에 인간관계의 근원임을 보여준다.

가정의 기본적 규범은 '화목'이라 할 수 있다. 퇴계는 가정의 화목을 위해 가족사이의 친화에 깊은 관심을 보였다. 부모와 자식사이는 인륜으로 친애(親愛)함을 요구하지만, 실제로는 재물의 소유에서나 거처의 분리로 친화가 감쇄할 수 있게 된다. 퇴계는 아들 준(寯)에게 준 편지에서, "아비와 자식 사이에 밥솥을 달리 하는 것은 본래 아름다운 일이 아니다."라 하여, 부모와 자식은 한 집에 동거하는 것이 정당함을 지적하였다. 나아가 "이제 한 곳에 살면서 재물을 달리하는 것보다는, 따로 살면서도 재물을 함께 하는 뜻을 잃지 않는 것이 낫지 않겠는가."〈『언행록』〉라 하여 부득이 따로 살더라도 부모-자식은 재물을 따로 가지는 것은 옳지 않은 것이라 타이르고 있다. 재물의 소유가 각각으로 분리되면 부모-자식 사이에도 거리가 생겨 친화가 감쇄하는 것임을 경계하는 것이다. 가정의 화목을 이루기 위해서는 각자의 소유욕을 억제하고 재물을 공유하여야 한다는 입장은 재물에 대한 소유욕이 인간관계의 도덕성에 중요한 영향을 끼칠 수 있다는 사실을 주목한 것이다.

퇴계는 "부모가 그 자식을 사랑하는 것을 자애(慈)라 이르고, 자식이 그 부모를 잘 섬기는 것을 효도(孝)라 이른다. 효도와 자애의 도리는 하늘의 본성에서 나온 것으로 모든 선(善)의 으뜸이니, 그 은혜가 지극히 깊고, 그 윤리가 지극히 무겁고, 그 정감이 가장 절실한 것이다."〈「戊辰六條疏」〉라 지적하였다. 효도와 자애(孝·慈)의 '인륜'(人倫)이 바로 하늘에서 나온 '천륜'(天倫)이라는 궁극적 근거를 확인해주고 있는 것이다.

이 인륜이요 천륜을 실현하여야 한다는 것은 지극히 마땅한 일이지만 현실에서는 온전히 실현되지 못하는 경우가 흔히 일어난다. "어떤 이는 효도가 일그러짐이 있고 자애하는 천성이 또한 없어지는데 이르며, 심한 자는 지극히 가까운 친척이 변해서 이리가 되어 사랑하지 못한다."〈「戊辰六條疏」〉고 지적하였다. 퇴계는 부모-자식 사이에 효도와 자애의 인륜을 파괴하는 요인으로 부모와 자식사이를 이간하는 병통으로서 소인과 여자를 들기도 한다. 인륜의 파괴요인으로 '소인'을 들고 있는 것은 이기적이고 의롭지 못한 인격에 따른 문제이니 '군자'가 억제하고 이끌어가야 한다는 말이다. 또한 '여자'를 인륜의 파괴요인으로 들고 있는 것은 퇴계가 그 시대의 남성 중심적 가부장적 질서를 가족질서의 기준으로 확립하고자 하는 입장임을 보여준다. 바로 '소인'을 억제하고 '여자'를 이끌어가는 것이 가정의 법도를 지키는 중요한 과제요, 가정의 법도를 엄중하게 하는 것이 가정을 다스리는 방법임을 확인하고 있는 것이다.

(2) 부부의 도리

부모-자식의 관계가 가정의 질서에 기준이 되며 줄기를 이루는 것이라면, 남편-아내의 관계는 가정의 성립에 기초가 되며 뿌리를 이루는 것이라 대조시켜볼 수 있다. 퇴계는 가정 안에서 부모-자식 사이와 부부 사이라는 두 가지를 핵심적 조건으로 확인하고, 어느 한 쪽에만 치우치지 않고 균형을 이루는 것을 강조하며 각각의 상관관계를 해명하였다. 곧 부모-자식의 사이가 하늘-인간의 관계처럼 수직적 질서의 기준이라면, 남편-아내의 관계는 인간존재의 형성조건으로서, 수평적 조화의 기준임을 드러내고 있다. 그렇다면 하늘-인간관계가 절대적 기준이지만, 남편-아내의 인간생성을 전제적 조건으로 하는 만큼 생성의 순서에서는 남편-아내가 부모-자식에 선행하는 것임을 밝히고 있는 것이다.

퇴계는 손자(李安道)에게 혼례의 초례사(醮禮辭)를 예로 들어서, "부부라는 것은 인류의 처음이며 만복의 근원이니, 아무리 지극히 친하고 가까워도 역시 지극히 바르고 지극히 삼가는 자리이다."〈「與安道孫」〉라고 하여, 남편-아내의 관계가 얼마나 근본적이고 소중한지를 타이르고 있다. 그것은 인륜의 5조목으로서 '오륜'(五倫) 가운데서 '부부유별'(夫婦有別)이 세 번째 순서에 놓여있지만 시초로서의 의미가 있음을 주목한 것이다. 또한 인생에 누리는 모든 복록(福祿)은 부부가 함께 만들어 가고 함께 누리는 것이라는 의미에서 복의 근원이라 강조하였다. 이처럼 부부는 모든 규범의 시작이 되고, 동시에 모든 복락(福樂)의 근원이 되는 것이라 할 수 있다.

그러나 바로 이 시작과 근원이 잘못되면 인간의 삶과 도리가 모두 어긋나며 재앙을 초래할 수도 있다. 따라서 인류의 시작이 되는 부부는 동시에 삼가야 하는 엄숙한 자리임을 확인한다. "집안을 바르게 하려면 마땅히 그 시초부터 삼가야 하는 것이니, 천번 만번 경계하기를 바란다."고 손자에게 혼례한 다음날 간곡하게 당부하였던 것이다.〈「與安道孫」〉 부부는 자연에 따라 감정으로 지극히 친밀할 수 있는 관계이지만 그 관계를 지극히 바르게 하고 삼가야 할 곳으로 강조한 것은, 부부의 관계가 감정의 차원에 맡겨 둘 수 없으며, 가정과 사회의 모든 인간 삶에 시작과 근원의 자리로서 경건하고 엄숙한 의미를 지니고 있음을 중시하고 있는 것이다.

부부의 사이에 대해서도 본처를 박대하는 사람을 책망하면서, "모름지기 서로 도리로써 대하여 부부의 예법을 잃지 않는 것이 옳다."〈『언행록』〉고 하였다. 부부의 친화는 애정으로만 보장되는 것이 아니고 예법으로 공경하여야 함을 강조한 것이다. 그는 손자에게도 "세상 사람들은 모두 예법으로써 서로 공경하는 것을 다 잊어버리고, 곧 함부로 허물없이 가까이 하여, 드디어 조롱하고 업신여겨서 못하는 짓이 없게 되는 것은 모두 서로 손님같이 공경하지 않는 데서 나오게 되는 것이다."〈「與安道孫」〉라 하여, 부부 사이에 친밀함의 감정적 친애에만 빠지지 말고 서로 손님을 대하듯이 공경하는 예법을 지키도록 타이르고 있다. 또한 부부가 거문고와 비파(琴瑟)같이 화합함을 노래한 『시경』(小雅, 相鼠)의 시에 대해 공자는 "부모가 기꺼워하게 될 것이다."라고 논평하여 부부의 화합이 부모에 대한 효도가 되는 윤리적 의미를 제시하기도 한다.

　퇴계는 부부가 불화로 고민하는 제자 이함형(李咸亨)이 퇴계를 찾아뵙고 돌아갈 때 겉봉에 '도중에 비밀히 열어보라'고 적힌 편지 한 통을 주었다. 퇴계는 이 편지에서 자신이 21세 때 맞이했던 허씨(許氏)부인이 일찍 죽고 난 뒤 30세 때 권씨(權氏)부인을 후처로 맞았는데, 권씨부인이 성품이 문제가 많았지만 부부의 인륜을 지키기 위해 수십 년 동안 심한 번민을 겪으면서 이겨내었던 사실을 밝혀 충고하였다. 이함형은 퇴계의 간곡한 편지를 읽고 크게 깨달아 부부의 도리를 지킴으로써 화평을 되찾게 되었다 한다. 이처럼 퇴계는 부부의 도리를 일반적 규범으로 제시하는 것이 아니라, 자신의 절실한 경험을 통해 호소하고 있음을 보여준다. 퇴계의 훈계로 부부의 화합을 회복한 데 감격하여, 퇴계가 세상을 떠나자 이함형의 부인은 남편의 스승인 퇴계를 위해 심상(心喪) 3년의 복(服)을 입었다 한다.

　퇴계는 이함형에게 준 편지에서 경전 구절들을 인용하여 부부의 도

리를 밝히기도 하였다. 곧 『주역』(序卦下)에서 "부부가 있은 다음 부모
자식도 있다."는 언급과 『중용』에서 "군자의 도리는 부부로부터 시작
한다."는 언급 등을 인용하면서, 부부는 모든 인간관계의 근본이 됨을
확인하고 있다. 따라서 근본을 두텁게 하고 말단을 엷게 한다는 『대
학』의 논리에 따라 근본이 되는 부부의 도리를 두텁게 하도록 요구하
였다.

　여기서 퇴계는 "사람됨이 각박하고 보면 어찌 부모를 섬길 수 있으
며, 어찌 형제와 종족과 마을에 대처할 수 있으며, 어찌 임금을 섬기
고 대중을 부리는 근본을 알겠는가."〈「與李平叔」〉라 하였다. 이것은
부모·형제의 가정과, 종족·마을의 이웃과, 국가의 임금과, 사회의 대
중에 대한 모든 인간관계는 부부사이를 두터이 하는 데서 출발한다는
인식을 밝히고 있는 것이다. 이처럼 근본과 말단(本末)의 구조에서 가
장 근본의 자리를 부부로 삼는 것은 부부가 가정의 기초단위이며, 동
시에 역할을 나누어 가정의 모든 일을 돌보고 처리하는 주체이기 때
문이다.

　퇴계는 이함형에게 부부의 도리를 깨우쳐주면서, 구체적으로 부부
의 불화가 일어나는 경우로서, 그 부인에서는 ① 성질이 악하여 교화하
기 어려운 자, ② 모습이 못생기고 지혜롭지 못한 자가 있고, 남편에서
는 ① 방종하여 행실이 없는 자, ② 좋아하고 싫어하는 것이 정상을 벗
어난 자 등이 있음을 분석하였다.〈「與李平叔」〉 그 네 가지 경우 가운
데서 부인이 '성질이 악하여 교화하기 어려운 자'의 경우는 소박당하는
죄를 스스로 불러들인 것이지만 나머지는 남편이 반성하여 스스로 후
덕하게 하고 힘써 잘 대처하면 부부의 도리를 잃지 않을 것이라 하였

다. 또한 '성질이 악하여 교화하기 어려운 자'의 경우에서도 '크게 패악하여 인륜에 죄를 지은 자'가 아니라면 마땅히 적절하게 대처하여 결별하는데 이르지 않게 하는 것이 옳다고 지적한다. 퇴계는 부부사이의 불화를 해결하기 위해서도 남편으로서 자신을 반성하고 공경의 도리를 극진히 하도록 요구하고 있다.

(3) 형제와 친족의 도리

퇴계는 1554년 예천(醴泉)에 갔을 때 어느 먼 일가의 가난한 과부 한 사람이 관청에 바쳐야할 베 30필을 낼 수 없는 딱한 사정을 호소해 오자, 퇴계는 공(公)과 사(私)를 분별하는 의리에 비추어 관청에 사사로운 일로 부탁하는 것이 온당하지 않음을 알면서도, "내게 있어서는 비록 먼 일가라 하지마는 선조가 보시면 꼭 같은 자손이니, 내 어찌 길가는 사람 보듯 하랴."〈『언행록』〉고 생각하여 군수에게 부탁하여 도와주었던 일이 있었다. 여기서 그는 자기를 기준으로 보면 먼 친족이지만, 선조의 입장에서는 꼭 같은 자손이라는 또 하나의 시각을 제시하고 있다. 친족관계는 자신을 기준으로 멀고 가까운 차별을 두는 것이 예법의 원리이지만, 선조를 기준으로 같은 뿌리에서 나온 가지처럼 근본에서 일체라는 친족의식을 보여준다.

형제는 한 부모로부터 태어나 같은 혈기(血氣)를 받았으므로 가장 친밀한 관계이다. 퇴계는 장횡거가 「서명」에서 "백성은 나의 동포이다"라 언급한 사실을 근거로 동포를 형제로 확인하고 있다.〈「西銘考證講義」〉곧 형제는 같은 부모에게서 태어났지만 조상으로 올라갈수록

형제가 넓어지며, 마침내 온 백성을 형제로 인식하는데 이르니, 형제
의식의 확장을 극진히 하고 있다. 가정에서는 형제가 같은 부모의 자
녀이지만 세계에서는 백성이 다 함께 하늘과 땅을 부모로 하는 형제의
관계라는 것이다.

퇴계는 "무릇 천하에 나이 많은 사람은 모두 내 한 집의 어른인데,
내 어찌 형을 섬기는 마음으로 미루어 그를 섬기지 않을 수 있겠는
가."〈『언행록』〉라 하여, 가정의 형제관계를 한 나라의 동포와 나아가
천하의 모든 인간에 까지 확장하고 있다. 그것은 가정이 결코 혈연의
단위 속에 폐쇄되는 것이 아니라, 가정에서 형제의식이 온 나라와 세
계의 모든 인간관계를 형성하는 기반이 되는 것임을 보여준다. 이처럼
그는 가정의 개방성을 중시하며, 가정의 인간관계도 닫힌 인간관계가
아니라 열린 인간관계임을 제시하고 있는 것이다. 이 형제관계는 같은
부모에서 나온 동기(同氣)로서 동질적 성격을 지니면서도 연령의 높고
낮음에 따라 어른과 아이의 순서(長幼有序)의 수직적 성격을 지닌 이
중적 복합성을 지닌 것으로 이해되고 있다. 퇴계는 형제사이에도 잘못
이 있을 때 단지 말로만 꾸짖으면 사이가 멀어지게 될 것임을 경계한
다. "성의를 다해서 깨우치게 해야만 비로소 의리가 상함이 없을 것이
다."〈『언행록』〉 하고, 형제간의 친화를 중요시하였다.

2) 가정생활의 실천모범

(1) 가정생활(居家)의 단편적 모습

퇴계의 가정생활 모습을 서술하여, "가정의 법도가 매우 엄격하였으나 집안은 화목하였으며, 형을 섬기기를 아버지 섬기듯 하고, 궁색한 친족을 구조하는데 힘을 다했다."고 한다. 또한 "집안사람 사이에서는 엄숙하게 임하고 자애롭게 기르며, 하인들에게는 은혜로써 어루만지고 위엄으로써 제어하며, 안팎과 위아래에는 의복과 음식을 제각기 분수에 맞게 하였고, 자제들과 아이나 어른은 가르치고 경계함을 각각 그 재질에 따라 하였다."〈『언행록』〉고 하였다. 여기서 퇴계가 가정을 다스리는 법도와 품격을 엿볼 수 있다. 곧 가정은 엄격한 분수와 역할로 질서의 조건과 동시에 자애롭고 은혜를 베푸는 화합의 조건이라는 양면을 추구하고 있음을 보여준다. 그것은 예법의 질서와 음악의 조화를 교화의 기본과제로 삼는 유교적 원리를 가정에서 구현하고 있는 것이라 할 수 있다.

퇴계는 어려서 부친을 잃고 네 분의 형들도 차례로 세상을 떠나서 생존하고 있는 다섯째 형(李澄)을 아버지 섬기듯 공경하였다. "혹시 다섯째 형이 집으로 찾아오면, 문밖에까지 나가 맞아들이면서 한 자리에 차례로 앉으며 부드럽고 조심하는 모양이 밖으로 풍기기 때문에 바라보는 사람으로 하여금 효도와 우애(孝·悌)의 마음이 생기게 하였다."〈『언행록』〉고 한다. 퇴계는 자신의 생일에도 모친이 살아계신 동안에 그렇게 하지 못하였다 하여 자제들이 술잔을 올리는 것도 못하게 할 만큼 부모를 생각하는 효성이 생활 속에 관통하고 있음을 보여준다. 궁색한 친족을 구제하는데 힘썼다는 것은 우애를 친족으로 확장시켜 실천하고 있는 것이라 할 수 있다.

선비요 학자로서 퇴계의 생활은 항상 고요하며 단정하게 정돈된 정갈한 품격을 지녔다. "거처하는 곳은 조용하고 정돈되었으며, 책상은 반드시 말끔하게 치우고, 벽장에 책은 가지런히 순서대로 되어 있었다. …평상시에는 날이 새기 전에 일어나서 침구를 정돈하며, 세수하고 머리 빗고 의관을 바로 하고나서, 날마다『소학』의 글대로 했다."〈『언행록』〉고 하였다. 퇴계의 행동하는 절도는『소학』의 행동규범을 일상생활 속에 지키는 것이니, 그 자체로 가정의 법도가 되며 자제에게 교육이 되고 있다.

(2) 제사를 받들고(奉祭祀) 손님을 접대하며(接賓客)

퇴계는 장자가 아니었지만, 제사에 정성을 다하고 제사를 위해 준비하였다. 곧 제사 때에는 아무리 춥거나 더워도 병이 아니면 반드시 친히 신주독(神主櫝)을 받들고 가며, 남에게 대신 시키지 않았으며, 그 계절에만 나는 물건이나 맛이 특이한 물건을 얻으면 말리거나 혹은 절여두었다가, 제상에 올렸다고 한다. 제삿날에는 술이나 고기를 들지 않았고, 비록 제사에 참여하지 않더라도 날이 저물 때까지 사랑방에서 엄숙히 지냈다고 한다.〈『언행록』〉이처럼 제사에 정성스러움과 경건함을 극진하게 실천하는 모습을 엿볼 수 있다.

찾아오는 손님을 접대하는 것은 사대부 가정에서 제사에 버금가는 중요한 일이었다. 퇴계가 손님을 접대하는 태도를 보면, "제자를 대접하기를 친구 대접하듯 하여, 비록 젊은 사람이라도 그를 가리켜 '너'라고 부르지 않았다. 손님을 맞이할 때는 예의절차를 지키어 공경을 다하고, 자리에 앉은 뒤에는 먼저 그 부형의 안부를 물었다."〈『언행록』〉고 한다. 공경하는 태도는 모든 사람과의 만남에서 적용되는 원칙으로 받아들이고 있다. 제자 정유일은 퇴계가 "손님이 오면 귀천을 묻지 않고 인정과 정성을 다하였다."〈『언행록』〉라 하였다. 그러나 제자 이덕홍이 노소와 귀천을 구별하지 않고 누구에게나 공경할 것인지를 묻는 질문에 대답하면서, 경우에 따라 다를 수 있음을 인정하면서도, "미리부터 업신여겨 거만한 마음을 가지는 것도 옳지 않다."〈『언행록』〉고 경계하였다. 손님을 접대하는 행동은 바로 그 가정의 법도로서 예절을 실현하는 것이다. 손님을 대하면서 퇴계의 너그럽고 온화하며 공경스러운 태도는 바로 그의 깊은 덕성과 품격에서 넘쳐 나오는 것으로 자신의 덕을 닦고 가정을 다스림이 모든 인간에로 확산되는 과정의 일단이라 할 수 있다.

(3) 의복·음식과 가정의 일상사

가정생활에서 가장 기본적 조건으로 의복과 음식을 들 수 있다. 유교의 도리가 일상생활의 문제인 의복과 음식을 통해 드러나는 것이다. 음식과 의복은 모두 가정에서 부인의 손으로 만들어지는 것이지만 그 가정의 범절에 기본이 되는 것으로 주목되어 왔다.

퇴계는 식생활이 무척 검소하였던 것 같다. "음식의 절도는 끼니마

다 세 가지 반찬을 넘지 않았고, 여름에는 다만 말린 육포가 있을 뿐이
었다."〈『언행록』〉고 한다. 제자 이덕홍은 도산(陶山)에서 퇴계와 함께
식사하였을 때 반찬은 가지·무우·미역의 세 가지였다고 기록하였다.
이렇게 담백한 소찬(素饌)은 맛이 없어 먹기도 어려울 지경이었던 것
같다. 서울에 거처할 때 좌의정 권철(權轍)이 찾아와 식사를 하였는데,
젓가락도 못 대고 돌아가서는 "지금까지 입과 몸을 잘못 길러서 이렇
게 되었으니 매우 부끄러운 일이다."라고 토로한 일이 있었다 한다.
〈『언행록』〉

　공자는 자신이 "분발하여 먹는 것도 잊었다."하고, "군자는 배불리
먹기를 구하지 않는다."고 언급한 데서도 선비가 거친 음식을 먹는 것
은 욕망을 추구하지 않는 것을 보여준다. 퇴계는 살림이 빈한하여 좋
은 음식을 먹기 어려웠을 수도 있고, 또 식성이 육식을 싫어하여 소찬
을 즐겼을 수도 있다. 그러나 사실상 그는 재물을 쌓아두지 않고 나누
어 주기를 좋아한 데서도 알 수 있듯이 단지 빈곤 때문이 아니라 검소
하고 절약하는 생활태도를 가정의 법도로 삼았기 때문이라 할 수 있
다. 그는 술을 마셔도 취하는 데 이르지 않았고, 손님을 대접할 때도
양에 따라 권하며 성의에 알맞게 하였다고 하는 것도 그의 음주는 절
도를 넘지 않는 절제의 모습을 잘 드러내고 있다.

　퇴계는 아들을 타이르면서도, "살림살이는 사람으로서 하지 않을 수
없는 것이다. 그러므로 나도 평생에 그 일을 비록 멀리하고 서툴게는
했지만, 그렇다고 어떻게 전혀 하지 않을 수야 있겠느냐. 다만 안으로
는 글 읽기를 오로지 하면서 밖으로 살림살이를 해가면 선비의 모습을
떨어뜨리지 않아서 해로움이 없을 것이다."〈『언행록』〉라고 하여 가정

의 살림과 학문을 병행해야 할 것을 당부하였다. 그것은 선비의 생활 모습에서 학문에 뜻을 두었다 하여, 가정살림을 돌보지 않는 것은 결코 모범으로 인정하지 않았음을 말해준다.

(4) 검소하고 절약함(儉約)의 원칙

퇴계는 임금에게 나라를 다스리는 일(治道)의 한가지로서 "검소와 절약(儉約)을 숭상하고 사치를 금지함으로써 공(公)과 사(私)의 재력을 넉넉하게 함은 태만히 할 수 없는 일이다."〈「戊辰六條疏」〉라 하여 나라살림에서도 검소와 절약을 강조하고 있다. 또한 그는 검소와 절약을 가정의 법도로서 매우 엄격하게 지켰다. 퇴계가 가정살림을 하는 모습으로, "농사짓는 잔일에도 일찍이 때를 놓치는 일이 없으며, 수입에 따라 지출을 하여 뜻밖의 일에 대비하였다. 그러나 집은 본래 가난해서 가끔 끼니를 잇지 못하고, 온 집안은 쓸쓸하여 비바람을 가리지 못하였으니, 남들은 견디기 어려워할 것이나 넉넉한 듯이 여겼다."〈『언행록』〉고 하였다. 검소하고 청빈한 생활은 부귀를 바라는 세속적 욕망과는 상반된 것이 사실이다. 권세와 부귀의 호사스러움보다 자연 속에서 소박한 생활에 대한 추구는 그의 성품에서 나온 것이라 하겠다.

제자 김성일은 퇴계의 생활모습을 자세하게 서술하여, "선생은 검소한 것을 숭상하였다. 세숫대야는 질그릇을 썼고, 앉는 데는 부들자리를 썼다. 베옷과 실띠에 짚신과 막대기를 썼는데, 생활이 담백하였다. 겨우 10여 칸인 퇴계의 집으로는 심한 추위나 더위나 비에 남들은 견디기 어려워할 것이나 넉넉한 듯이 처하였다. 영천군수 허시(許時)가

한번은 지나가다가 선생을 뵙고는, '이렇게 비좁고 누추한데 어떻게 견디십니까.'라고 하니, 선생은 천천히, '오랫동안 습관이 되어 곤란한 것을 모릅니다.'라고 대답하였다."〈『言行錄』〉고 한다.

이처럼 퇴계는 검소하고 청빈한 생활에 안주하였으며 그것은 단지 빈곤하기 때문만도 아니요 순박하고 검소함을 숭상하는 의식을 지녔기 때문이다. 완락재(玩樂齋)를 지을 때도 자신은 작게 지으려했으나 모르는 사이에 목수가 높고 크게 지은 것이 마음에 부끄럽고 한스럽다고 하기도 하였다. 자제들에게도 빈곤함을 개의치 말고 도리에 따라 살아갈 것을 타이르면서, "가난하고 궁색한 것은 선비의 보통 일이다. 어찌 개의하랴. 너의 아비도 평생에 이 일 때문에 남의 웃음거리가 된 일이 많았다. 오직 굳게 참고 순하게 대처하여 자신을 닦아 하늘의 뜻을 기다리는 것이 옳다."〈『언행록』〉고 하였다. 자제를 가르치는 말에서도 빈한한데 사로잡히지 않는 선비의 길을 제시하고 있다. 선비로서 빈궁을 일상적인 일로 삼고 있는 검소와 절약의 덕목은 가정경제의 필수적 조건이다. 오히려 집안에 재물이 많고 사치한 것은 장래에 환난을 불러올 수 있는 것이라 경계하고 있다.

술을 시켜오니 촌술이 맛이 좋고	喚酒村酤美
생선을 끓이니 냇가 나물이 향기롭네.	烹鮮澗芼香
한끼 만전(萬錢)어치 먹는 사람들	何如萬錢客
뒤집힐 때 그 환난 헤아릴 수 있으랴.	覆餗禍難量.

〈「寄題四樂亭」〉

강가에서 사는 소탈한 선비의 생활이 사치스런 생활에 비교해 소박한 멋과 태평스러운 즐거움을 읊은 퇴계의 시구에서도 검소와 절약이 가정생활의 자연스럽고 건전한 미덕임을 절실하게 드러내주고 있다.

3) 자손을 훈계하며

퇴계는 자손들을 훈계하여 가르칠 때는 반드시 먼저 『효경』·『소학』 등의 뜻을 대략 이해하게 한 다음에 『사서』를 순서에 따라 배우게 하고 단계를 뛰어넘지 않게 하였다. 자손들에게 잘못이 있으면 엄격하게 꾸짖지 않고 거듭거듭 타이르고 훈계해서 스스로 감동하여 깨닫게 하였다. 그래서 그의 가정교육은 집 안팎이 즐겁고 화목하여 소리를 높이거나 얼굴빛을 변하는 일이 없이 저절로 다스려지게 하였다 한다.〈『언행록』〉 가족의 친애와 화합을 잃지 않는 가정교육이었음을 말해주는 것이다.

아들 이준(李寯)에게 보낸 편지에서 "요즈음 생각해보니 너는 의리(義)와 이해(利)에서 분별하고 판단함이 엄중하지 못하다. 이것은 너의 자질이 치우쳤음을 알지 않아서는 안 된다. 그러므로 미리 경계하는 것일 뿐이지 네가 이미 큰 허물에 빠졌다고 책망하여 말하는 것은 아니다. …너는 나의 말이 너무 조급하다고 의아하게 여기지 말고, 옛 사람들이 학문하는 실지를 생각해보면 나의 뜻을 알 것이며 너에게도 유익할 것이다. 사람이 누군들 허물이 없겠는가마는 허물을 저질렀더라도 고칠 수 있으면, 이것이 가장 좋은 일이다."〈『언행록』〉라 하였다. 이처럼 그는 자식의 단점을 분명하게 살피고서 바른 길을 제시하면서,

허물을 저지르지 않는 것보다 오히려 허물을 저지르고 나서도 스스로 고칠 수 있는 것이 가장 좋은 일임을 타일러 허물을 고치는데 과감할 것을 당부하고 있다.

또한 아들에게 보낸 편지에서 "들으니, 무당이 자주 출입한다고 하는데, 이 일은 가정의 법도에 매우 해로운 것이다. 나의 어머니 때부터 (무속을) 전혀 받들거나 믿지 않았고, 나도 항상 엄격히 금지하여 (무당의) 출입을 허락하지 않았다. 단지 옛 사람의 훈계를 따르고자 할 뿐만 아니라, 또한 감히 가정의 법도를 무너뜨릴 수 없는 것이다. 너는 지금 어찌 이런 뜻을 모르고 경솔히 바꾸는 것이냐."〈『언행록』〉라고 준절히 꾸짖었다. 여기서도 옛 선현의 훈계를 따르는 문제와 별도로 조상이 세워놓은 가정의 법도를 지켜야 할 것을 간곡하게 당부하고 있음을 보여준다.

66세 때 겨울 퇴계는 예안의 용수사(龍壽寺)에서 글을 읽고 있는 손자 이안도(李安道)에게 시를 지어 보내면서, 부친의 형제들이 이 절에서 독서할 때 조부가 시를 지어 보내 격려하였고, 자신의 형들이 이 절에서 독서할 때 숙부가 시를 지어 보내 격려했던 사실을 회상하면서, "선조들이 자식과 조카들을 위해 훈계하고 인도하며 기대하심이 친절하고 간절하게 와 닿는다. 거듭하여 외우고 음미하니 감격하여 눈물겨움을 견딜 수 없어서, 후생(後生)들에게 들려주지 않을 수가 없다. 삼가 원래 시의 운을 써서 시를 지어 보내 보여주니, 우리 집안의 가르침이 유래된 바를 알고 스스로 노력하기를 바란다."〈『연보보유』〉고 하였다. 절에서 공부하는 손자를 격려하면서 조상으로부터 내려오는 가정교육(家敎)의 전통을 일깨워주는 세심한 배려를 하고 있다. 이때 퇴계

가 손자에게 보낸 시에서도 겨울날 산사에서 공부하는 손자를 따스한
사랑으로 격려하고 있음을 보여준다.

계절은 달려가 한해가 저무는데	節序駸駸歲暮天
눈 덮인 산은 절문 앞을 깊이 감쌌구나.	雪山深擁寺門前
싸늘한 창 아래 그 아이 힘든 공부 생각에	念渠苦業寒窓下
맑은 꿈 때때로 그 책상 곁에 이르네.	淸夢時時到榻邊.
	〈「孫兒安道…」〉

　퇴계가 70세 때 손자(李安道)는 서울에 있었는데, 태어난 갓난아기
의 젖을 먹일 유모로 고향에서 계집종이 서너 달된 자기 자식을 버려
두고 서울로 올라갈 처지에 놓이게 되었다. 이 사정을 들은 퇴계는 손
자에게 편지를 보내면서, "이것은 그의 아이를 죽이는 일이나 다름이
없다. …어찌 그럴 수 있느냐? 서울 집에도 반드시 젖먹이는 계집종이
있을 터이니, 대여섯 달 동안 서로 같이 먹이면서 키우고, 8, 9월이 되
기를 기다려서 올려 보낸다면, 이 아이도 죽 같은 것을 먹이면서 살릴
수 있을 것 같다. 이렇게 한다면 두 아이를 모두 살릴 수 있을 테니, 크
게 좋은 일이 아니겠느냐? 만약 그렇게 할 수 없어서 꼭 올려 보내야
한다면, 차라리 (계집종이) 자신의 아이를 데리고 올라가서 두 아이를
함께 먹이게 하는 것이 차라리 좋을 것이다. 지금 당장 떼어버리고 올
려 보내는 것은 어진 인간으로서 차마 못할 일이요, 너무 미안한 일이
다."라 하였다.

　그는 손자에게 타이르면서도 『근사록』(近思錄)에서 "남의 자식을 죽

여서 자기 자식을 살리는 것은 매우 옳지 않다."고 언급한 사실을 인용하여 도리를 일깨워주고 있으며, 당시 종의 목숨을 가볍게 보는 풍속과는 달리 종의 자식도 자기 자식이나 똑같이 살아가야 할 권리가 있음을 깨우쳐주고 있다.

그는 조카들과 형님의 손자들에게도 훈계하는 편지를 자주 보냈는데, 형님의 손자인 이선도(李善道)가 학업의 진전이 없음을 염려하자 이에 답장을 보내면서, "말한바 학업이란 너의 의지가 독실한지 여부에 달린 것이다. 의지가 독실하다면 어찌 학업의 진전이 없다고 걱정하겠느냐? 의지가 그렇지 못하다면 아무리 그런 한탄을 하더라도 아무 이익이 없을 것이다."라 하였다. 학업에서 가장 중요한 것은 재능의 문제가 아니라 의지가 확고한지 아닌지가 중요함을 강조하여, 의지를 독실하게 갖고 노력을 계속하도록 타이르고 있다. 그의 친절한 가르침 속에는 언제나 따뜻한 격려가 깊이 배어들어 있음을 엿볼 수 있게 한다.

2. 고요하고 한가로운 거처

1) 양진암(養眞庵) 시절 까지

퇴계선생이 태어나시고 살았던 예안(禮安)현 온계(溫溪)리는 지금의 안동군 도산면의 땅으로 낙동강 상류의 풍광이 아름다운 곳이다. 그는 이 고향의 평화로운 생활을 무척이나 사랑했었다. 그가 서울에서 벼슬살이를 하던 36세 때의 어느 날 고향의 봄날을 그리워하며 읊었던 시 한 구절을 들어보면, 그 고요하고 한가로운 전원생활의 그림같은 운치를 실감할 수 있다. 그는 자연과 어울린 자신의 생활을 언제나 잔잔하게 시로 읊었고, 또 시의 세계 속에서 살았다. 그러니 그의 생활을 더 듬어 가는 길에도 그의 시는 가장 좋은 안내자가 될 수 있을 것이다.

우리 집은 맑은 낙동강 위에 있어 　　　　　我家淸洛上,

한가한 마을에 태평을 즐기나니 　　　　　熙熙樂閒村,

이웃들은 봄 농사에 나가고 　　　　　　　隣里事東作,

닭과 개는 울타리를 지켜주네.	鷄犬護籬垣,
책을 쌓아둔 고요한 책상머리	圖書靜几席,
봄 안개는 강과 들을 감도누나.	烟霞映川原.

〈「感春」〉

그의 생활세계는 밖으로 뻗어나가 더 높은 지위 더 많은 재물을 누리려는 혈기 넘치고 활동적인 세계가 아니다. 자꾸만 안으로 안으로 숨어들어 깊이 침잠하는 내면의 관조적 세계였던 것 같다. 그는 소년 시절 부터 벌써 자신이 지향하는 세계의 성격을 침잠하는 내면의 세계로 인식하였던 것 같다. 곧 넓은 세계로 복잡한 세상으로 나아가는 바깥을 향한 관심을 가졌던 것이 아니라, 책의 세계 속으로 사색의 세계 속으로 가라앉는 내면을 향한 관심에 이끌려가고 있었다.

돌을 지고 모래파면 집은 절로 되고	負石穿沙自有家
앞으로 뒤로 달리는 발 많기도 하네.	前行卻走足偏多
평생을 한 움큼 샘물로만 살아가니	生涯一掬山泉裏
강호의 물이야 얼마이든 알 바 없지.	不問江湖水幾何.

〈「石蟹」〉

15세 때 지은 이 시에서는 실개천 작은 웅덩이 속에서 돌아다니고 있는 가재를 바라보며 자신이 지향할 삶의 모습과 즐거움을 그려보고 있는 듯하다. 그가 소년시절 가재가 사는 집에서 하나의 충족된 우주를 발견하던 마음은 서른한 살 때 새로 지은 자신의 집이 달팽이집만

한 줄 알면서도 산천과 달을 바라보며 충만하는 행복감에 젖고 있는 마음과 일치하고 있다.

지산기슭 끊어내어 새집 지었더니	卜築芝山斷麓傍
모양은 달팽이 뿔 같아도 몸은 감출 수 있네.	形如蝸角祇身藏
북쪽 낭떠러지 마음에 안 들지만	北臨墟落心非適
남쪽은 봄 안개 감돌아 운치 더하네.	南挹烟霞趣自長
아침 저녁 원근의 산천은 보기 좋고	但得朝昏宜遠近
뒷산은 그런대로 추위와 더위를 막아주네.	那因向背辨炎凉
달과 산을 보는 꿈 다 이루었으니	已成看月看山計
이밖에 또 무엇을 더 구하리오.	此外何須更輕量.

〈「芝山蝸舍」〉

당시의 집 지산와사(芝山蝸舍)는 곧 훗날의 양곡당(暘谷堂)으로 그의 생가인 노송정(老松亭) 남쪽 양곡(暘谷)의 낭떠러지 위에 있었다 한다. 이 무렵 그는 '영지산인'(靈芝山人)이라 호를 썼으며, 지산와사의 당호를 선보당(善補堂)이라 하였다 한다. 그의 생활모습은 산촌의 정갈하고 고적함 속에 자연을 관조하는 한가로움을 보여준다.

퇴계는 조정에서 벼슬하여 서울에 머물거나 잠깐씩 공적 혹은 사적인 일로 지방을 여행하기도 하였지만, 평생토록 대부분의 세월을 고향에서 머물었는데, 학문을 연구하고 제자를 가르치며 거처하였던 집은 여러 곳이 있다.

(1) 20세 때까지 생가인 노송정(老松亭)에서 살았고,

(2) 혼인하자 분가하여 25세 때까지 살았던 곳은 분명하지 않다.

(3) 30세까지 넷째 형님 해(瀣)의 댁인 삼백당(三栢堂)에서 모친을 모
   셨으며,

(4) 45세까지 15년간은 지산와사에서 살았다.

(5) 49세까지 양진암(養眞庵; 溪莊)에 살고,

(6) 50세 때 한서암(寒棲菴; 溪庄.退溪草屋)을 지어 살았다.

(7) 51세 때 세운 계상서당(溪上書堂; 溪堂)에서 강학하였다.

(8) 60세 때 낙성한 도산서당(陶山書堂; 山堂)에서 강학하였다.[2]

이렇게 집을 새로 지으며 옮겨 다니는 이유는 학문연마와 심신의 수
양에 적합한 곳을 가려서 자연의 아름다운 풍광을 찾아들어가는 길이
었던 것으로 보인다. 그가 찾아가는 자연의 아름다움이란 기암괴석의
웅장한 경치가 아니라 마음을 고요하고 청명하게 지킬 수 있는 아담하
고 조화로운 운치였나 보다. 그는 자신의 학문과 수양을 통한 삶을 자
연과 분리시키지 않았던 것 같다. 자연의 신선함으로 마음을 정화시켜
가고, 마음 속 깊은 곳에서 뿜어내는 지혜의 빛으로 자연을 더욱 아름
다움으로 빛나게 비쳐주었던 것이었다.

그는 삼백당에 머물던 시절 읊었던 시에서도 주위의 풍광과 집안에
쌓인 서적을 자신의 생활세계로 그리고 있다.

---

2 權五鳳,『退溪의 燕居와 사상형성』, 포항공대, 1989, 11~15쪽 참조. 권오봉 교수는
  퇴계선생이 살던 집을 정밀하게 고증하고 그곳에서 생활하던 퇴계의 풍모를 詩와
  더불어 자세하게 분석하고 있다.

푸른 산 곁에 큰 집이 쓸쓸하나	高齋瀟灑碧山傍
집 안에는 만권 도서 가득하네.	祇有圖書萬軸藏
동쪽 개울은 멀리 돌아 서쪽 개울과 만나고	東澗繞門西澗合
남산과 북산은 이어져 푸르름이 길게 뻗었네.	南山接翠北山長
흰구름 밤에 와 자니 처마가 젖고	白雲夜宿留簷濕
밝은 달이 찾아와 방안 그득히 비추니 서늘하네.	淸元時來滿室凉
산속에 사는 사람 할 일 없다 말을 마소.	莫道山居無一事
내 평생 하고픈 일 헤아리기 어려워라.	平生志願更難量.

〈「芝山蝸舍」〉

눈앞에 선선하게 떠오르는 한 폭의 산수화 같은 정결하고 그윽함이 감도는 그의 생활주변 모습이다. 이 시에서 그의 생활은 시냇물, 푸른 산, 흰 구름, 밝은 달과 더불어 만 권의 도서가 어울리고 있다. 이러한 자연 속의 삶은 고요하기만 한 것이 아니다. 자연의 고요함 속에서 활기있게 움직이는 곧 정중동(靜中動)인 그의 마음을 엿볼 수 있다. 분발하여 침식조차 잊은 채 도(道)를 찾아 전진해 나가고 있는 학자의 마음 씀이야 결코 한가로이 게으름을 부리고 있을 수는 없었으리라.

그는 서울 생활을 하면서 자나 깨나 고향을 잊지 못하였나 보다. 그에게는 서울이란 자신의 생활세계로서 적합하지 않는 혼탁하고 번거로운 함정이었는지 모른다. 42세 때 어느 이른 봄날 꿈속에서 고향에 노닐다가 길도 없는 하명동(霞明洞) 뒤편에서 경치가 아름다운 산후촌(山後村)이란 마을의 시골집을 발견하고 있다. 장롱에 갇힌 새가 항상 자유로운 숲속을 꿈꾸는 격이 아닐까. 그는 꿈을 깬 뒤에 '몽중

작'(夢中作) 시 한 수를 읊었다.

하명동 뒤에는 애초에 길이 없는데	霞明洞裏初無路
늦은 봄 이 산중엔 기이한 꽃들 피었네.	春晚山中別有花
우연히 갔다가 참으로 좋은 선경을 찾았으니	偶去眞成搜異境
늘그막엔 돌아가 신선같이 집을 짓고 살리라.	餘齡還欲寄仙家.

〈「足夢中作」〉

이 시를 받아 본 그의 네째 형은 서울의 벼슬살이를 벗어나 형제가 함께 고향에 돌아가기를 기약하자고 화답하는 시를 지어 보내 왔다. 뒷날 그는 고향에 돌아와 자하동(紫霞洞)에 집터를 얻었는데, 그곳은 꿈에 본 그 경치와 같았다 한다.

과연 그는 46세 때 휴가를 받아 고향에 돌아온 뒤로 머물렀는데, 이에 앞서 온계리 남쪽 지산(芝山) 북쪽에 자그마한 집을 지었다. 그러나 이 집은 인가가 조밀하여 아늑하고 고요하지 못하다 하여, 이해에 건지산(搴芝山) 기슭 시냇가 동쪽 바위 곁에 양진암(養眞庵; 溪莊)을 새로 지었다. 서울에서 고향에 내려와서도 더 그윽한 숲 속으로 숨어들며 찾아가는 그의 생활세계는 번화한 세속에로의 길을 더욱 멀리하고 자신을 다듬어가는 수도(修道)에로의 길이요 사색을 심화시켜가는 진리에로의 길이라 하겠다. 그는 산과 물로 둘러싸인 이곳에서 신병을 치료하고 심신을 수양하였으며, 양진암 앞을 지나는 토계(兎溪)를 퇴계(退溪)라 이름을 고치고 자신의 아호(雅號)로 삼았다. 이때의 심회를 한 편의 시로 읊었다.

동편 높은 산기슭에 새로 집을 지으니	新卜東偏巨麓頭
눕고 선 바위들이 모두 그윽하네.	縱橫巖石總成幽
뽀오얀 안개 어둑한 노을 산 속에서 늙어가고	煙雲杳靄山間老
시냇물 빙 둘러 들판으로 흘러가누나.	溪澗彎環野際流
만권 책 속에 생애를 기꺼이 의탁하니	萬卷生涯欣有托
쟁기질 하는 이 마음 무엇을 구하리오.	一犁心事歎猶求.
	〈「東巖言志」〉

그는 이미 초야에 묻혀 늙어가며, 산수의 경치를 즐기고 독서에 평생을 맡기려는 뜻을 밝히고 있다. 제자 황준량(黃俊良)의 시에 화답하면서 읊고 있는 시에서도 산과 물이 둘러싸인 고요한 자연 속에서 마음 속 깊이 침잠하는 삶의 이상을 보여준다.

냇가의 새들은 서로 저리도 즐기는데	溪鳥自相樂
냇물과 구름은 본래 무심하네.	溪雲本無心
나도 저들 같이 하여	安得如二物
한 평생 그윽한 마음 간직하리.	終年保幽襟.
	〈「次韻黃仲擧見寄」〉

2) 한서암(寒棲庵) 시절 이후

퇴계는 휴가를 받아서 고향에 돌아온 뒤 계속 머물고자 했으나, 명종 임금의 간곡한 부름에 따라 47세에 다시 조정에 돌아갔지만, 49세 때 12월에 풍기군수의 벼슬을 버리고 고향에 돌아온 뒤로는 한서암을 짓고 산야에 은둔할 차비를 갖추었다. 처음에 하명동(霞明洞)의 자하봉(紫霞峯) 기슭에 집을 짓다가, 도중에 대골(竹洞)로 옮겼는데, 그곳도 골이 좁고 시냇물이 없다하여, 세 번째로 이듬해 이른 봄 상계(上溪) 서쪽 청하동(靑霞洞)에 터를 잡아 한서암(寒棲庵; 溪庄.退溪草堂)을 지었다. 이렇게 집을 자주 옮기자 그의 넷째 형은 살림이 군색하게 될 것이라 염려하는 편지를 보냈지만, 그가 집터의 주위 환경을 얼마나 중시하였던 지를 알 수 있다.

한서암의 주위를 둘러보면, 북쪽에는 장명뢰(鏘鳴瀨)가 흐르고, 여울가 서쪽의 화암대(花岩臺)는 깨어져 여울물 속에 널려 있으며, 남쪽으로 남산이 우뚝한데 그 아래 몽천(蒙泉)이 있고, 동쪽에 있는 고등암(古藤岩)의 위를 임성대(臨省臺)라 한다. 이곳에서 그가 읊은 시에서는 마음에 드는 집을 얻어 고향에 머무는 안정된 심정을 보여준다.

물러나 분수대로 편안하나　　　　　　　　　身退安愚分
학문이 퇴보하여 늙음이 근심이라.　　　　　學退憂暮境
비로소 시내 위에 살 곳 정하니　　　　　　溪上始定居
물가에 와서 날로 반성하네.　　　　　　　臨流日有省.

〈「退溪」〉

그는 한서암에서 번거로운 벼슬을 벗어나 초야에서 분수에 만족하고 학문과 수양에 전념할 뜻을 굳히고 있었다. 탄금석(彈琴石) 주위에다 네모진 연못[方塘]을 파고는, '하늘빛과 구름 그림자가 함께 배회한다'(天光雲影共徘徊)는 주자(朱子)의 시에서 취하여 광영당(光影塘)이라 이름 하였다. 당(堂)의 이름은 송렴(宋濂)의 시에서 취하여 정습당(靜習堂)이라 하였다. 여기서 그는 질그릇 세숫대야를 쓰고, 짚으로 엮은 자리를 깔고, 갈대로 문발을 치고 지냈다 한다. 또한 베옷에 실로 꼰 허리띠를 매었으며, 미투리를 신고 대나무 지팡이를 짚고 다녔으니, 산 속에 숨은 은자(隱者)처럼 가장 거칠고 질박한 생활을 하였음을 알 수 있겠다. 그는 이 한서암을 가꾸는데 정성을 기울였으며, 이곳의 아담한 환경과 소박한 생활을 무척이나 사랑하였다. 이 무렵 남긴 시에서도 '무소유'라 해야 할 가벼움과 가슴 속에서 흘러넘치는 기쁨으로 자족하는 그의 모습이 생생하게 드러나고 있다.

띠풀 얽어 숲속에 초막집 세우니	結茅爲林廬
집 아래 차가운 샘 솟네.	下有寒泉瀉
깃들어 사니 이 마음 즐거워라.	棲遲足可娛
알아주는 이 없어도 한스러울 것 없네.	不恨無知者.
	〈「寒棲」〉

산림 속에 물러난 퇴계의 생활은 냇물소리·꽃소식·새소리·안개·비·바람·구름·달·숲·바위·산·등 자연에 어울려 그 맑고 고요하고 청량한 기상을 잔잔히 노래하는 것이다.

청하동 밖에 땅을 사서	買地靑霞外
맑은 시냇가에 옮겨 사네.	移居碧澗傍

수석을 깊이 사랑하지마는　　　　　　　深耽惟水石

솔과 대는 더욱 사랑스러워라.　　　　　大賞只松篁

고요한 속에 때로 취흥을 살펴서　　　　靜裏看時興

한가로이 옛사람의 향기를 더듬네.　　　閒中閱往芳

사립문 멀리 터져 있고　　　　　　　　柴門宜逈處

마음은 한결같이 책상을 마주하네.　　　心事一書牀.

〈「溪居雜興」〉

　이와 더불어 옛 성현(聖賢)의 그윽하고 향기로운 정신에 깊이 도취하면서, 그의 심신은 자연과 고전에 어울려 하나로 되는 즐거움을 누리고 있었던 것이다.

　51세 때는 시내 서쪽의 한서암을 철거하고 시내 북쪽 편에 옮겨지은 계상서당(溪上書堂, 溪堂)에서 문인들과 강학하였다. 이 서당은 몸을 겨우 담고 있는 조각배만큼이나 무척 작았던 모양이었나 보다. 찾아온 손님도 보고는 주인과 함께 웃을 수밖에 없었을 게다. 그러나 그는 이 집의 뜰에 작은 방당(方塘)과 맑은 샘을 파기도 했다. 그가 이 집의 정취를 사랑하고 학문에 큰 뜻을 두고 있었던 줄을 그가 읊은 시에서 잘 엿볼 수 있다.

맑은 시내 감돌아서 몇 겹의 안개인가　　清溪環繞幾重煙

시냇가에 집 얽으니 작은 배와 흡사하네.　結屋溪邊僅若船

갑자기 정한 규모 손님 맞아 한번 웃으니　造次規模從客笑

깊숙한 그 형세는 나와 인연 얽혔다네.　　幽偏形勢得吾緣

한평생 한스런 일은 높은 학자 못 만나서　　　　恨未一生逢有道
이 마음에 쌓인 의문 물을 길 없음이네.　　　　此心無路訂千年.

〈「淸明溪上書堂」〉

이 작은 집의 주인은 자신의 몸을 그 속에 즐겨 감추었으나, 그의 마음은 천고의 진리를 알고자 산같이 높고 바다같이 깊은 의문을 캐어가고 있다. 몸의 편안함을 위해 마음을 번거롭게 부리고 있는 것이 아니라, 마음이 자유롭게 날기 위해 몸을 가장 작은 데 두어 잊어버리게 하는 것이 아닐까. 그가 버린 것은 세속이요 받아들인 것은 성인의 경전임을 밝히고 있다.

병으로 한가한 몸이 되니　　　　因病投閒客
깊은 숲 속에서 세속 끊었네.　　　　緣深絶俗居
참으로 즐거운 곳을 알고자　　　　欲知眞樂處
경서를 안고서 늙으려네.　　　　白首抱經書.

〈「溪堂偶興」〉

57세 때는 다시 서당을 옮길 자리를 찾아다니기 시작하였다. 계상 서당은 너무 허술하고 허약하여 얼마 못가서 쓰러지게 되었다 한다. 이곳의 샘과 돌이야 그윽하였지만 모여드는 제자들을 받아들이기에는 너무 협소하였던 것 같다. 이 무렵 금응훈(琴應壎) 등 제자들이 수업을 받기 위해 도산(陶山)에 정사(精舍)를 세우겠다고 거듭 청하자 허락하였으며, 그 자신도 혼자 몇 차례 도산 남쪽에 나가서 서당자리를 정하였다. 처음 서당자리를 잡았을 때의 기쁜 심경을 읊은 시가 있다.

비바람 치는 계당 책상조차 못 가릴 제	風雨溪堂不庇牀
좋은 곳에 옮겨 보려 숲 속 두루 찾았네.	卜遷求勝遍林岡
어찌 알았으랴 백년토록 학문할 땅이	那知百歲藏修地
나물 캐고 고기 낚던 그 곁에 있을 줄을.	只在平生採釣傍
꽃은 나를 맞아 웃으니 정이 깊고	花笑向人情不淺
벗 찾는 새소리는 그 뜻이 더욱 길도다.	鳥鳴求友意偏長
뜰을 옮겨 와서 깃들기를 다짐하니	誓移三徑來棲息
기쁠 때 꽃다움을 뉘와 함께 찾으리오.	樂處何人共襲芳.

〈「尋改卜書堂地…」〉

다음해부터 도산정사(陶山精舍)의 경영을 도모하여 건축 일은 용수사(龍壽寺)의 승려 법련(法蓮)에 맡기고서, 그는 조정의 부름을 받아 반년 남짓 서울에 올라가 있는 동안에도 설계도를 그려 보내고 공사를 계속 진행하도록 독려하였다. 그러나 그 다음해 초에 법련이 죽고 승려 정일(靜一)이 공사를 이어서, 60세 되던 동짓달 암서헌(巖棲軒)과 완락재(玩樂齋) 등 도산서당이 낙성되었다. 이듬해 가을에 터를 잡은 지 5년 만에 비로소 도산서당의 전부가 완성되었다. 그는 도산서당 주위의 건물 하나하나를 아껴 서당(書堂)·정사(精舍)·헌(軒)·재(齋)·료(寮)·문(門)·연못(塘)·사(社) 등에 일일이 이름을 붙이고, 주위의 산수를 기뻐하여 바위(巖·石)·대(臺)·담(潭)·산(山·峯) 등에 까지 시로 읊은 '도산잡영'(陶山雜詠) 44수의 절구(絶句)를 남기고 있다. 도산서당이 완성된 직후의 동짓날 그는 「도산기」(陶山記)를 지어 도산서당의 아름다운 경관과 정연한 건물 배치 등을 정겹고 자세하게 설명하고 있다.

> "산[陶山] 남쪽에 땅을 발견하니, 작은 골짜기가 하나 있는데, 앞으로는 강[洛江]가를 굽어 그윽하고 고요하며 멀리 터져있을 뿐더러 바위와 숲은 고요하고 빽빽하며 돌샘이 달고 차가우니, 수양할 곳으로 알맞다."

도산서당의 터는 낙동강의 상류 한 줄기를 내다보며, 골짜기로 그윽하게 감추어있으면서도 강과 들로 전망이 멀리 터져 있는 곳으로 그가 평생을 찾아다니던 마지막 종착지이다.

> "당(堂)이 모두 세 칸으로 그 중간에 한 칸은 완락재(玩樂齋)라 이름하였으니, 이는 주선생(朱子)의 「명당실기」(名堂實記) 중에 '즐겨 완상하여 족히 나의 일생을 마쳐도 싫어하지 않으련다'(樂而玩之, 足以終吾身而不厭)라는 말씀을 취한 것이요, 동편 한 칸은 암서헌(巖棲軒)이라 이름 하였으니, 운곡(雲谷; 朱子) 시 속에 '스스로 믿으면서도 오랫동안 못했기에 바위에 깃들어서 약간 효과 바라노라'(自信久未能, 巖棲冀徹效)라는 말씀을 취한 것이며, 합하여 도산서당(陶山書堂)이라 하였다. 사(舍)가 모두 여덟 칸인데, 재(齋)의 이름을 시습(時習)이요, 요(寮)는 지숙(止宿)이라 하고, 헌(軒)은 관란(觀瀾)이라 하여 합하여 농운정사(隴雲精舍)라 하였다. 서당의 동편에 조그마한 네모진 못을 파고는 그 가운데에 연(蓮)을 심고 정우당(淨友塘)이라 이름하며, 또 그 동편은 몽

천(蒙泉) 샘이요, 몽천 위 산기슭을 파서 암서헌과 마주 보게 하여 평평
하게 단(壇)을 쌓고는 그 위에다 매화·대·솔·국화 등을 심고는 절우
사(節友社)라 이름하고, 서당 앞 드나드는 곳에 사립문을 달아 유정문
(幽貞門)이라 하고, 문밖 작은 길이 개울물을 따라 내려가 동구에 이르
면 두 멧부리가 서로 마주 대해 있었다."

　그는 도산서당의 건물배치를 위하여 오랜 시간 매우 치밀하게 검토
한 설계를 구상하였던 것이다. 집이야 3칸의 작은 초옥이지만 당(堂)·
재(齋)·헌(軒)의 기본구조를 갖추었고, 방당(方塘)의 못과 몽천(蒙泉)
의 옹달샘을 배치하여 더욱 그윽하게 마련하였으며, 단(壇)을 모아 절
의를 지키고 심신을 수양하는 맑고 곧은 정신을 표출하고 있다. 도산
서당에서 생활모습은 완락재(玩樂齋)의 벽에 「경재잠도」(敬齋箴圖: 주
자의 「敬齋箴」을 王柏이 그린 圖)와 「백록동규도」(白鹿洞規圖: 주자의 「白
鹿洞規」를 퇴계가 그린 圖)와 「명당실어」(明堂室語: 주자의 「名堂室記」의
말씀)를 써서 걸고, 방 가운데 단정하게 앉아서 즐기며 완상하며, 언제
나 신명(神明)이나 부모와 스승이 위에서 내려 보고 계신 듯 경건하였
고, 호랑이 꼬리를 밟거나 살얼음 위에 올라 선 듯 조심하고 두려워하
는 자세를 지켰다.

　"그 동쪽 멧부리의 옆구리에 바위를 뜯고 터를 닦으니 작은 정자를
세울 만하나 힘이 미치지 못하여 그 터만을 두었고, 산문(山門)처럼 생
긴 것은 그 이름이 곡구암(谷口巖)이요, 그 동으로 두어 걸음을 굴러가
면 산기슭 험한 절벽은 바로 탁영담 위에 버티어서 커다란 바위가 층층

이 깎아 있으니, 여남은 길이 된다. 그 위에 쌓아서 대(臺)를 만들었더니, 소나무 그늘이 해를 가리고 위엔 하늘 아래에는 물이어서 솔개는 날며 고기는 뛰놀고 좌우 취병(翠屛)의 그림자가 푸른 소(沼) 속에 울렁거려, 한번 눈을 들면 강산의 아름다운 경치를 한 눈에 볼 수 있으니, 천연대(天淵臺)라 불렀다. 서편 멧부리에 역시 그와 같이 대(臺)를 쌓고는 천광운영(天光雲影)이라 이름 하니, 그 아름다운 경치가 천연대에 비하여 손색이 없다. 반타석(盤陀石)은 탁영담 속에 있는데, 그 꼴이 넓적하여 배를 매어 두고 술잔을 나눌 수 있었다. 매양 장마로 큰물이 부풀면 함께 물속으로 들어갔다가 물이 줄어가고 물결이 맑은 뒤에 비로소 드러내곤 하였다."

그는 건물을 주위의 동구 밖 산수와 어울리게 하고 안과 밖이 상응할 수 있게 하여 하나의 작은 우주를 완성하고 있다. 그가 거처하는 생활의 세계는 자연과 인간이 조화를 이루고, 주위의 경관과 그 자신의 정서가 정겹게 어울리는 완결된 우주이며, 여기에 그의 인격과 사상적 산실이 마련되었던 것이다.

3. 생활 속의 운치와 풍류

1) 산과 물에서 놀고

퇴계는 학문경향에서도 특히 몸과 마음을 단속하는 수양의 실천에 힘썼을 뿐만 아니라, 그의 인품이 지닌 기질적 조건도 한적하고 고요함을 좋아하는 맑은 기상의 인물이었다. 그는 14세 때부터 도연명(陶淵明)의 시를 좋아하고 그 사람됨을 흠모하였다. 뒷날 57세 때 제자 황준량이 그림 10폭에 화제(畵題)로 적을 시를 부탁하자, 그 가운데 도연명이 고향 율리(栗里)에 돌아가 밭가는 그림에 붙인 시에서도 "(백이·숙제가) 수양산에서 굶어 죽음이 어찌 편협하지 않은가/ (도연명이 국화를 따다가 바라보는) 남산의 아름다운 기상 더욱 초연하구나."(餓死首陽無乃隘, 南山佳氣更超然.〈「栗里歸耕」〉)라고 읊어 굶어 죽어도 굽히지 않는 백이·숙제의 엄격한 의리와 지조보다 벼슬을 버리고 한가롭게 살아가는 도연명의 은거생활 모습이 더욱 세상에 초연한 것으로 높이고 있음을 보여준다.

퇴계가 18세 때 고향에서 가까운 연곡(燕谷) 마을에 놀러 갔는데, 그곳의 물이 맑은 작은 연못을 보고 시를 지었던 일이 있다.

이슬 맺힌 풀 곱게 물가를 둘렀는데	露草夭夭繞水涯
작은 연못은 맑고 깨끗해 티끌도 없네	小塘淸活淨無沙
구름 날고 새 지나감이야 제 마음대로나	雲飛鳥過元相管
단지 때때로 제비가 물결 찰까 두렵구나.	只怕時時燕蹴波.
	〈「遊春詠野塘」〉

제자 김부륜(金富倫)은 퇴계의 이 시에 대해 "천리(天理)가 유행하는데 혹시 인욕(人欲)이 낄까 두려워한 것이다."〈『언행록』〉라고 해석하였지만, 맑고 잔잔한 연못에서 자신이 지키고 싶은 모습을 발견하고 아무런 방해도 받고 싶지 않은 자신만의 세계를 찾고 있는 맑고 고요한 기상을 엿볼 수 있을 것이다.

퇴계는 산림에 묻혀 사는 선비로서 산사(山寺)를 찾아 독서를 하거나, 산을 찾아 노닐기를 즐겨했다. 그는 독서하는 것과 산에서 노니는 것이 서로 같은 점을 들어 독서와 산놀이(遊山)를 일치시키기도 하였다. 곧 아래에서 위로 올라가야 하며, 자신이 직접 밟아 체득해야 하고, 또한 온갖 변화의 오묘함을 사색하게 되고 시초의 근원을 찾아가게 되는 점에서 산놀이와 독서는 서로 같은 방법을 쓰고 있다는 것이다.

독서가 산놀이와 비슷하다 하지마는	讀書人說遊山似,
이제 보니 산놀이가 독서와 흡사하네.	今見遊山似讀書,

노력을 다 할 때 아래서부터 올라가고	工力盡時元自下,
얕고 깊음 아는 것도 모두 자기에 달렸네.	淺深得處摠由渠,
피어나는 구름 앉아서 보며 오묘함 알게 되고	坐看雲起因知妙,
물줄기 근원에 이르러 시초를 깨닫는다네.	行到源頭始覺初.
	〈「讀書如遊山」〉

퇴계가 가장 즐겨 찾아 노닐었던 산은 청량산(淸凉山)으로 예안에서 멀지 않으며 산수가 아름다운 곳이다. 13세 때부터 청년기에는 청량산에 들어가 독서하였고, 64세의 노년에 이르기 까지 자제나 제자들을 데리고 때때로 승경(勝景)을 찾아 소요하며 시를 읊기도 하였다. 자신의 호를 '청량산인'(淸凉山人)이라 쓰기도 하였다. 그는 청량산을 '우리 집 산'(吾家山)이라 일컬을 만큼 가장 친숙하게 여겼다.〈「周景遊淸凉山錄跋」〉 어느 시기의 작품인지 확인할 수 없지만 우리말 가사로 지은 퇴계의 「청량산가」(淸凉山歌)가 전하고 있다.

청량산 66봉 아는 이는 나와 백구(白鷗)로다.

　　　　　　　淸凉山六六峯을 아느니는 나와 白鷗ㅣ로다

백구야 어찌하랴 못 믿을게 도화(桃花)로다.

　　　　　　　白鷗ㅣ야 엇더ᄒ랴 못밋들손 桃花ㅣ로댜

도화야 물 따라 가지마라 뱃사공 알까 하노라

　　　　　　　桃花ㅣ야 믈ᄯᅡ라가지마라 舟子ㅣ 알가ᄒ노라

　청량산의 66봉우리가 펼치는 절경(絶景)을 도연명(陶淵明)의 「도화
원기」(桃花源記)에서 보여주는 선경(仙境)처럼 간직하고 싶어 하며, 고
기잡이 하는 이가 복사꽃잎이 떠내려 오는 것을 따라 찾아올까 염려하
여 복사꽃잎이 물 따라 흘러나가지 말기를 바란다 하여, 세상을 벗어
나 순수하고 안온한 세계에서 살고 싶은 마음을 드러내고 있다.

　그는 산수의 승경을 만나면 그 이름이 경관과 어울리지 않으면 이름
을 새로 짓기도 하고, 그 자신 풍기군수로 있을 때 소백산을 두루 돌아
보고 「소백산유산록」(小白山遊山錄)을 지었다. 또한 그는 다른 사람의
유산록에도 깊은 관심을 보여, 주세붕(周世鵬)의 「유청량산록(遊淸凉
山錄)」에 발문을 짓고, 홍응길(洪應吉)의 「금강산유산록」(金剛山遊山
錄)에 서문을 지었으며, 조식(南冥 曹植)의 「유두류산록」(遊頭流山錄)
에 후지(後識)를 지었는데, 여기서 산수의 유람이 갖는 의미를 도학적
학문세계의 빛으로 깊이 있게 음미하고 있음을 보여준다.

　그는 46세 때 휴가를 마치고 서울로 올라가는 도중 병환으로 해직되
자 돌아오는 길에 읊은 시에서, 한가로이 산수 간에 파묻혀 살면서 학
문을 닦고 후생을 가르치겠다는 자신의 본업을 찾은 기쁨을 노래하고
있다.

더위에 임금님 뵈러 나섰다가 병나서 못가고	觸熱朝天病未行
시냇가 집으로 고삐돌려 닭 울 제 돌아왔네.	溪莊回轡趁雞聲
구름 낀 산은 나와 살기로 맹세한 듯 하고	雲山正似盟藏券
내 신세 징 치자 전쟁터에서 물러난 꼴이네.	身世渾如戰退鉦
산이 웃으며 나더러 무얼 하고 살지 묻기에	山翁笑問溪翁事

밭갈이 대신에 글 가르치기나 하리다.	只要躬耕代舌耕.
	〈「晨至溪莊…」〉

　시냇가에 사는 퇴계 자신은 '계옹'(溪翁)이요, 주위를 둘러싼 산은 '산옹'(山翁)으로 산과 퇴계가 친밀한 이웃으로 마주하여 대화를 하고 있다. 산이 퇴계에게 농사도 못 짓는 선비가 시골에서 무얼 하며 살겠느냐고 묻자, 밭갈이(躬耕)는 못해도 그 대신에 글 가르치기(舌耕)를 하겠노라는 대답이다. 산골에 파묻혀 사는 삶에 자족하는 선비의 생활 모습을 보여주고 있는 것이다. 퇴계는 산 속에 살고 있지만 제자들이나 친지들과 산수가 아름다운 곳을 두루 찾아다니며 노닐기를 즐겼다.

　57세 때는 고향에서 멀지 않은 고리점(古里店) 아래 산수가 아름다운 곳을 발견하고 '청계'(淸溪)라 이름을 붙였으며, 그해에 7월 마을의 냇물을 거슬러 올라가 청음석(淸吟石)에서 낚시를 하며 노닐었는데, 제자들을 불러 고기를 잡게 하고, 다섯째 형과 친지 몇 사람도 불러 잡아온 물고기를 회를 치거나 국을 끓여 함께 먹으며 즐기기도 하였다.

　62세 때 가을에는 혼자 산 속의 도산서당에 거처할 때 자신의 생활 모습 한 장면을 설명하면서, "내가 혼자 완락재(玩樂齋)에서 자다가 밤중에 일어나서 창을 열고 앉아 있었더니, 달이 밝고 별이 맑고 강산은 고요하고 넓어 응결된 듯 적막한 듯하여, 천지가 갈라지기 이전의 혼돈세계라는 생각이 들었다."(『연보』)고 하였다. 밝은 달밤 정적에 파묻힌 산 속에서 사색하는 사이에 우주의 근원인 태초를 체험하는 사실을 말해준다. 그는 달이 밝은 밤이면 혼자서나 제자들과 함께 도산서당에서 가까운 천연대(天淵臺)에 올라 달구경을 즐겼다.

64세 때 7월 보름 무렵 밤마다 달이 밝아 잠을 못 이루게 하였는데 제자 조목(趙穆)이 찾아와 함께 밤에 자하봉(紫霞峯)에 올라 달구경을 하였다. 이때 퇴계가 시를 지어 조목에게 보여주었다.

퇴계 집에도 달이 밝고 월천 집에도 달이 밝으며	溪堂月白川堂白
오늘 밤 바람 맑고 어제 밤도 바람 맑았네.	今夜淸風昨夜淸
별도로 똑같이 바람 맑고 달 밝은 곳 있으니	別有一般光霽處
우리들이 어찌하면 명철함과 성실함을 체험하랴.	吾儕安得驗明誠.
	〈「七月旣朢」〉

자신의 호 퇴계의 '계'(溪)도 냇물이요 제자의 호 월천(月川)의 '천'(川)도 냇물인데 달은 어느 냇물에도 밝게 비추고 있으며, 어제 불던 바람이나 오늘 부는 바람이 모두 맑다는 사실을 확인한다. 여기서 한 걸음 나아가 두 사람의 바탕에 똑같이 밝고 맑은 마음이 있음을 확인함으로써, 이 마음에서 명철함의 밝음과 성실함의 맑음을 체득하는 공부를 위한 길을 함께 가자고 일깨워주고 있는 것이다.

산과 물이 바로 퇴계가 즐겨하던 자연이었던 만큼 산놀이(遊山)와 더불어 뱃놀이(船遊)도 그의 운치 있는 생활의 중요한 부분으로 자리 잡고 있다. 젊어서는 고향의 선배인 이현보(聾巖 李賢輔)를 모시고 분천(汾川)에 가서 뱃놀이를 하였던 일이 있으며, 56세 때 3월에는 고향에서 제자들과 함께 강에 배를 띄우고 교암(橋巖) 강가의 철쭉꽃을 감상하는 뱃놀이 하면서, "그날에 기수 가의 즐거움 알 듯도 하니/ 가슴속에는 진실로 같은 봄이 있으리."(若識當年沂上樂, 胸中信有一般春.)

〈「次李宏仲韻」〉라 읊어, 공자의 제자 증점(曾點)이 봄날 기수(沂水)에서 목욕하고 무(舞雩)에서 바람 쏘이는 즐거움을 말하자, 공자도 함께 하겠다고 하였던 그 풍류〈『논어』, 先進〉에 참여하고 있음을 말하기도 하였다. 59세 때는 벼슬에서 물러나 고향으로 돌아오는 길에 서울에서 배를 타고 단양까지 내려 와서, 단양군수로 있는 제자 황준량(黃俊良)과 함께 단양 팔경의 하나인 구담(龜潭)에서 뱃놀이를 즐기기도 하였다.

퇴계가 가장 즐겨 뱃놀이하던 곳은 탁영담(濯纓潭)으로, 61세 때 4월 16일 달이 밝은 밤에 조카(李寗)와 손자(李安道) 및 제자 이덕홍(李德弘)을 데리고 달빛아래 뱃놀이하면서 소동파(蘇東坡)의 「적벽부」(赤壁賦)를 읊조렸다. 이때 그가 지은 시에도, 달빛어린 강에서 뱃놀이하는 광경을 그림같이 묘사하고 있다.

물속의 달빛 짙푸르고 밤기운 맑은데	水月蒼蒼夜氣淸,
조각배에 바람 부니 달빛어린 물결 따라가네.	風吹一葉溯空明,
한 바가지 흰 술은 은술 잔에 넘치고,	匏尊白酒飜銀酌,
계수나무 노에 흐르는 빛 북두칠성을 끄네.	桂棹流光掣玉橫.

〈「四月旣望, 濯纓泛月…」〉

63세 때 6월에도 제자 정유일(鄭惟一)과 함께 탁영담에서 뱃놀이를 하며 주자의 「무이구곡도가」(武夷九曲棹歌)의 운을 따라 지은 시가 있다.

내 노래하는 소리에 그대 장단 맞추고,	我歌遺聲君擊節
채색한 배로 맑은 냇물 오르는 듯하네.	畫舸如上淸泠川
우러러 보니 우리 도는 한낮의 해처럼 밝고	仰嗟吾道日中天
돌아보니 나는 마른 도랑이라 샘물에 부끄럽네.	顧我溝涸羞原泉.

〈「鄭子中同泛濯纓潭…」〉

주자가 무이구곡(武夷九曲)에서 뱃놀이하던 모습을 본받으면서, 주자가 환하게 밝힌 유교의 '도'를 온전하게 밝히지 못하는 자신을 탄식하고 있다. 그러나 좌절감으로 탄식하는 것이 아니라 분발하여 나아가야한다는 의지를 간직하고 있는 것이다.

62세 때(1562, 壬戌) 7월16일은 소동파가 적벽(赤壁)에서 뱃놀이하며「적벽부」를 읊었던 해로부터 8갑주(480년)가 되는 날이다. 퇴계도 여러 제자들과 풍월담(風月潭)에서 뱃놀이를 하기로 약속하고 준비를 다 마쳤는데, 전날 큰 비가 내려 그 풍류스러움을 이루지 못하고 말아서 못내 아쉬워했다. 그래서 64세 때 6월 보름날 밤에 예안현감 곽황(郭趪)을 비롯하여 여러 사람들과 함께 풍월담(風月潭)에서 배를 띄우고 소동파의 운을 따라 시를 지으며, 그 전에 비가 와서 못한 뱃놀이의 아쉬움을 풀었다.

2) 꽃과 나무를 노래하며

퇴계의 말과 행동에는 언제나 고요하면서 단정한 엄격성과 부드러우면서 화평한 포용성을 지녔지만, 동시에 자연의 그윽한 풍경과 철따

라 피는 꽃나무에 까지 세심하게 관심을 기울여 사랑하는 시적(詩的)
세계의 정겨운 운치를 지녔다. 서울에서 벼슬살이를 하면서도 고향의
봄날 그 화려한 꽃동산을 눈앞에 선연하게 그려보면서, 시정(詩情)을
노래하고 있다.

그윽한 섬돌엔 여린 풀이 돋아나고	細草生幽砌
향기로운 동산에는 꽃나무들 흩어 있네.	佳樹散芳園
비 내리자 살구꽃 드물고,	杏花雨前稀
밤들자 복사꽃 활짝 피었어라.	桃花夜來繁
붉은 앵도꽃 향그러운 눈송이로 날리는데	紅櫻香雪飄
하얀 오얏꽃 은빛 바다로 들끓는 듯.	縞李銀海飜.

〈「感春」〉

퇴계는 그가 살던 집 뜰에는 솔, 대, 매화, 국화 등 겨울 추위의 시련
속에서도 고고한 지조를 지켜 절개를 상징하는 꽃과 나무를 심어 벗
삼고 즐거워하는 운치를 보여주고 있다.

(1) 50세 때 한서암(寒棲庵)을 짓고서 뜰에다 솔, 대, 매화, 국화, 오
이(松·竹·梅·菊·瓜)를 심어 자신이 지키고자 하는 고아한 지조의 표
상으로 삼았다.

(2) 이듬해 계상서당(溪上書堂)으로 옮겨서도 방당(方塘)을 만들고
연(蓮)을 심어서, 솔, 대, 매화, 국화, 연(松·竹·梅·菊·蓮)을 다섯 벗

(五友)으로 삼았다. 이 다섯 벗에 자신을 포함하여 여섯 벗이 한 뜰에 모였다 하여, 육우원(六友園)을 이루어 어울리는 흥취를 즐겼다. 이곳의 여섯 벗을 노래한 시에서는 세상의 영화와 재물을 모두 버리고 초야에 묻혀 여섯 벗과 즐거워하는 흥취가 배어 있다.

꿈속에 신선처럼 놀다가	已著游仙枕
주역 읽고자 창을 열어 두노라.	還開讀易窓
천섬 많은 녹봉 취하랴	千鍾非手搏
여섯 벗 예 있으니 마음이 가라앉네.	六友是心降.

〈「溪堂偶興」〉

(3) 61세 때 봄에는 도산서당 동쪽에 절우사(節友社)에 단(壇)을 쌓고, 솔, 대, 매화, 국화를 심었던 것도 이들과 함께 절의를 함께하는 벗으로서 결사(結社)를 이룬 것이라 할 수 있다.

솔과 국화는 도연명의 뜰에서 대와 함께 셋이러니	松菊陶園與竹三,
매화 형은 어이 참가 못했던가.	梅兄胡奈不同參,
나는 이제 넷과 함께 풍상계(風霜契)를 맺었으니	我今倂作風霜契,
곧은 절개 맑은 향기 가장 잘 알았다오.	苦節淸芬儘飽諳.

〈「節友社」〉

그는 이 시에서 도산서당 절우사의 절개 곧고 향기로운 네 벗과 그 자신이 어울린 정취를 읊고 있다. 솔과 국화와 대에다 도연명도 소홀

히 하였던 매화까지 함께 어울린 그의 결사는 탈속한 아취와 더불어
절의를 함께 하는 기상을 지니는 것이었다. 68세 때 김부륜(金富倫)의
시를 차운하여 읊으면서도 솔, 대, 매화, 국화, 연꽃의 다섯 벗을 노래
하고 있다.

내 벗은 다섯이니 솔·국화·매화·대·연꽃	我友五節君,
사귀는 정이야 담담하여 싫어할 줄 모르네.	交情不厭淡,
그 중에 매화가 특히 날 좋아하여	梅君特我好,
절우사에 가장 먼저 맞이했다네.	邀社不待三,
내 맘에 일어나는 끝없는 매화 생각에	使我思不禁,
새벽이나 저녁에나 몇 번을 찾았던고.	晨夕幾來探.

〈「次韻金惇敍梅花」〉

퇴계는 꽃나무 가운데서 특히 매화의 맑고 그윽한 향기에 깊은 애정
을 가졌다. 그는 매화를 읊은 많은 시를 남겨 '매화시'(梅花詩)만 107수
에 달하며 그 가운데 91수를 『매화시첩』(梅花詩帖)으로 편찬하기도 하
였다. 그의 '매화시'는 송나라 때 항주의 서호 고산(西湖 孤山)에 은거
하였던 임포(林逋)가 매화와 일체화되고자 하였던 삶을 본받고자 하였
던 것으로 보기도 한다.

솔, 대, 매화, 국화, 연꽃의 다섯 벗 가운데서도 매화를 가장 아끼는
퇴계의 마음은 자신의 생애를 통해 이어져 왔다. 40대 초 독서당에서
늦게 핀 매화를 보고는 앞서 30대 초에 남쪽으로 유람할 때 매화촌에
서 보았던 매화의 아름다움을 회상하며 시를 읊기도 하였다. 또한 훗

날 도산서당의 절우단(節友壇)에 매화가 늦게 피자 19년 전 독서당의 망호당(望湖堂)에서 매화를 구경하던 일을 추억하면서 감회를 읊었다. 청년기에서 노년기까지 그의 평생은 매화와 벗하고 매화를 사랑하며 매화를 추억하는 것이었다.

영남 시골에 봄이 저무는데	靑春欲暮嶠南村,
곳곳마다 오얏꽃 복사꽃이 혼을 빼앗네.	處處桃李迷人魂,
온 누리 환할 때 외로운 나무 서 있어라	眼明天地立孤樹,
하이얀 꽃 한 떨기 온갖 꽃들의 어지러움 씻었네.	一白可洗群芳昏.
	〈「節友壇梅花…」〉

매화를 꺾어 책상 위에 꽂아두고 바라보기도 하며, 뜰의 매화를 바라보면서 매화와 마주하여 서로 묻고 대답하며 화답하는 시를 여러 차례 읊고 있다. 때로는 찾아온 제자들과 매화꽃 아래서 술잔을 나누기도 하고, 매화를 읊은 시를 서로 화답하기도 하며, 달이 밝으면 매화를 찾아가 바라보며 시를 짓기도 하였다. 매화가 겨울 추위에 손상되었음을 안타까워하는 시를 읊어 제자들에게 보내기도 하였다. 도산서당에서 달밤에 매화를 읊은 시를 보면, 그가 매화에 담고 있는 깊은 정감을 느낄 수 있다.

뜨락을 거닐자니 달이 사람 따라오는데	步屧中庭月趁人,
매화꽃 언저리를 몇 차례나 돌았던고.	梅邊行遶幾回巡,
밤 깊도록 오래 앉아 일어나기를 잊었더니	夜深坐久渾忘起,

옷깃에 향내 머물고 꽃 그림자 몸에 가득해라.　　香滿衣巾影滿身.

〈「陶山月夜詠梅」〉

　서울 집에서는 화분에 심은 분매(盆梅)와 시를 주고받으며 정이 깊이 들었다. 기대승(奇大升)과도 분매를 시로 읊어 화답하였는데, 고향으로 돌아갈 때 이 매화분을 가져가지 못하여 그리워하다가, 제자 김부륜(金富倫)이 매화분을 보내주자 그 감회를 시로 읊었으며, 제자 김취려(金就礪)가 서울에 두고 온 매화분을 손자 이안도(李安道)편에 부쳐 배에 싣고 왔을 때 이를 기뻐하여 시를 읊기도 하였다. 제자들이 보낸 매화시를 논평해주기도 하고, 또 제자들의 시에 차운(次韻)하여 매화시를 화답하기도 하였으며, 매화분의 재배법을 묻기도 하는 등, 매화는 그의 서정과 운치 속에 가장 깊이 파고들어 있는 벗으로 손색이 없었다. 새벽 안개 속에서나 저녁 노을빛 아래서나 달빛 머금은 어스름한 밤에도 매화 향기를 찾아가는 노년의 퇴계가 지닌 운치를 그의 매화 시 속에서 생생하게 엿볼 수 있다.

　퇴계의 정감어린 풍류는 꽃과 나무를 벗하고 달과 바람과 눈 내린 밤에 술까지 어울린 그림같이 아름답고 정겨운 광경을 보여준다. 갓 핀 매화꽃의 향기로운 모습을 평생 그리워하고 찾아다니며, 매화분 하나를 마주하면서도 서로 주고받으며 화답하여 읊조리는 모습에서 매화와 퇴계가 일체가 되어가는 것을 발견하게 된다. 꽃의 향기가 그의 인격적 향기로움이 되고, 꽃과 나무의 지조가 그 자신의 지조가 되고 있다. 꽃나무와 자연 속에서 그의 잔잔한 기쁨은 진리의 깨달음에서 오는 법열로 통하는 것이라 보인다.

또한 그는 가을 서리 속의 국화를 꽃 중의 은사(隱士)로서 뜻을 부치기도 하고, 제자 우성전(禹性傳)이 국화와 서로 주고받아 문답한 시를 차운하여 읊기도 하였다. 그는 눈 내린 밤에 솔바람 소리를 홀로 누워서 듣고, 빗속에 연꽃을 구경하기도 하였으며, 달밤에 잠을 못 이루는 정감을 지녔다. 술을 마시고 돌아오는 길에 냇물에 비친 달을 보며 여울소리에서 음률을 듣는 풍류를 읊었다.

달을 밟고 돌아올 때 서릿발 하늘에 가득하고	踏月歸時霜滿天,
국화 핀 그 자리 옷깃에 향기 남았네.	衣巾餘馥菊花筵,
그 중에 달리 마음 깨워 주는 곳이란	箇中別有醒心處,
여울 소리 맑게 울려 거문고를 뜯는 듯.	水樂鏘鏘太古絃.

〈「憑家飲歸詠溪月」〉

그는 또한 대숲에 부는 맑은 바람을 사랑하여 "차가운 가지 여윈 잎이 푸른 안개 속에 흔들리네."(寒枝瘦葉搖蒼煙)라고 읊기도 하였다. 혹은 이자발(李子發)의 부탁을 받아 신잠(申潛)의 대 그림 10폭에 화제(畵題)로 눈과 달 속의 대(雪月竹), 바람에 흔들리는 대(風竹), 이슬에 젖은 대(露竹), 우중에 우는 대(雨竹) 등 10절을 읊기도 하였다. 곧은 절개와 풍류스러움과 쓸쓸함 등 대의 모든 모습을 노래하고 있는 것이다.

3) 노래와 춤으로 감흥을 일으키다

퇴계는 노래와 춤에도 세심한 관심을 기울였다. 그의 생활 속에서 가장 큰 즐거움의 하나는 시를 읊조리는 것이요, 시를 읊조리는 것이 이미 노래하는 '가영'(歌詠)이었다. 그는 친우나 제자들과 만나서 거문고 연주를 듣기도 하고, 홀로 자신의 마음을 더듬으며 거문고를 뜯기도 하였던 것은 음악에 대한 취향의 일면을 보여준다.

그는 15세 때 당시 안동부사로 있던 숙부가 모친(퇴계의 조모)을 위해 수연(壽宴)을 베풀었는데, 그 자리에서 노래하는 기생이 「어부가」(漁父歌)를 잘 불렀다. 그는 이 노래를 기쁘게 듣고서 그 가사와 악곡을 기록하였던 일이 있으며, 이때부터 「어부가」에 유의하였던 것으로 보인다. 그는 47세 때 주자의 「무이구곡도가」(武夷九曲櫂歌)를 차운하여 시를 지었으며, 49세 때 고향의 선배 이현보(李賢輔)가 지은 「어부가」(漁父歌)에 발문을 지었던 것도 강호(江湖)의 즐거움을 읊조리는 뱃노래에 깊은 흥취를 지녔던 사실을 보여준다. 이현보가 「어부가」를 지을 때 퇴계의 의견을 들어 수정하였다.

「어부가」는 초(楚)나라 굴원(屈原)이 지은 「어부사」(漁父詞)를 모방하여 우리나라에서도 일찍부터 우리말로 노래를 불러왔는데, 이현보는 전해오던 「어부가」 장가(長歌) 12장을 9장으로 줄이고 단가(短歌) 10장을 5장으로 줄여 개작한 것이라 한다. 퇴계는 이현보의 「어부가」에 붙인 발문에서 이현보는 자신이 고치고 다듬은 「어부가」를 아이들에게 노래로 부르게 하고 춤을 추게 하여 악곡(樂曲)으로 완성시켜가는 모습을 서술하여, "시중드는 아이들에게 (「어부가」를) 주어서 익히고 노래하게 하였다. 귀한 손님이 오거나 아름다운 경치를 만날 때면 언제나 물가의 난간에 기대거나 안개와 물결 속에 작은 배를 타고서, 반드시 아이들 몇 명에게 같은 목소리로 노래 부르게 하고, 소매를 잇달아 빙글빙글 돌며 춤추게 하여, 곁에서 사람이 바라보면 바람 따라 떠다니는 신선처럼 보였다."〈「書漁父歌後」〉고 하였다.

퇴계 자신도 65세 때「도산십이곡」(陶山十二曲)을 지어 악곡으로 완성시키고 있음을 보여준다. 그는 「도산십이곡」을 짓고서, 자신이 이를 짓게 된 이유를 밝히면서, 우리나라의 가곡들이 문란하거나 방탕하고, 세상을 희롱하여 공손하지 못하며, 온화하고 너그러우면서 독실하고 중후한 실상이 적은 것을 애석하게 여겼다. 이에 따라 그 자신이 한시 (漢詩)와 달리 우리말로 새로운 시가(詩歌)를 지어, 방탕하고 오만함을 씻어내고자 하였음을 강조하고 있다.

"한가하게 지내며 병을 요양하는 여가에 무릇 감정이나 성품에 느끼는 바가 있으면 언제나 '시'에서 펼쳐왔다. 그러나 오늘의 '시'는 예전의 '시'와 다르니, 읊을 수는 있어도 노래할 수는 없다. 만약 노래하려고 한다면 반드시 상스러운 세속의 말을 가져다 엮어야 한다. 대개 우리나라의 풍속과 소리의 마디는 그렇게 하지 않을 수 없는 것이다. 그래서 일찍이 대략 이별(李鼈)의 「육가」(六歌)를 모방하여 「도산육곡」(陶山六曲) 두 편을 지었다. 그 하나는 뜻을 말한 것이고, 다른 하나는 학문을 말한 것이다."　　　　　　　　　　　　　　　　〈「陶山十二曲跋」〉

여기서 퇴계는 자신이 그동안 한문으로 시를 지어 자신의 정감을 표현하여 왔지만, 한문으로 지은 시는 우리의 음률과 맞지 않아, 읊조릴 수(詠)는 있어도 노래 부를 수(歌)는 없다는 문제점이 있음을 분명하게 밝히고 있다. 노래 부를 수 없는 '시'는 아무리 격조가 높은 것이라 하더라도 인간의 정서를 절실하게 표출하는데 결정적인 한계를 드러내는 것이 사실이다. 따라서 그는 노래를 부르기 위해서는 고상한 한문이 아니라 비록 상스럽더라도 우리말로 '시가'를 짓지 않을 수 없음을 밝히고 있다.

그렇다면 퇴계는 「도산십이곡」을 처음부터 노래 부르기 위해서 지은 것이다. 그래서 그는 이 「도산십이곡」으로 노래 부르고 춤을 추게 하여 악곡으로 완성시켰다. 곧 "아이들로 하여금 아침저녁으로 익히고 노래하게 하여, 안석에 기대어 들었으며, 또한 아이들로 하여금 스스로 노래하고 스스로 춤추게 하니, 거의 비루하고 인색함을 깨끗이 씻어내고, 가슴 속에 감동이 일어나서 터져 나와 혼융하게 소통될 수 있으니 노래하는 자와 듣는 자가 서로 이로움이 없지 않을 것이다."〈「陶山十二曲跋」〉고 하였다. 이현보가 「어부가」를 노래 부르고 춤추게 하였던 것처럼 퇴계도 「도산십이곡」을 노래 부르고 춤추게 하여, 말(言)에서 탄식(嗟歎)으로, 노래(詠歌)로, 춤(舞蹈)으로 정서를 점차 고양시켜가는 음악의 실현을 도모하였던 것이다. 그는 아이들이 노래하고 춤추게 함으로써 정서를 순화시키는 것을 대중의 교화방법으로서 중시하였던 것이다.

4. 인간적 품격과 덕성

1) 자신을 단속하는 절제력

퇴계의 일상생활은 몸가짐을 단정하게 하고 말과 행동을 진지하고 신중하게 하여 우아하고 경건한 모습을 잃지 않았다. 어려서부터 날이 새기 전에 일어나서 이부자리를 정돈하고, 세수하고 머리 빗고, 의관을 바로 함으로써, 『소학』에서 배운 대로 실천하였다 한다. 조금 자라서 서당에 나가 글을 배우다가 쉴 때에도 반드시 얼굴빛을 가다듬고 단정히 앉아서, 옷과 띠를 바르게 하였다. 서재에서도 단정히 앉아 어디에 기대는 일이 없었으며, 온종일 책을 읽다가 간혹 고요히 생각에 잠기거나, 시를 읊조릴 뿐이었다.

한 평생 그의 모습과 태도는 한결같이 단아하고 차분하여, 수양에 의해 절제된 몸가짐과 마음가짐을 보여주었다. 글씨도 어지러운 글씨를 싫어하며, 반드시 정자로 쓰는 단정함을 지켰다. 동료 선비들과 모임에서도 다른 선비들이 흩어져 눕거나 다리를 뻗어 쉬기도 하며 풀어져 있었지만, 그는 단정한 모습과 자세를 흐트리지 않았다. 우아한 선비로서 그의 기품은 하루 아침에 이루어진 것이 아니라 어려서부터 자신을 단속하여 몸에 배었던 것임을 보여준다.

퇴계는 자신을 단속함이 엄격하였다. 그는 42세 때 의정부 사인(舍人) 벼슬을 할 때의 일을 회상하면서, "화려함과 방탕함 속에서 사람이 가장 쉽게 변화된다. 내가 여기에 노력을 기울인 적이 있어 거의 동요되지 않게 되었다. 그러나 의정부 사인(舍人)으로 있을 때, 노래하는 기생이 앞에 가득하여 문득 한가닥 즐거운 마음이 있게 됨을 느꼈다. 비록 통렬히 욕망을 억제하여 겨우 구렁텅이로 빠지는 것은 면하였으나, 그 계기가 바로 살고 죽는 길의 시초이다. 어찌 두려워하지 않겠는가?"라 하였다. 욕망과 이치가 갈라지는 계기를 죽음과 삶의 길이라 인식하고 있는 것이다.

독서당에서 사가독서 할 때에도 다른 선비들이 놀이를 즐기는 동안 그는 언제나 책상머리에 고요히 앉아 독서하였으므로, 다른 선비들이 그에게는 감히 함부로 농담을 건네지 못하였다 한다. 또한 그가 41세 때 외교문서를 처리하고 말을 점검하는 공무로 평양을 지날 때 평안감사 상진(尙震)이 이름나고 어여쁜 기생을 천거했지만, 그는 끝내 돌아보지 않았다. 이런 사실에서도 예법에 어긋날 일이라면 결코 행하지 않는 그의 엄격성을 엿볼 수 있다. 이처럼 반듯한 태도와 고상한 품격으로 그는 범하기 어려운 기상을 지녔으며, 언제나 사람들로 부터 사랑과 공경을 받았다.

고요하고 사려 깊은 행동은 저절로 이루어지는 것이 아니라, 한 순간이라도 자신이 방심한 점을 철저히 성찰함을 통해 오랜 세월 닦여진 품격에서 나오는 것이다. 그는 젊어서 숙부를 따라 사람들과 들로 사냥을 나갔다가 술에 취하여 말에서 떨어졌던 일이 있었다. 술이 깬 뒤에 후회로 마음이 견딜 수 없이 아픔을 느끼고 나서 술을 경계하였던 사실을 말하고 있다. 또한 그가 처음 벼슬에 나아가 서울에 있을 때 사람들에 이끌려 날마다 술 마시고 놀았는데, 그러다가 얼마 후 한가한 날에 문득 심심한 마음이 일어나는 것을 깨닫고서는 이를 두고두고 부끄러워하며 자신을 반성하였다.

그는 언젠가 어느 제자의 집을 찾아갔는데, 갈 때는 산길이 험하여 말고삐를 단단히 쥐고 조심하였지만, 돌아올 때는 술이 거나하게 취하여 길이 험한 것을 잊어버리고 평탄한 큰 길을 가듯 하였던 일을 돌아보면서도, 방탕하고 성실한 갈림길이란 마음을 붙잡는가 놓아버리는가에 달려 있는 것임을 깨달았다고 한다. 이러한 성찰과 수양을 통하여 그는 마음이 동요되지 않는 경지에 이르렀던 것 같다.

그는 가장 작은 일에서 부터 강직하여 자신을 굽히고 거짓과 타협하는 일이 없었다. 19세 때 문과(文科) 초시(初試)에 참가하기 위하여 길을 떠났을 때 숙박하던 집에서 쉬는데 어린 종 아이가 남의 밭 푸른 콩을 몰래 따다 밥을 지어 올렸지만, 그는 손을 저어 거절하고 먹지 않았다 한다. 작은 일에서 정직하지 못하면 큰일에 정대할 수가 없음을 실행한 것이다. 서울 집에 살 때 이웃집 밤나무 가지가 담장을 넘어와 알밤이 마당에 떨어지자 집안 아이들이 남의 것을 먹을까 염려하여 밤을 주워서 담 너머로 던져 보냈던 청렴함을 보여준다.

그는 사람들과 대화에서도 도리와 예법을 벗어나지 않음으로써 항상 공경하는 자세를 풀어놓지 않았다. 남들의 말이 도리에 맞으면 기

쁘게 따르는 포용력을 지니면서, 동시에 남들의 말이 도리에 맞지 않
으면 침묵으로 거부하는 엄격성을 지님으로써, 사람들이 함부로 잡스
럽고 속된 말을 하지 못하게 하였다. 또한 마을에서 대중들과 말할 때
에는 부드럽고 화평하여 다투는 일이 없었으나, 조정에서 대부(大夫)
들과 논의할 때에는 반드시 엄숙한 얼굴빛으로 끝까지 따져서 옳고 그
름을 가려 공정성을 잃지 않았다. 말하고 침묵하며, 동작하고 그치기
를 모두 예의와 절도에 맞게 할 수 있는 것은 그의 넉넉한 덕과 우아한
품격을 드러내주는 것이 아닐 수 없다.

61세 때 가을에 도산서당이 비로소 이루어졌는데, 서당 바로 앞의
강에는 관청에서 설치한 어량(魚梁)이 매우 가까이 있었다. 그래서 퇴
계는 매번 여름과 가을 사이에는 도산서당에 나가지 않고 본댁에 머물
렀다. "배나무 아래서는 갓끈을 고쳐매지 않는다."는 속담처럼 의심받
을 일을 하지 않는다는 것이다. 이 이야기를 듣고 남명(南冥 曺植)은
웃으며 말하기를, "무엇을 불편해 하는가? 나 자신이 하지 않으면 비록
관청의 어량이 있더라도 무엇을 혐의하며 무엇을 피할 것인가?"라 하
였다. 퇴계는 그 말을 듣고, "남명에 있어서는 마땅히 그와 같이 하겠
으나, 나에게 있어서는 또한 마땅히 이와 같이 해야 한다. 나의 불가능
한 것으로써 유하혜(柳下惠)의 가능함을 배우면 또한 마땅하지 않겠는
가?"라고 대답하였다. 남명은 자신이 옳다면 어디에서나 당당할 수 있
다는 입장이라면, 퇴계는 자신이 정직하더라도 남의 의심을 받지 않도
록 삼간다는 신중함의 기질적 차이를 잘 드러내주기도 한다.

퇴계는 자신이 경(敬)을 실천하는 공부의 정도를 설명하면서, "나의
경우를 말할 것 같으면 아침 저녁으로 혹 정신이 맑고 기운이 안정되

는 때를 만나 엄숙한 상태를 유지하면, 마음과 몸이 붙잡지 않아도 저절로 흐트러지지 않고, 팔 다리가 억제되지 않아도 스스로 공손하고 근실해져서, 옛 사람들의 기상(氣象)이 좋던 때도 반드시 이와 같았을 것이라 생각될 경우가 있었다. 그러나 오래도록 유지할 수가 없었다."〈『연보』〉고 하였다. 퇴계의 수양공부는 이미 경지에 이르렀음을 보여준다. 공자의 제자 안회(顔回)는 석 달 동안 '인'(仁)을 어기지 않을 수 있었다고 하였다. 퇴계도 자신이 수양의 경지를 오랫동안 유지하지 못함을 고백하였는데, 얼마나 오랫동안 유지하느냐 하는 것은 한 차원 높은 단계의 문제이다.

2) 온화함과 겸허함

이 시대의 대표적 선현들의 인품을 특징적으로 규정한다면, 남명이 강직한 의리(義)를 가장 잘 드러내주고, 율곡은 예리한 지성(知)을 가장 잘 드러내주며, 퇴계는 온화하고 어진 덕(仁)을 가장 잘 드러내주는 경우라 비교해볼 수 있다. 그만큼 퇴계는 예법을 엄격하게 지키는 도학자이지만, 예법이나 의리로 남의 허물을 비판하는데 엄격한 인물이 아니라, 누구나 따뜻하게 감싸주는 포용력을 지닌 인격이라 할 수 있다.

퇴계의 포용력을 잘 보여주는 일화가 있다. 어느 날 도산서당에 앉아 있었는데, 마침 앞뜰에 말을 타고 지나가는 사람이 있었다 한다. 당시의 예법으로는 퇴계처럼 고명한 인물이 머물고 있는 곳을 지날 때에는 말에서 내려 걸어서 지나가는 것이 공경하는 태도를 보여주는 것이고, 말을 타고서 지나가는 것은 오만하고 무례한 태도로 질책을 받을 수 있다. 그 광경을 보고서 서당을 관리하는 스님이 말하기를, "이 사람은 이상하기도 하지. 선생님 앞을 지나가면서도 말에서 내리지 않네."라고 하였다. 퇴계는 그 말을 듣고서, "말을 타고 가는 사람이 마치 그림 속의 인물과 같구나. 다만 아름다운 경치 하나를 보탰을 뿐이니, 무슨 허물이 있느냐."〈『연보』〉라고 말했다 한다. 말을 탄 채 지나가는 무례함을 나무라는 예법의 시선이 아니라, 경치의 한 장면으로 보는 심미적 시선을 보여준다. 예법으로는 분명 비난받을 허물이지만 너그럽게 포용하는 마음이 또 다른 시야를 열어주고 있는 것이다.

그는 자신을 쉽게 드러내지 않는 신중하고 겸허함을 지녔다. 67세 때 당시 평안도 중화군(中和郡)에서 자신의 저술로『퇴계학용해』(退溪學庸解)와『어록해의』(語錄解疑)라는 두 책을 간행하였다.『어록해의』는 본래 퇴계의 저술이 아니고,『학용해』는 그가『대학』과『중용』에 관한 우리나라 여러 학자들의 학설이 가닥 잡히지 않은 것을 보고서 그 학설들을 모아 뺄 것은 빼고 취할 것은 취하고자 한 것이지만, 아직 완성되지 않았다고 생각했던 것이다. 그래서 퇴계는 마침 공무로 평안도 지방에 나가는 기대승에게 편지를 부탁하여 중화군에서 간행한 책의 목판을 폐기하도록 하였다. 67세의 노학자가 자신의 저술에 아직도 미진함이 있다는 이유로 세상에 내 놓기를 거부하는 것은 단지 학문적 완성을 추구하는 진지성의 문제라기보다는 남들에게 자신을 내세우지 않으려는 겸허함을 보여주는 것이라 하겠다.

69세 때도 경상감사인 이양원(李陽元)이 퇴계의 대표적 저술인『성학십도』(聖學十圖)를 간행하려 하자, 당시의 선비들 가운데 이 저술에 대해 아직도 시비를 하고 있는 사람들이 있음을 알고는 편지로 간행을 중단하게 하였다. 자신의 평생 학문을 응집시킨 저술로 임금에게 올렸던 것이지만, 몰이해한 인물들의 시비가 있는 한 세상에 공개하여 내어놓고 싶지 않다는 것은 자신을 깊이 감추려는 겸허한 태도의 표현이라 할 수 있다.

3) 퇴계의 인품을 논하다

퇴계의 인품은 제자들에게 깊은 감동과 영향을 남겼던 것 같다. 그의 제자 김성일(金誠一)은 오랫동안 따르면서 느꼈던 스승 퇴계의 화락하고 덕스러우며 군자다운 풍도를 학문·도리·덕성·문장·회포·기상·진중함·깊이 등 여러 측면에서 자상하게 그려보고 있다.

> "쉽고 명백한 것은 선생의 학문이요, 정대하여 빛나는 것은 선생의 도(道)요, 따스한 봄바람 같고 상서로운 구름 같은 것은 선생의 덕(德)이요, 무명이나 명주처럼 질박하고 콩이나 조처럼 담담한 것은 선생의 글이었다. 가슴 속은 맑게 트이어 가을 달과 얼음을 담은 옥병처럼 밝고 결백하며, 기상은 온화하고 순수해서 순수한 금과 아름다운 옥 같았다. 무겁기는 산악과 같고 깊이는 깊은 샘과 같았으니, 바라보면 덕을 이룬 군자임을 알 수 있었다."

한마디로 퇴계의 인품과 기상은 봄바람처럼 따사롭고, 그 정신은 가을하늘처럼 맑으며, 그 가슴은 호수처럼 잔잔하고, 그 풍모는 옥같이 아름다웠다 하니, 바로 퇴계에서 유교적 인격의 모범인 군자의 모습을 확인하고 있는 것이다.

그가 68세 때 선조임금은 경연(經筵)의 자리에서 신하들에게 퇴계의 인품을 옛 선현들과 비교하여 논평을 해보라고 요구했던 일이 있다. 이때 기대승은 퇴계의 학문자세를 서술하여, "나이가 이미 70이요 보는 바도 높지만 자신의 견해를 주장하지 않고, 어린 사람이 말하는 것도 역시 생각하여 듣습니다. …동방에서 학문한 사람으로는 예로부터 지금까지 그와 비견할 사람을 보지 못하였습니다."라 하였다. 그의 학문자세가 얼마나 겸허하고 진지하며, 그 학문의 성취가 얼마나 고매하고 탁월한 지를 역설하였다. 또한 기대승은 퇴계의 인격적 덕성을 서술하여 "겸허하고 공손하며 온순하여, 털끝만큼도 자만함이 없으며, 자신을 버리고 남을 따르기 때문에 사람들을 공경하게 하고 감복시킵니다."라고 하여, 끝없이 자신을 낮추는 겸허함과 자기를 내세우지 않고 누구의 뜻이나 받아들이는 포용력을 지닌 인격이기에 사람들을 감동시켜 공경하게 하는 사실을 강조하고 있다.

5부

퇴계철학의 두 날개
– 성리학과 수양론

退溪評傳

1. 인간의 이해와 하늘의 각성

1) 성품(性)과 마음(心)

퇴계는 성리학의 '이기론'(理氣論)에 따라 우주·인간·만물을 포함한 모든 존재를 '이치'(理)와 '기질'(氣)의 개념으로 분석하면서, 우주와 인간존재의 상응구조를 확인하고 있다. 여기서 우주와 인간의 존재는 상응하는 것이지 곧바로 일치하는 것은 아니다. 또한 퇴계는 '태극'이 인간의 마음에 깃들어 있음을 확인하여, 인간의 마음과 '태극'이 동일한 구조로 상응하는 것임을 제시한다.

퇴계는 '태극'이 없는 곳이 없듯이, 사람과 사물이 살아가는 일용 사이에 '천명'의 유행이 아닌 것이 없음을 지적한다. 다만 여기서 사람은 '천명'을 인식하고 있다는 점에서 사물보다 귀중한 존재라 본다. 곧 "사물은 추리(推理)할 수 없으나 사람만이 추리할 수 있다."〈「答申啓叔」〉고 하여, 사람이 사물보다 귀중한 근거로서 사유능력을 강조하고 있다.

또한 퇴계는 '태극'과 '천명'의 개념을 구별하여, '태극'은 조화(造化)가 드러내는 자연의 영역(地分)을 살피는 뜻을 가리키고, '천명'은 사람과 사물이 받은 바의 역할(職分)이 있는 도리를 가리키는 것이라 대비시켰다. 곧 '태극'이 우주의 조화질서를 내포하는 '천리'(天理)의 차원이라면, '천명'은 인간과 사물이 품부 받은 '성품'이요 이를 실현하는 수양으로서 '인도'(人道)의 차원으로 구별될 수 있다.

인간과 사물이 부여받고 태어나는 기질에는 바름(正)과 치우침(偏)의 차이가 있는 데, 인간은 바른 기질을 타고남으로써, 치우친 기질을 타고나는 사물과 차이를 드러낸다. 여기서 그는 '성인'(聖人)을 "이치에 순수하여, 고요함으로써 활동을 다스려 기질이 이치의 명령을 받게 하는 사람"이라 하고, '중인'(衆人)을 "기질에 부림을 받아 활동으로 고요함을 파 들어감으로써 이치가 기질에 빼앗기는 사람"이라 정의한다. 이치와 기질의 어느 쪽이 주도하는가에 따라 인격의 차등을 구별하는 것이다. 〈「靜齋記」〉

퇴계는 마음(心)을 '한 몸의 주재'요 인간존재의 중추로 파악한다. 마음의 문제는 사실상 퇴계의 철학적 중심문제를 이루고 있다. 그는 마음을 성품(性)과 감정(情)의 통합체로 인식하였다. 특히 마음의 구체적 발동현상으로서 감정의 양상인 '사단'(四端)과 '칠정'(七情)을 '리'·'기' 개념으로 정밀하게 분석하며, 마음의 발동양상에 따라 '인심'(人心)과 '도심'(道心)의 개념으로 수양론의 기반을 제시하였다.

퇴계는 마음에서 아직 발동하지 않은 상태(未發)의 본체인 '성품'(性)과 발동한 이후(已發)의 작용인 '감정'(情)을 분석하여, 마음을 "이치와 기질을 겸하고 성품과 감정을 통섭하는 것"〈「聖學十圖」〉으로 정의하고 있다. 또한 성품과 감정을 통섭하고 있는 마음에서 '성품의 본체가 발동하여 나온 작용을 감정'(性發爲情)이라 본다. 나아가 퇴계는 인간 마음의 기본 작용으로서 '지각'과 '사유'를 주목하고 있다. 또한 그는 인간 마음의 본체와 작용을 통합한 전체를 '신명'(神明)이라 하여, 이 '인간에 있는 신명'은 '하늘에 있는 신명'과 근원적으로 일치하는 것이라 파악함으로써, 마음과 하늘이 같은 '신명'임을 확인하고 있다.〈「論 李仲虎碣文示金而精 別紙」〉

특히 '인심'과 '도심'은 인간 마음의 발생근원을 밝히는 문제로 인간의 도덕적 근거와 수양론적 실천방법에 연결되는 것으로 중시되고 있다. 퇴계는 '인심'과 '도심'에 대해, 나누어서 말하면 "'인심'은 형기(形氣)에서 발생하고 '도심'은 성명(性命)에 근원한다."고 하지만, 합하여 말하면 "'도심'은 '인심'의 사이에 섞여서 나오는 것으로, 실제 서로 의뢰하고 서로 발동하기도 하니, 확연히 두 가지가 된다고 할 수 없다."〈「答洪胖」〉고 하여, 하나의 마음속에서 '인심'과 '도심'이 상호작용하고 있는 것임을 주목하고 있다. 나아가 퇴계는 형기에서 발생하는 '인심'은 성인에게도 있음을 지적하면서, '인심'이 근본이 되고 그 말류로 나타나는 것이 '인욕'(人欲)이라 하여, 아직 악에 빠지지 않은 '인심'과 이미 악으로 드러나는 '인욕'을 분별하였다.〈「答審姪問目」〉

2) 선·악의 문제

퇴계는 마음이 발동함에 따라 나타나는 선과 악의 현상을 정의하면서, "이치가 드러나고 기질이 순응하는 것이 선이요, 기질이 가려서 이치가 숨은 것이 악이다.”〈「答鄭子中講目」〉라 하여, 선의 근거인 이치는 순수한 선이요, 악의 근원인 기질은 선·악이 갈라져 나오는 조건이라 본다. 여기서 이치는 인간의 삶에 표준이 되는 ‘천리’(天理)요 이 ‘천리’가 인간 마음에 내재하는 것이 ‘인성’(人性)이며, 기질은 인간의 마음과 신체를 구성하는 바탕을 가리킨다. 다시 말하면 ‘천리’와 ‘기질’로 이루어진 구체적 인간존재에서 ‘천리’(곧 人性)가 ‘기질’을 통하여 온전하게 드러날 때 선이 실현되고 ‘천리’가 ‘기질’에 은폐될 때 악에 빠지게 되는 것이라 본다. 따라서 퇴계의 이치와 기질(理·氣)개념은 형이상학적 관념체계에 머무는 것이 아니라 ‘천리’를 보존하고 드러내며 ‘기질’에 따른 ‘인욕’(人欲)을 억제하는 수양론의 원리로서 그 도덕적 성격을 확인하고 있다.

퇴계는 “처음에 근본하여 말한다면 마음이 발하지 아니하고 기질이 작용하지 아니하여 본체가 비고 밝을(虛明) 때면 진실로 선하지 아니함이 없다.”〈「答鄭子中 別紙」〉고 하여, 기질이 마음속에 있어도 아직 작용하지 않음으로써 이치가 은폐되지 않은 마음의 본체를 선한 것이라 확인한다. 또한 그는 주자도 그후 정자의 이 말이 ‘마음의 본체를 가리킨 것’이라 하여 긍정하였음을 지적한다. 이처럼 퇴계는 맹자의 성선설(性善說)을 ‘심본체선설’(心本體善說)로 해명하고 있는 것이다.

또한 퇴계는 성품·감정을 포괄하는 마음에서 “성품이 발동하여 감정으로 나타나는 경계가 곧 마음의 기미(幾微)요, 만 가지 조화(造化)의 핵심(樞要)이요, 선과 악이 갈라져 나오는 곳이다.”〈「聖學十圖」〉라 하여, 본체(未發)로서 성품이 작용(已發)인 감정으로 나오는 경계를 마음의 작용에서 가장 중요한 계기로 주목하고 있다. 그러나 그는 마음의 주체적 발동으로서 '생각'(意: 意思)이 성품의 자연적 발동으로서 '감정'을 장악하여, '천리'(公)를 따라 선을 실현하기도 하고 '인욕'(私)을 따라 악에 빠지기도 한다고 하였다. 따라서 선악의 도덕적 책임은 감정에 있는 것이 아니라, 마음의 주체적 발동인 '생각'에 있음을 확인하고 있다. 곧 마음에는 실재적 구성요소로서 '성품'과 '감정'이 있으며, 자율적 주체성으로서 '생각'(意)이 있는 것으로 구분되어 인식된다.

또한 퇴계는 "'천리' 속에는 본래 '인욕'이 없고 다만 그 유행에서 차이가 있어서 드디어 '인욕'이 생겨나게 되니, 정자가 '선과 악이 다 천리다'(善惡皆天理)라 하였다. 이른바 악이란 본래부터 악한 것이 아니고, 다만 지나치거나 못 미치는 것이다."라는 주자의 말을 인용하여, 악을 단지 '지나치거나 못 미치는 것'이라는 견해에 따라 악의 실체를 부정하고 있다.〈「答李平叔」〉

나아가 퇴계는 '성품은 이치로서 순수하게 선하다'는 일반적 개념정의와 달리, 정자 이후 논의되어 왔던 '타고난 기질의 악함도 역시 성품의 이치이다'는 주장을 검토하고 있다. 곧 그는 성품을 물에 비유하여, '맑고 조용히 흐름'이 물의 본성이지만, '진흙과 찌꺼기를 만나 더럽혀지고 탁해지며 험난한 곳을 만나 파도가 일어나는 것'은 물의 본성은 아니지만 물이 아니라고 할 수는 없으니, 다만 그 만난 것이 다를 뿐이라 하였다. 이 비유에 따라서 타고난 기질의 악함이 비록 성품의 본연은 아니지만 성품의 이치라 할 수 있음을 밝혔다.〈「答鄭子中 別紙」〉이에 따르면 기질의 조건에 따라 선·악으로 나타나는 모든 현상에는 어디에나 성품(性－理)이 존재하지 않는 경우가 없으므로, 성품의 본연한 실상은 선이지만 악도 성품을 벗어나서 나타날 수는 없는 것이라 본다. 따라서 악은 본질적인 것은 아니지만 성품의 그림자처럼 그 실체에 따라서 나타나는 현상으로 인정하고 있다.

이처럼 그는 악이 성품에 근원하여 선과 대등한 지위에 있을 수 없는 것임을 명백히 함으로써, 악이 본질적 존재가 아니요 기질적 조건에 따른 현상일 뿐이며, 본래적이고 고유한 것이 아님을 확인하고 있는 것이다.

3) 하늘과 인간의 존재

퇴계의 사상체계에서는 궁극적 근원으로서 '천'(天)개념의 인식이 필수적이다. 퇴계는 "도덕과 학술이란 '천명'(天命)에서 나와서 '인륜'(人倫)에 행해지는 것으로, 천하와 고금이 다 같이 말미암는 바의 길이다."〈「戊辰六條疏」〉라 언명하였다. 유교의 진리와 실천방법으로서 '도덕과 학술'(道術)이란 하늘의 명령(天命)에 근원하는 것이요, 인간의 도리(人倫)로 실현되는 보편적 원리임을 지적한다.

퇴계에 있어서 '천'존재의 이해는 현실세계의 인간존재를 통해 해명되고 있는 사실이 주목된다. 곧 '천'을 비쳐주는 거울로서 인간존재의 새로운 발견이 중시되는 것이다. 그것은 '천'이란 인간존재를 통하여 가장 생생하게 해명할 수 있는 것임을 보여준다. 결론적으로 말하면 하늘과 인간의 사이에는 그 존재구조의 본질에서 서로 일치성을 확인하고, 동시에 하늘과 인간이 명령하고 명령받는 긴장된 관계로 이해되고 있으며, 나아가 하늘과 인간은 서로의 의미를 상대방에 비쳐줌으로써 밝힐 수 있는 깊은 상관관계를 전제로 하고 있는 것이다.

퇴계의 성리학 이론을 대표하는 중심과제이었던 '사단칠정론'(四端七情論)도 인간의 성품과 감정에서 이치와 기질의 근원을 밝히는 것은 바로 '천리'와 '기질'의 문제로 귀결되는 것이다. 따라서 '사단칠정론'도 결국 하늘과 인간관계의 문제와 긴밀하게 연결되어 있는 것이 사실이다. 그러나 그는 궁극존재의 명칭에 따른 다양한 양상들을 '이치'(理)로 환원시키는 것이 아니라 '이치'의 근원성·보편성을 통해 궁극존재의 성격을 해명하는데 중점을 두고 있다. 그만큼 그는 궁극적 존재의 다양성을 더욱 선명하게 드러냄으로써, '천'개념을 더욱 풍부하고 구체적으로 제시하였던 것이다.

사실상 퇴계에 있어서 '천 - 인'관계의 문제는 그의 철저한 수양론적 관심에 기초하여, 수양공부를 통한 인격적 확충과 향상을 통한 '천인합일'(天人合一)의 실현을 추구하는데 귀결되고 있다. 성리학의 존재론적 '천'개념의 이해나 정감론적 '천'의 인격적 만남은 객관적 사실의 인식문제라고 한다면, 수양론적 '천 - 인'관계의 이해는 실천적 자각이라는 점에서 주체적 실현의 양면을 보여준다. 나아가 퇴계에 있어서 '천관'(天觀)은 존재론·정감론·수양론이라는 세 차원의 복합으로서 유교의 신앙적 성격을 강하게 드러내고 있다는 점에서 가장 뚜렷한 특징을 보여준다. 퇴계에 있어서 '천 - 인'관계의 문제는 성리학적 이론의 기반 위에 '천'이 도덕적 근거로서 확보되고, 동시에 인격적 정감을 통한 '천-인'관계의 상호감응을 절실하게 각성함으로써 '천명'을 따르고 '천리'를 지키는 수양론적 실천의 표준을 확립하는 복합적 '천관'을 제시하고 있다. 바로 여기에 퇴계의 '천관'이 지닌 신앙적 성격이 드러나고 있는 것이다.

일상생활 속에서 '천명'에 대한 무한한 경외감(敬畏感)을 잃지 않고, '천'이 변이(變異)를 통해 드러낸 노여움에서 인간에 대한 '천'의 사랑을 발견하는 인격적 만남과, 나아가 '천'에 대한 외경과 자신에 대한 성찰의 수양론적 실천을 통하여 '천인합일'의 신비(妙)라는 극치를 실현하고자 하였던 것은 바로 도학의 신앙적 삶을 보여주는 것이라 하겠다.

퇴계는 '천 - 인관계의 형이상학적 근거를 정밀하게 밝히면서, 인격적 내면의 생생한 각성을 실현함으로써 내면적 수양과 더불어 도덕적 근원을 확보하고 있다. 또한 이를 토대로 통치원리의 확립과 정치적 이상의 실현에 지속적인 관심을 기울임으로써, '천인상응'의 구조를 '왕도'(王道)의 실현이라는 도덕적 정치이상의 실현을 지향하고 있는 경세론으로서 주목할 필요가 있다. 퇴계에 있어서 '군덕'(君德)을 바로 잡고 '왕도'의 통치원리를 확립한다는 경세론적 과제는 바로 '천'존재와 '천인상응'의 인식에 근거하고 있음을 의미한다.

4) 하늘과 인간의 인식

(1) 천명(天命)과 인성(人性) - 본체론적 인식

퇴계는 "'태극'에 활동하고 고요함이 있는 것은 '태극'이 스스로 활동하고 고요함이요, '천명'이 유전하고 운행하는 것은 '천명'이 스스로 유전하고 운행하는 것이다."라 하여, 모든 작용을 시키는 근원적 존재가 바로 '태극'이요 '천명'임을 확인하고 있다. 또한 퇴계는 궁극적 근원으로서 '태극'과 '천명'을 이치로 이해하며, "이 이치는 지극히 존귀하고 상대가 없으니, 사물을 명령할 뿐이요 사물로부터 명령을 받지 않기 때문이다."〈「答李達·李天機」〉라 하여, 이치의 근원적 절대성을 강조한다. 이와 더불어 그는 만물을 생성·조화하는 작용의 근원을 '태극'이라 하면, 그 작용을 주재하는 존재를 '상제'라 일컬었다. 곧 조화의 근원이 '태극'이요, 유행의 근원이 '천명'이라면, 조화와 유행의 작용을 주재하는 존재를 '상제'라 하여, '태극'·'천명'·'상제'의 존재를 일치시키는 것이다.

나아가 퇴계는 소강절(邵康節)이 "마음이 태극이 된다"(心爲太極)고 말한 것은 주렴계(周濂溪)가 「태극도설」에서 말한 '인극'(人極)을 가리키는 것이라 파악하였다. 여기서 그는 '인극'의 뜻을 정의하여, "사물과 내가 없고, 안과 밖이 없으며, 구분과 단계가 없고, 일정한 장소와 정해진 실체가 없는 것"이라 하였다. 곧 '인극'은 통합된 전체(統體)로서 모든 분별을 넘어서 있는 '태극'과 일치시키고 있는 것이다. 따라서 퇴계는 마음의 태극으로서 '인극'에 대해, 고요할 때는 "혼연하여 온전히 갖추고 있어서 하나의 근본이 되며, 진실로 마음에 있는지 사물에 있는지 분별이 없다" 하여, 모든 것을 통일하고 내포하여 근본임을 확인한다. 활동하여 사물을 응접할 때는 "사물마다의 이치가 곧 내 마음에 본래 갖추고 있는 이치인데, 다만 마음이 주재가 되어 각각 그 법칙을 따라 응할 뿐이지 어찌 내 마음으로부터 미루어 나가기를 기다린 다음에 사물의 이치가 되겠는가."라 하여, 마음은 모든 사물의 주재로서 사물의 이치를 이미 그 자체 속에 갖추고 있어서 대응하는 것임을 밝히고 있다. 이처럼 퇴계는 마음의 본체는 '천명'으로서 '성품'을 지니고 있으며, 동시에 마음의 통체는 '태극'으로서 세계의 근본이 되고 모든 이치를 갖추고 있어서 모든 사물을 주재하는 존재임을 확인한다. 따라서 '태극'·'천명'·'마음'·'이치'를 서로 관통하고 일치하는 것으로 해석하였다.

퇴계는 이덕홍(李德弘)에게 '천명'에서 '명'(命)의 뜻을 성품의 덕으로 부여된 '성명'(性命)과 정해진 운수로서 주어진 '운명'(運命)이라는 두 가지 의미를 구분하여 해명하였다. '운명'의 뜻으로서 '명'에는 처음부터 정해진 운수가 있지만, 사물의 경우에는 바꿀 수 없더라도, 사람의 경우에는 바꿀 수 있는 이치가 있음을 주목하였다. 곧 천지와 사물에는 능동적 행위(作爲)가 없이 운행에 맡겨져 있는데 비하여, 사람의 도리는 선을 쌓아서 하늘의 뜻을 돌릴 수 있기 때문이라 보는 것이다. 따라서 사람에게서는 "그 도리를 다하고서도 면하지 못하게 된 다음에 '명'에 맡길 수 있다"고 하여, "그 도리를 다하고서 죽는 것이 '정명'(正命)이다."라 언급한 맹자의 '정명설'(正命說)을 받아들이고 있다. 그는 제자 정유일(鄭惟一)에게 처신하는 도리를 충고하면서, "문을 닫고 스스로 지켜서 하늘이 '명'하는 바를 들어야 한다. 이렇게 하고도 혹시 험난한 일이 있으면 '명'(운명)이라 할 수 있으니 자신이 불러들인 것이 아니다."라 하여, 성품에 부여된 '천명'을 따라야 할 것을 앞세우고 그런 다음에 닥치게 되는 곤경을 '운명'으로 받아들일 수 있음을 지적하였다. 곧 '명'에는 '성명'이 기준이요, '운명'은 현실의 특정한 조건으로 대비시키고 있는 것이다.

(2) 사랑(仁愛)과 경외(敬畏) - 정감적 대응

퇴계는 '천 - 인'관계를 본체론적 입장에서 인식하는 것과 더불어 정
감적 입장에서 인식하고 있는 사실이 주목된다. 인간은 하늘을 인격적
대상으로 만남으로써, 하늘의 정감적 성격과 인간의 하늘에 대한 정감
적 태도를 인식할 수 있는 것이다. 여기서 하늘의 정감적 성격은 사랑
(仁愛)과 분노(震怒)의 상반된 감정으로 나타나며, 인간이 하늘에 대한
태도는 하늘의 사랑에 대해 감사의 감정과 더불어 하늘의 분노에 대해
공경과 두려움(敬畏)의 감정으로 표출되고 있다. '사랑'과 '두려움'의
감정은 하늘에 대한 인간의 가장 원초적 감정으로 확인된다.

하늘은 사랑의 마음을 지니고 있다하더라도, 세상의 모든 인간과 만
물에 대해 사랑을 직접 베푸는 것이 아니라 파악된다. 곧 하늘은 반드
시 인간 가운데서도 가장 탁월한 자(聖哲·元良)를 더욱 관심 깊게 돌
아보며, 이들을 임금과 사목(司牧)으로 삼아서, 사랑의 정치를 시행하
게 한다는 것이다. 이것은 '왕권수천명설'(王權受天命說)의 근거요, 양
계초(梁啓超)가 말하는 '간접적 천치주의(天治主義)'를 의미한다. 따라
서 퇴계의 '천명'에 대한 인식에서도 하늘이 군왕(君王)에게 내리는 '천
명'이 중요한 관심의 대상이 되고 있는 것이다.

나아가 하늘이 군왕에게 사랑을 베풀어 정치를 시행하도록 맡겼지
만 인간으로서 군왕이 덕을 이루지 못하여 천명을 수행하지 못하는 문
제가 발생하게 된다. 하늘이 백성을 사랑하는 마음에서 군왕에게 '천
명'을 내려주었지만, 군왕이 백성을 사랑하여 보살피는 임무를 제대로
시행하지 못할 때, 하늘은 군왕의 통치행위를 지속적으로 감시하고 있

다가 군왕의 나태함에 재이(災異)를 내림으로써 경계하고 견책한다는 것이다. 여기서 하늘은 저 위에 드높이 계시면서 날마다 이 세상을 감독하는 존재요, 털끝만큼도 속임을 용납하지 않는 존재로서 확인된다.

다음으로 퇴계는 임금으로서 하늘이 백성을 사랑하는 마음(天心)을 받들어 계승하여야 하는 방법을 해명하면서, 평소에 '천명'을 받는 일과 더불어 재이(災異)를 당하여 '하늘의 뜻'(天意)를 감동시키는 일로서, 하늘을 받드는(奉天) 방법과 아울러 '하늘의 뜻'에 어긋날 때의 결과에 대해서 구체적으로 제시하고 있다. 곧 퇴계의 '천'개념은 '사랑의 하늘'이라는 정감적 인식을 전제로, 자연의 재해도 하늘이 임금을 사랑하여 경고하고 나무라는 사랑의 표현으로 받아들이고 있다. 하늘의 정감적 성격은 '화락한 은총의 사랑'과 더불어 '진노하는 위엄의 노여움'이라는 양극적 감정으로 나타나며, 이 두 감정은 모두 하늘이 인간에 대한 사랑을 표현하는 방법이라 지적한다. 따라서 인간의 하늘에 대한 태도는 하늘의 사랑에 대해 감사와 분노에 대해 두려움이라는 복합적 감정으로 나타나는데, 상제의 분노와 경고를 두려워함으로써 '수양과 성찰을 정성스럽게 하여 하늘의 사랑을 계승할 것'을 강조하고 있다.〈「戊辰六條疏」〉여기서 퇴계는 하늘의 큰 덕이 살리는 것(生)이므로, 천지 사이에 존재하는 모든 사물을 사랑하는 것으로 인식하며, 인간은 '하늘의 모습을 닮고 가장 신령한 존재'(肖象而最靈)이므로, 하늘의 마음(天心)은 인간에게 가장 깊은 사랑을 베푸는 것이라 이해한다.

퇴계는 이처럼 하늘의 사랑이 지닌 다른 한 측면인 노여움에 대해 인간이 두려움을 갖지 못하면, 간사하고 편벽된 감정이 강의 둑을 터뜨린 것처럼 풀려나올 것임을 경계한다. 그는 인간이 하늘의 분노에 대한 두려움의 정감적 대응을 일으킴으로써, 자신을 수양하고 성찰하는 도덕적 기초가 확보되는 것임을 주목한다. 퇴계는 공광(孔光, 前漢)과 왕안석(王安石, 北宋)이 '천도'(天道)내지 '천변'(天變)을 두려워할 것이 없다고 한 말의 그릇됨을 비판하고, 동시에 동중서(董仲舒)의 기계적인 '천인상응'관계의 이해를 비판하면서, 인격적 '천인상응'관계를 제시하고 있다.

또한 그는 하늘과 인간의 관계를 부모와 자식의 가족적 관계로 인식하여, "부모를 섬기는 마음을 미루어 하늘을 섬기는 도리를 온전히 실현할 것이며, 모든 일에 수신·성찰하고, 어느 때나 두려워하라."〈「戊辰六條疏」〉고 하여, 부모에 대한 효도와 하늘에 대한 외경(畏敬)을 같은 마음으로 제시하고 있다. 그것은 가족적 '천인상응'관계로 인식하는 것이다. 곧 부모가 노여워하는 일이거나 아니거나를 가리지 말고, 모든 일에서 정성을 다하고 효도를 하기를 요구한다. 그렇게 하면 부모가 기뻐하여 노여워하는 일도 흔적이 없어진다고 강조한다. 그러나 부모가 노여워한 일만 두려워서 성찰하고 다른 일들은 제멋대로 하여 효성이 없다면 부모의 노여움을 풀 수없는 것임을 지적한다.

'천 - 인'관계의 규범이 지닌 의미를 '부-자'관계의 도덕에서 확인될 수 있는 것이라면, 동시에 '부 - 자'관계의 도덕이 성립할 수 있는 근거는 '천 - 인'관계의 도덕에서 발견될 수 있는 것이기도 하다. 그것은 유교도덕에 포함되는 다양한 규범들의 성립근거가 근원적으로 '천리'에서 찾을 수 있는 것이라는 인식을 확인하는 것이 된다. 따라서 퇴계는 "부모를 섬기는 마음으로 하늘을 섬기는 도리를 온전히 실현할 것이며, 모든 일에 수양 성찰하고, 어느 때나 두려워하라."고 가르친다. 그

것은 안(修己)와 밖(治人)으로 공경(敬)과 정성(誠)의 도리를 온전하게 실현하는 것이다.〈「戊辰六條疏」〉

한마디로 퇴계는 임금에게 하늘의 사랑을 받들고 그 사랑을 계승하게 하는 방법을 간명하게 규정하여, '하늘의 마음을 자신이 받아 지님으로써 임금으로서의 도리를 다하라'(享天心而盡君道)고 하였다. 여기서 그는 인격적 '천인상응'관계의 사회적 확산을 실현하도록 요구한다. 이러한 '천 – 인'관계의 원리는 임금에게만 적용되는 것이 아니라 모든 인간에게 보편적인 '천 – 인'관계의 모범을 제시하는 것으로 볼 수 있다.

(3) 수양(修)·성찰(省)과 도덕(德)·사업(業)에 힘씀 – 수양론적 실천

인간의 차등은 기질의 차이에 따라 '천 – 인'관계에서 일치와 분리의 양극을 포함하여 그 사이에 다양한 가능성을 열어준다. 따라서 '천 – 인'관계는 본체에서 이념적으로 합일한다 하더라도 구체적 현실에서는 항상 합일하는 것은 아니며 실제로 합일하기는 어렵다는 사실이 인식되고 있다. 여기서 '천인합일'이란 하늘과 인간이 이치에서 동일하다는 본체론적 인식과 더불어 인간이 '천리'와 합일을 추구해야 한다는 당위적 과제로 제기되는 것이다. 나아가 합일의 방법으로서 '천리'를 밝게 알아야 한다는 인식을 기초로 하여, 그 '천리'를 끝까지 실현해가야 한다는 실천의 과정이 요구된다.

퇴계는 남언경(南彦經)을 위해 지은 「정재기」(靜齋記)에서 '태극'을 활동하고 고요함의 오묘함을 갖춘 것이라 정의하고, 여기서 활동하고

고요함의 작용은 형기(形氣)이지만 활동하고 고요함의 원리는 이치라
파악하였다. 활동하고 고요함의 작용과 원리는 모든 인간의 마음에 내
재하고 있지만, 활동과 고요함의 어느 쪽을 주장으로 삼는가에 따라
'성인'과 '중인'의 차이가 드러나는 것이라 한다. 곧 '성인'은 고요함의
이치로서 활동함을 통제하는데 비하여, '중인'은 활동함에 골몰하여 고
요함의 이치가 매몰되고 있음을 지적한 것이다. 또한 '성인'은 천지와
더불어 만물을 살리는 덕이 일치하며 '인극'을 세우는 데, 이에 비해
'중인'은 '천리'를 어기고 멋대로 함으로써, 근본을 세워서 만사에 대응
할 수 없는 것이라 한다. 이렇게 '성인'은 하늘과 덕이 합하고 '중인'은
하늘에 어긋나는 것으로 분별하는 것은 바로 인격적 가치의 기준이 하
늘에 있음을 밝히는 것이요, 인격적 양상의 양극적 차이는 바로 하늘
을 향하는지 등졌는지에 따라 가장 명백하게 드러나는 것으로 본다.
현실적으로 인격적 표준으로서 '성인'은 '천인합일'을 실현할 수 있지
만, 일상인으로서 '중인'은 활동의 현실에 매몰되거나 기질적 힘에 지
배되어 하늘에 어긋나는 현실을 각성함으로써, '천인합일'을 목표로 나
아가는 수양론적 실천을 할 수 있는 것이다. 이처럼 '천-인'관계에 대
한 퇴계의 이해는 성리학의 본체론적 '천인합일'의 원리를 명확히 인식
하면서도 현실적인 '천인상위'(天人相違)를 인정함으로써, '천인합일'을
지향하는 당위적 수양론을 이끌어내는데 관심을 기울이고 있다.

퇴계에 있어서 '천-인'관계의 인식은 본체론적이거나 정감적이거
나 항상 인간의 도덕적 자기완성을 추구하는 수양론적 인식에로 귀결
되고 있다. 곧 그가 '천-인'관계의 대응구조로 제시하고 있는 모든 개
념체계에는 수양론적 관심이 내포되어 있다.

퇴계는 당시 사회가 당면한 역사적 위기상황을 '천 – 인'의 조화로운 상응이 결핍된 데서 일어나는 것으로 파악하고 있다. 여기서 그는 당시 사회의 상황을 진단하면서, "위에서는 하늘의 변괴가 나타나고, 아래서는 인간의 사무가 결여되었다."고 하여, 현실의 문제점을 하늘로부터의 재난과 인간사회의 임무상실이라는 두 주제로 인식하는데서 출발하였다. 나아가 그는 사회적 혼란의 구체적 양상으로서, "큰 재앙이 겹쳐 일어나고 국가의 운수는 험난하고 막혀있으며, 근본은 불안하고 변방은 허술하며, 병졸은 감소되고 양식은 고갈되었다."는 현실의 모순들을 진단하며, 이러한 사태에 따라 그 결국에 부딪치는 상황으로서, "백성은 원망하고, 귀신은 분노한다."고 하여, 백성(人)과 귀신(神)을 하늘과 인간의 또 다른 양상으로 제시하고 있다.〈「甲辰乞勿絶倭使疏」〉.

인간이 마땅히 해야 할 사무(人事)가 결핍되는데 상응하여 하늘이 내리는 변괴(天變)가 나타나는 것은 사회적으로 중대한 위기상황이다. 이러한 위기에 대처하는 방법은 오히려 간단하게 제시되고 있다. 그것은 '인간의 사무를 연마하여 하늘의 변괴에 대응한다'는 것이다. 곧 인간이 먼저 자신의 할 도리와 책임을 다함으로써 하늘이 변괴를 내린 뜻에 부응해야 한다는 것이다. 하늘이 변괴를 내린 견책의 뜻을 받아들이고 하늘이 인간에 대한 사랑의 뜻을 깨달아야 한다는 대응방법은 역시 '천인상응'구조를 전제로 하여 하늘과 인간이 서로 감응한다는 원칙을 충실히 실현하는 것임을 보여준다. 여기서 '천인상응'관계를 조화롭게 실현하기 위해서는 인간자신을 변화시키는 것이 가장 중요한 과제이며, '천리'·'천명'에 따르는 인간의 자기변화 방법은 바로 수양론의 문제로서 제기되는 것이다.

퇴계의 사상에는 성리설의 개념적 인식과 수양론의 실천방법이 긴밀하게 연결되어 상호 조명하고 있다. 도학의 학문적 기본방법을 '거경'(居敬: 敬의 실천)과 '궁리'(窮理: 진리의 탐구)라는 두 축으로 파악한다면, 이 둘은 도학을 이루는 양면으로서 서로 '겉과 속'(表裏) 또는 '뿌리와 가지'(本末)의 유기적 일관관계를 지니는 것이다. 곧 인간존재에서 본체로서 심성(心性)의 이기론적 개념구조를 인식함과 더불어 작용으로서 심성의 선을 실현하는 수양론적 실천방법을 해명하고 있다. 따라서 심성론에 관심의 초점을 두고 있는 퇴계의 철학은 성리학에 기초를 두고 있지만 인격의 성숙과 삶의 향상을 추구하는 수양론의 철학이라 할 수 있다.

퇴계의 수양론은 '경'의 실현(持敬·居敬)으로 집약된다. 그 수양론의 기본방법은 '경'이 마음을 주재하여 안으로 심성의 도덕적 바탕을 배양하며(存養·涵養), 밖으로 행동에서 악이 발현할 수 있는 가능성을 반성하고 억제하는(省察) 것이다. 인간의 심성에 깃들어 있는 '천명'을 따름으로써 자신의 완성을 지향하는 수양공부는 '경'으로 시작에서 끝까지 관철되어야 하는 것으로 강조되어 왔다. 따라서 퇴계에서 심성의 성리학적 인식과 '경'의 수양론적 실천은 별개의 문제가 아니라 하나의 도학체계로 통일되고 있는 것이다. 또한 인식을 앞세우고 실천을 그 다음에 하는 선지후행(先知後行)의 단계적 방법이 아니요 인식과 실천을 일치시키는 지행합일(知行合一)의 혼융적 방법이 아니다. 인식과 실천이 상호작용하는 지행호진(知行互進)의 상승적 방법을 통해 인격의 성숙을 추구하고 있는 것이다.

퇴계는 만물의 발생에서 하늘의 생성현상이 다양한 차이를 드러냄에도 불구하고 하늘은 사사로운 생각이 없는 지공무사(至公無私)한 자연의 생성원리로 본다. 인간과 사물은 기질로 이루어지고 하늘로부터 성품을 부여받고 있다는 점에서는 공통이나, 그 기질이 맑고 혼탁함과 순수하고 잡박함에 따른 차이에서 차별화되고 있는 것이다. 그러나 퇴계에 있어서 관심의 초점은 인간의 사물에 대한 관계라 할 수 있다. 곧 그는 천지와 만물을 나와 한 몸으로 일체화시킴으로써, 모든 인간이 나에게 형제(同胞)가 되고, 만물은 나와 일족이 되는 '물아일체'(物我一體)의 세계와 '우주일가'(宇宙一家)의 친족적 관계를 받아들이고 있다.

2. 사단칠정논쟁(四七論爭)
 - 감정의 두 가지 양상에 관한 인식

1) 퇴계 성리학의 기초

퇴계의 성리학적 이론은 주자를 표준으로 확인하고 있다. 곧 이치를
기준이요 주장으로 삼는 주자의 주리(主理)철학을 성리학의 정통으로
확보함으로써, 한국유학사의 기본성격과 방향을 확립하는데 중요한
역할을 하였다. 여기서 그는 사단칠정론(四端七情論)의 문제를 집중적
으로 계발함으로써, 심성론(心性論: 人性論)에 기반하는 조선시대 유학
사상의 중요한 특성을 이루었던 것이다.

정지운(鄭之雲)이 「천명도」(天命圖, 1543년작)를 짓고, 퇴계가 1553
년에 이 「천명도」를 수정하였던 것은 조선시대 성리학이 '사칠'(四七:
四端七情)문제에 관심의 초점을 집중시키게 하는 계기를 열었다. 퇴계
와 기대승(高峯 奇大升) 사이의 '사칠'논쟁도 이 「천명도」에서 발단하
여 전개되었던 것이다. 이 '사칠'논쟁을 계기로 16세기 후반의 성리학

은 사칠론의 심성론을 본격적으로 심화시키게 되었다.

16세기 전반에 오면 퇴계와 같은 시대를 살았던 그의 선배들 사이에는 서경덕(花潭 徐敬德)이 '주기설'(主氣說)를 주창하였고, 이언적(晦齋 李彦迪)은 '주리설'(主理說)을 표방하여, 이기론의 두 가지 철학적 입장으로 양립하는 양상을 드러내었다. 여기서 퇴계는 '주리설'을 주자의 정통적 입장으로 확고하게 정립함으로써, 조선시대 성리학의 표준을 수립하였던 것이다.

퇴계는 '사단'과 '칠정'을 이치(理)와 기질(氣)로 분석하는데, 이치와 기질이 서로 떠나서 있을 수 없음을 전제로 하면서도 가리켜 말하는 바에 따라 다른 것임을 지적한다. 그것은 구체적 존재에서 이치와 기질이 분리되지 않는 것이지만, 존재의 근원을 인식함에서는 엄격하게 구별되는 것임을 강조하는 것이다. 곧 이치와 기질이 서로 떠나서 분리되는 것이 아니지만(不相離) 동시에 서로 뒤섞일 수 없다(不相雜)는 분별과 통합의 긴장관계로 제시하고 있다. 그러나 그는 "이치와 기질은 결단코 두 가지다."라는 주자의 언급을 기준으로 받아들여, 이치와 기질이 서로 뒤섞일 수 없다는 분별성을 강조하는 점에서 이기이원론(理氣二元論)의 성격을 강하게 지니고 있는 것이 사실이다.

나아가 퇴계는 이치와 기질이 활동과 고요함이나 작위(作爲)가 있는지 없는지에 대해 두 가지 관점을 동시에 제시하고 있다. 먼저 그는 이치와 기질에 활동과 고요함의 작용이 있음을 인정하면서도 그 상호적 성격을 주목하고 있다. 곧 퇴계는 "이치가 활동하면 기질이 따라서 생겨나고, 기질이 활동하면 이치가 따라서 나타난다."〈「答鄭子中別紙」〉고 하여, 이치의 활동과 고요함이 기질(형기)의 생성에 근원이 되고,

기질의 활동과 고요함이 이치의 발현에 계기가 되는 것임을 밝히고 있다. 그만큼 퇴계는 이치와 기질이 분리하고 결합하는 양면성과 서로 기다려 발동하는(互動) 상호작용적 성격을 주목하였던 것이다. 다음으로 퇴계는 "인간의 한 몸은 이치와 기질을 겸비하고 있는데, 이치는 귀하고 기질은 천하다. 그러나 이치는 작위함이 없고 기질은 욕망이 있다."〈「與朴澤之」〉고 하여, 이치에 작위가 없고 기질에 욕망이 있는 것으로 대비하였다. 여기서 퇴계가 '이치는 작위함이 없고, 기질은 욕망이 있다'(理無爲, 而氣有欲)고 언급한 경우와 율곡이 '이치는 작위가 없고, 기질은 작위가 있다'(理無爲, 而氣有爲)고 언급한 경우에서 '이치는 작위가 없다'(理無爲)는 말은 같지만 내용에서는 구별되어야 할 필요가 있다. 곧 율곡에서 작위는 기질에 속하는 것이요 이치는 아무런 작위가 없는 원리를 가리키는 것이라면, 퇴계에서는 이치가 작위로 나타나지는 않지만 욕망을 지닌 모든 기질의 작위를 주재하는 근원적 주체를 가리키는 것이다. 따라서 이치는 기질보다 귀하고 우월한 것이라는 '이우위'(理優位)의 견해를 제시하고 있는 것이다.

2) 마음의 구성요소로서 성품(性)과 감정(情)

성리학의 이기론은 인간과 사물의 존재를 그 구조와 근원에서 설명하는 이론틀로 확립되어 왔으며, 특히 인간의 심성개념을 이해하는데 적용됨으로써 심성론의 영역을 형성하고 있다. 곧 이치(理)와 형기(氣)는 인간존재에서 보면 성품(性)과 기질(氣)로서 동시에 존재하는 것이다. 퇴계는 인간존재에서 이치는 기질 속에 깃들이고 있음을 지적하였

다. 곧 기질을 떠나서는 이치가 드러날 수 없음을 밝힘으로써, 현실의
인간존재에서 기질적 조건의 중요성을 주목하였으며, 특히 이치와 기
질을 함께 수용하고 있는 주체를 마음(心)이라 파악하고 있다.

　나아가 퇴계는 "성품이라 하고 감정이라 하는 것을 모두 갖추고 운
용하는 것은 이 마음의 오묘함이 아님이 없다. 그러므로 마음은 주재
가 되고 항상 성품과 감정을 통섭한다."〈「天命圖說」〉고 하여, 마음을
성품과 감정을 통섭하고 한 몸을 주재하는 주체로서 인식하고 있다.
곧 성품과 감정은 인간의 마음에 내포된 두 차원의 존재양상이며, 성
품은 이치로서 마음의 본체요, 감정은 이치와 기질이 동시에 드러나는
마음의 작용이라 인식된다.

　마음에서 성품이 발동하여 감정으로 드러나는 과정에서 보면, 성품
은 이치가 그대로 간직된 상태라면 감정은 기질이 작용하기 시작하면
서 이치가 곧바로 드러나지 못하고 기질에 의해 가리어지거나 방해를
받을 수 있다. 따라서 성품은 순수한 선이지만 감정은 선과 악의 차이
가 없을 수 없다. 그러나 감정은 성품이 발동하는 것이므로 선이 온전
하게 드러나지 못하는 경우란 기질적 조건에 따른 가능성일 뿐이요,
인간의 자율적 의지에 도덕적 책임이 따르는 것이라 본다.

3) '사칠논쟁'(四七論爭) – 감정의 두 양상(四端·七情)에 관한 논쟁

　마음이 이치와 기질의 결합이므로, 발동되어 나온 감정의 기본양상
은 그 근원으로 성품의 이치가 순수하게 드러난 것을 '사단'(四端: 惻隱
·羞惡·辭讓·是非의 마음)이라 하고, 성품의 이치가 기질에 따라 가리

어진 것을 '칠정'(七情: 喜·怒·哀·懼·愛·惡·欲)이라 한다. 퇴계는 기대승(高峯 奇大升)과의 토론을 거치면서 최종적으로 '사단'을 '이치가 발동하는데 기질이 따르는 것'(理發而氣隨之)이요, '칠정'은 '기질이 발동하는데 이치가 타고 있는 것'(氣發而理乘之)이라 정의하였다.〈「答奇明彦(論四端七情第二書)改本」〉 그것은 '사단'을 이치가 주동적으로 발동하는 것이요, '칠정'을 기질이 주동적으로 발동하는 것임을 밝힘으로써, 인간 마음의 발동현상으로서 '사단'과 '칠정'이라는 두 가지 감정의 양상에 따라 선의 근원을 확고하게 정립하고 악의 가능성을 분별하여 경계하자는 것이다.

'사칠'(四七: 四端·七情)논쟁이 퇴계와 기대승 사이에서 발단하여 정밀한 토론으로 전개되었던 배경에는 한편으로 당시 성리학의 인식수준이 심화되고 확산되었던 학문적 여건의 성숙이 기반으로 뒷받침하였던 것이요, 다른 한편으로 당시 성리학자들의 학문적 관심이 인간의 '심성' 문제에 집중되었던 문제의식의 각성이 일어났던 것으로 볼 수 있다.

1553년 퇴계는 정지운(鄭之雲)의 「천명도」(天命圖)에서 "사단은 이치에서 발동하고, 칠정은 기질에서 발동한다."(四端發於理, 七情發於氣)라는 구절을 "사단은 이치의 발동이요, 칠정은 기질의 발동이다."(四端理之發, 七情氣之發)라 고쳤다. 정지운의 표현이 이치와 기질을 서로 다른 자리로 나누어 놓고 있다는 문제점을 해소하기 위해 이치와 기질이 발동의 주체임을 드러내는 것으로 표현하였던 것이다. 그러나 1558년 기대승은 퇴계가 수정한 것도 이치와 기질을 두 가지로 나누어 놓고 있다는 문제점을 지적하였다. 이러한 기대승의 지적을 받은 후 1559년 봄에 퇴계는 자신의 견해를 스스로 고쳐, "사단의 발동은 순

수한 이치이므로 선하지 않음이 없고, 칠정의 발동은 기질을 겸하고
있으므로 선도 있고 악도 있다."(四端之發純理, 故無不善, 七情之發兼氣,
故有善有惡)고 일차 수정안을 기대승에게 제시하며 의견을 묻는 편지
를 보냈던 것이 8년에 걸친 퇴계와 기대승 사이에 벌어진 '사칠논쟁'의
발단이 되었다.

퇴계와 기대승 사이에 전개된 '사칠논쟁'은 진실을 추구하는 학문적
진지성과 각자의 이론적 근거를 해명하면서 보여준 개념분석의 치밀
함을 통해 한국유학사에서 학문적 논쟁으로 가장 빛나는 성취요 모범
을 이루는 것이다. 퇴계와 기대승의 '사칠논쟁'은 그 전개과정을 크게
세 단계로 구분해 볼 수 있다.

(1) '사칠논쟁'의 첫째 단계: 쟁점의 확인

퇴계와 기대승이 주고받은 첫 번째 편지(四七論辨 第一書)는 쟁점의
핵심을 제기한 것이다. 여기서 핵심적 쟁점의 하나는 '사단'이 '칠정'에
포함되는가, '사단'과 '칠정'은 서로 대응되는 것인가의 문제이다. 쟁점
의 다른 하나는 '사단'과 '칠정'이 이치나 기질에 따라 발생근원부터 달
리하는 것인가, 공통의 발생근원에서 나오지만 인식의 관점에서 구별
한 것인가의 문제로 집약시켜 볼 수 있다.

먼저 기대승은 '사단'과 '칠정'이 양쪽 모두 성품이 발동하여 감정으
로 나타난 것으로서, '사단'은 '칠정' 가운데 절도에 맞는(中節) 것을 가
리킨 것일 뿐이라 보았다. 따라서 '칠정'은 전체의 명칭이요 '사단'은
부분의 명칭으로 인식하고 있다. 곧 '사단'은 '칠정' 속에 포함되는(七包

四) 것으로 파악하였던 것이다. 여기서 기대승은 '사단'과 '칠정'의 분별을 '나아가 말한 바'(所就以言之)가 다른 것이라 지적함으로써, 실제의 존재에서 차이가 있는 것이 아니라 인식의 관점에 따라 구별되는 것일 뿐이라 해명하고 있다. 이에 따라 기대승은 퇴계의 견해가 사단과 칠정을 이치와 기질에 '상대시켜서 서로 말하는 것'(對擧互言)으로서, 이치와 기질을 지나치게 두 가지로 나누는 것이라 비판하였다. 또한 기대승은 '이치는 기질의 주재요, 기질은 이치의 자료'로서 분별이 있음을 인정하면서도, 사물에 있어서는 이치와 기질(형기)이 서로 떠날 수 없는 것으로서 '혼합시켜'(渾淪) 볼 것을 주장하고, '갈라서'(分開) 볼 수 없음을 강조함으로써, 이치와 기질이 서로 떠나지 않는다는 '이기불상리'(理氣不相離)를 강조하는 일원론적 입장을 밝히고 있다.

이에 대해 퇴계는 감정에 사단과 칠정의 분별이 있음을 성품에 본연(本然)과 기품(氣稟)의 분별이 있음에 상응하는 것이라 파악하였다. 따라서 퇴계는 사단과 칠정이란 단서나 싹으로 드러나는 것이요, 그 근원하는 자리는 각각 '본래의 성품'(本然之性)과 '기질 속의 성품'(氣質之性)으로 다른 것임을 제시하였다. 곧 사단과 칠정은 그 존재근원에서 '발생하여 나오는 바'(所從來)가 다르며, 이에 따라 각각 '주장하여 말하는 바'(所主而言)가 다르게 되는 것임을 강조하고 있다. 그것은 사단과 칠정을 인식 상에서 분별된다는 사실을 넘어서 실재존재에서 발생의 근원 내지 발생의 주체가 분별될 수 있음을 확인하는 것이다.

또한 퇴계는 「천명도」를 수정하면서 자신이 제기한 처음 견해(四端理之發, 七情氣之發)와 일치하는 주자의 언급(四端是理之發, 七情是氣之發)을 『주자어류』(朱子語類)에서 발견하고 나서는, 사단과 칠정을 이치와 기질에 나누어 소속시키는 '갈라놓음'의 관점에 대해 더욱 확고한 자신감을 갖게 되었다고 밝히고, 자신이 수정하기 이전에 정지운이 언급한 말(四端發於理, 七情發於氣)도 문제가 없다고 주장하기에 이르고 있다.

(2) '사칠논쟁'의 둘째 단계: 견해의 일치점과 차이점 확인

'사칠논쟁'과정의 왕복서한 가운데 기대승의 두 번째 편지(第2書)와 퇴계의 첫 번째 편지 개정본(第1書改本) 및 두 번째 편지(第2書)에서는 쟁점을 서로 정밀하게 검토하여 일치점과 차이점을 확인하고, 조정하는 과정을 거치면서 쟁점의 핵심을 더욱 정밀하게 분석하고 분명하게 부각시키고 있다.

퇴계가 『주자어류』의 "사단은 이치가 발동한 것이고, 칠정은 기질이 발동한 것이다."(四端是理之發, 七情是氣之發)라는 구절에 근거하여 사단과 칠정을 이치와 기질로 갈라놓을 수 있는 논거로 삼은데 대해, 기대승은 여전히 거부 태도를 확고하게 견지하면서 반박하고 있다. 곧 기대승은 주자가 "칠정은 기질이 발동한 것이다"라고 언급한 것은 사실상 이치와 기질을 섞어서 말한 것이라 해석하였다. 따라서 칠정을 오로지 기질만을 가리켜 말한 것이 아니라 반박하였다. 이처럼 기대승은 사단과 칠정을 상대시켜 말할 수 없다는 입장을 한걸음도 양보하지 않았다. 또한 기대승은 '성품'의 개념을 "이치가 기질에 떨어져 있는 것일 뿐이다"라 정의하였다. 이처럼 기질에 떨어진 성품이 발동한 것이 바로 감정이라는 것이다. 따라서 기대승은 감정이란 이치와 기질을 겸하고 선과 악이 있는 것이요, 이점에서 사단과 칠정이 같은 감정이 므로, 사단과 칠정을 이치와 기질에 나누어 소속시킬 수 없음을 강조 하며, 오직 칠정가운데 절도에 맞은 것을 사단이라 할 뿐이라 재확인 하고 있다.

퇴계는 기대승의 두 번째 편지(四七論辨 第2書)에서 제시한 비판적 지적을 받고 자신이 오해하거나 착오를 발견한 사항에 대해 자신의 첫 번째 편지 가운데 6곳을 수정하여 첫 번째 편지 개정본(第1書改本)을 제시하였다. 여기서 퇴계가 수정한 입장은 엄격한 분별적 표현을 좀더 완화시켰을 뿐이요, 혼합과 갈라놓음을 병행시키는 기본입장은 그대 로 지키고 있는 것이었다.

나아가 퇴계는 자신의 두 번째 편지(四七論辨 第2書)에서 기대승과 의 견해가 '본래 같지만 취지가 다른 것' 8조목과 '의견이 달라서 끝내 따를 수 없는 것' 9조목을 열거하고, 기대승의 비판에 대해 자신의 입 장을 변론하였다. 그 중요 쟁점으로서 기대승이 천지와 인간과 사물에 나아가서는 이치와 기질을 분별할 수 있지만, 성품은 기질 속에 떨어 져 있는 것이므로 이치와 기질에 나누어 소속시킬 수 없다는 분별설을 비판한데 대해, 퇴계는 먼저 천지와 인간과 사물의 경우나 성품과 감 정의 경우나 이치가 기질을 떠나서 존재하지 않는 점에서 공통이므로 천지와 인간과 사물에서 이치와 기질을 분별할 수 있으면 성품과 감정 에서도 이치와 기질을 분별할 수 있는 것임을 지적한다. 또한 퇴계는 사람의 한 몸이 이치와 기질의 결합이므로 이치와 기질이 서로 발동하 고 작용하는(互發) 관계로 각각 주장함(各有所主)이 있으니 분별하여 말할 수 있으며, 발동함에는 이치와 기질이가 서로 의존하는(相須) 관계로 서로 그 속에 존재하니(互在其中) 혼합하여 말할 수 있는 것임을 밝히고 있다.

기대승은 칠정의 발동에서 바깥 사물에 감응할 때는 마음속에 이치가 작용하며, 이 점에서 사단의 경우도 같다고 지적하여, 사단과 칠정의 감정이 이치와 기질을 동시에 포함하는 것임을 주장하였다. 이에 대해 퇴계는 칠정도 이치에 간여하고 있고, 사단도 바깥 사물에 감응하고 있다는 사실에 동의한다. 그러나 퇴계는 혼합하여 말하는 것과 더불어 갈라놓고 말하는 것이 성립함을 변론하면서 실재에 그러한 이치가 있고 자신의 주장이 아니라 성현의 언급에 논거가 있음을 밝히고 있다. 곧 사단과 칠정을 나누어 상대시켜 말하는 경우 칠정과 기질의 관계가 사단과 이치의 관계와 같다는 것이요, 사단과 칠정이 발동하는 경우 각각 통로(血脈)가 있고 그 명칭에 가리키는 바가 있어서 그 위주로 하는 바(所主)에 따라 나누어 소속시킬 수 있다는 것이다. 이때 퇴계는 사단과 칠정에서 갈라놓음과 혼합함의 이중구조를 동시에 제시하기 위해서, 사단·칠정에 대한 새로운 개념정의를 하여, "사단은 이치가 발동하나 기질이 따르고 있으며, 칠정은 기질이 발동하나 이치가 타고 있다."(四則理發而氣隨之, 七則氣發而理乘之)는 명제를 제시하였다. 여기서 사단과 칠정은 모두 이치와 기질을 아울러 지니고 있지만 각각 이치를 주장으로 삼거나(主理) 기질을 주장으로 삼는(主氣) 분별이 있음을 확인하고 있는 것이다. 그것은 퇴계의 사칠론으로서 결정판을 확립하는 것으로, 자신은 '분개설'(分開說)을 유지하면서 기대승의 '혼륜설'(渾淪說)을 수용하여 새롭게 제시한 것이다.

사단과 칠정에서 이치와 기질의 혼합과 갈라놓음의 두 관점은 '말을 타고 출입하는 사람'으로 비유(人馬之喩)하기도 한다. 곧 말과 사람이 함께 있지만 사람이 간다고 말할 수 있는 측면과 말이 간다고 말할 수 있는 측면이 있다는 분별의 입장을 보여주는 것이다. 따라서 기대승이 '혼륜설'의 입장에 서서 '사람이 간다'고 말하면 '말도 간다' 하고, '말이 간다'고 하면 '사람도 간다' 하는 것은 주자가 말하는 '숨바꼭질'과 같다 하여 말장난이 되고 마는 것이라 경계하고 있다.

나아가 기대승이 『주자어류』에서 주자가 사단과 칠정을 이치의 발동과 기질의 발동으로 상대시켜 말한 것은 우연히 발언하여 한쪽만을 가리킨 것이라 규정하는데 대해, 퇴계는 기대승이 주자의 말을 해석하는 태도를 매우 못마땅하게 여겨 질책하였다. 그는 이 구절이 몇 마디 안 되는 간단한 문장이며, 주자가 뛰어난 제자인 보광(輔廣)에게 개인적으로 조용히 당부한 말씀(單傳密付)으로서 기록한 사람의 착오가 일어날 수 없는 것임을 역설하였다. 퇴계는 기대승이 '도'를 밝히는 임무를 담당하려는 용기를 칭찬하면서도 마음을 비우고 뜻을 겸손하게하지 못하면 '성현의 말씀을 끌어다가 자신의 생각에 맞추려는 폐단'에 이를 염려가 있음을 경고하고 있다.

(3) '사칠논쟁'의 셋째 단계: 논쟁의 수습과 귀결

기대승은 세 번째 편지(四七論辨 第3書)를 보냈으나, 퇴계는 6조목에 걸쳐 기대승의 견해를 반박하는 자신의 세 번째 편지에 해당하는 글을 준비하였지만 보내지는 않았다. 퇴계는 더 이상의 논쟁이 의미가 없는 것이라 생각하여 한 편의 시(詩)를 보내 논변을 마무리할 뜻을 보였던 것이다. 최종적으로 기대승이 부분적으로 퇴계에 승복하면서 전후 8년간에 걸친 논쟁이 끝맺게 되었던 것이다.

기대승의 세 번째 편지에서 본래의 성품과 기질 속의 성품을 하늘의 달과 물에 비친 달에 비유하여, 물에 비친 달을 물이라 할 수 없다는 지적으로 이치와 기질을 나누어 소속시킬 수 없음을 강조한다. 이에 대해 퇴계의 세 번째 편지에서는 하늘의 달은 참 모습(眞形)이지만 물에 비친 달은 빛의 그림자(光影)일 뿐으로 물속에서 달을 잡으려 하면 얻을 수가 없음을 지적하고, 사단과 칠정의 감정을 물에 비친 달에 비유한다면 물의 움직임에 따라 달이 밝고 어두움과 나타나고 사라짐이 결정되는 것임을 지적하여 물의 조건을 위주로 말할 수 있음을 들어 기질을 주장으로 삼아 '주기'(主氣)로 말할 수 있음을 확인하고 있다. 또한 기대승은 퇴계가 "사단은 이치가 발동하나 기질이 따르고, 칠정은 기질이 발동하나 이치가 타고 있다."고 정의한 명제에 대해, 사단이 칠정 가운데 이치가 발동하는 한쪽 편만을 가리킨 것으로서 사단과 칠정을 갈라놓을 수 없다는 기존입장을 지키면서, "감정이 발동함에 혹은 이치가 발동하는데 기질이 갖추어 있기도 하고, 혹은 기질이 감응하는데 이치가 타고 있기도 한다."(情之發也, 或理動而氣俱, 或氣感而理乘)라고 고칠 것을 제안하기도 하였다. 퇴계는 기대승이 제시한 수정안에 대해 언급함이 없이, 다만 기대승이 '기질이 이치에 순응하여 발동한 것'을 이치의 발동이라 보는 견해에 대해 기질을 이치로 보는 병통이 있다고 비판하기도 하였다.

기대승은 퇴계의 세 번째 편지를 받지 못한 상태에서 「사단칠정후설」(四端七情後說)과 「사단칠정총론」(四端七情總論)을 지어, 자신의 기존입장을 수정하여 사단과 칠정을 이치와 기질에 나누어 소속시키는 퇴계의 견해에 대해 수용할 수 있음을 밝혔다. 그러나 그는 칠정 가운데 절도에 맞는 것이 사단이요, 칠정이 이치와 기질을 아울러 발동하는 것이라는 본래의 견해를 굽히지는 않았다. 이에 퇴계도 기대승의 수정태도를 환영함으로써 퇴계와 기대승 사이의 '사칠논쟁'이 종결되었던 것이다. 이러한 논쟁의 마무리 과정에서 퇴계는 논쟁의 불필요성을 먼저 밝혔고, 기대승은 자신의 확고한 비판적 입장을 갑작스럽게 포기하고 퇴계가 사단과 칠정을 이치와 기질로 갈라서 보는 '분개설'을 인정하였던 것은 성리설의 논쟁이 끝없는 논리적 분석으로 해결될 수 없다는 내재적 성격에서 그 원인을 찾아볼 수 있다. 곧 성리설이 수양론의 이론적 기초로서 실천을 지향하는 본래의 방향을 망각한 채 이론적 쟁점에만 빠져 있으면 성리설 자체가 정당화될 수 없기 때문일 것이다. 물론 기대승이 자신의 태도를 최종적으로 수정하였지만, 여전히 두 입장의 기본적 차이는 논쟁이 봉합된 이후에도 그 내면에 분명하게 남아 있음을 유의할 필요가 있다.

4) '사칠논쟁'이 지닌 의미

기대승이 퇴계의 사단과 칠정을 상대시켜보는 '대설'(對說)과 갈라서보는 '분개설'(分開說)에 동의하게 된 근거를 살펴보면, 사단은 이치의 발동으로서 체험하여 인식(體認)하고 확장시키고 충족시켜야(擴充) 하는 것이요, 칠정은 이치와 기질의 발동으로서 반성하고 살펴서(省察) 극복하고 다스려야(克治)하지 않을 수 없다는 수양론적 요구를 확인함에 있는 것이다. 〈「附奇明彦四端七情總論」〉 기대승이 퇴계의 '이기호발설'(理氣互發說)에 타당성이 있음을 인정하였던 것도 이러한 수양론적 입장을 수용하는데 따른 것이 그 중요한 근거라 할 수 있다. 퇴계의 '이기호발설'이 이원적 '분개설'의 입장을 견지하고 있는 것은 논리적으로 그의 이치와 기질(氣)개념이 서로 뒤섞일 수 없음(不相雜)을 통찰하는데 근거하고 있지만, 실천적으로는 '천리'에 근원하는 선을 '인욕'에 근원하는 악으로부터 명확히 분별하자는 것이다. 그것은 '천리'를 간직하고 '인욕'을 억제해야 한다(存天理·遏人欲)는 도학적 수양론의 요구에 근거하고 있는 것이라 할 수 있다.

또한 퇴계의 '호발설'(互發說)이 지닌 이원론적 입장은 그 시대의 사회의식과도 연결될 수 있다. 곧 퇴계 자신은 사악하고 탐욕적 집권세력에 의해 의로운 선비들이 참혹하게 희생되는 사화(士禍)가 거듭되는 시대를 살았기 때문에, 그의 '분개설'(分開說)은 인간 심성에서 선의 근원을 악의 근원과 엄격하게 분별하여 대립적으로 파악하고자 하는 시대적 인식과 연결시켜 이해할 수 있다. 바로 이런 점에서 의리(義)와 이해(利)를 분변하고 군자와 소인을 숯과 얼음처럼 양립이 불가능한 것으로 대립시켰던 조광조(靜菴 趙光祖)의 도학적 이념과 연관되는 것으로 파악할 수 있을 것이다.

퇴계는 하늘과 인간, 또는 이치와 기질이 서로 단절될 수 없는 상호연관성을 통찰하면서도 각각에 근원하는 양상을 분별하여 선과 악의 도덕적 근거를 명석하게 분석하고 있다. 곧 퇴계는 사단과 칠정이 같은 감정이지만 이 두 가지 감정의 양상들은 '천리'와 '인욕' 또는 이치와 기질에 따라 각각 그 주장함(所主)이 서로 다르고 그 원천(所從來)

이 서로 다르다는 분별을 엄격하게 규정함으로써, 선과 악의 원천을 차별화하며 혼동함을 거부하였던 것이다.

퇴계는 분별의 대립적 구조 속에서도 이치와 기질을 이원론으로 분리시키는데 의도가 있었던 것이 아니라, 일원론의 융합 내지 혼동을 극복하고 전체의 근원적 통일 속에 양면적 긴장관계를 제기하는 데에 그의 철학적 특성이 있음을 보여주는 것이다. 이러한 그의 성리학적 입장은 일원론이나 이원론으로 단순하게 규정되는 것이 아니라, '일원적 이원론'(一元的二元論)이라 지적되고 있다. 그것은 상반된 두 가지 근원의 긴장 속에 통일된 전체를 지향하는 우주론적 구조를 지니는 것이다. 이러한 그의 우주론은 인간의 '심성'이 지닌 존재론적 구조를 분석하는 틀이 될 뿐만 아니라, '심성'의 작용과 그 실현을 위한 당위적 규범을 해명하는 데도 적용되고 있다.

3. 경(敬)의 수양론

1) 성리설과 수양론의 연관성

퇴계의 학문정신은 성리설에서도 인간의 '심성'(心性)을 관념적 이론의 분석에 사로잡힌 것이 아니라, 인격적 완성을 추구하는 수양론으로 열려 있다는 점에 가장 중요한 특성이 드러나고 있다. 따라서 퇴계의 사상을 균형 있게 이해하기 위해서는 성리설과 수양론의 두 학문영역을 분리시키지 않고, 연관성 속에서 접근할 필요가 있다. 성리설이 심성의 근거를 이기론(理氣論)으로 해명하고 있다면, 수양론은 심성의 보존과 배양을 통하여 인격의 향상을 추구하는 실천방법을 계발한다. 따라서 성리설과 수양론은 본체와 작용이 하나의 근원(體用一源)을 이루는 것으로 불가분의 관계를 이루고 있으며, 동일한 마음을 서로 다른 방향에서 접근하는 것이므로 상호 보완적 역할을 하는 것이다.

성리학에서는 마음을 성품과 감정의 근원과 작용현상을 구명하는데 비하여, 수양론에서는 마음이 사사로운 '인욕'(人欲)과 정대한 '성명'(性

命)이라는 두 가치근거에서 발동하여 나오는 '인심'(人心)과 '도심'(道
心)의 두 양상을 분별하며, '천리'(天理: 性命)의 정대함을 실현하는 것
을 출발점과 목적지로 삼는다. 수양론은 먼저 수양을 위한 바탕과 기
준이 되는 선한 마음 곧 마음의 본래적인 양상으로서 양심(良心)·본심
(本心) 등을 확인하고, 다음으로 수양의 구체적 과정에서 마음의 보존
방법으로서 '조심'(操心)·'존심'(存心)이 제시되며, 나아가 마음이 성취
한 경지로서 '부동심'(不動心)·'종심'(從心) 등의 단계를 밝히고 있다.
따라서 수양론에서는 마음을 배양하는 실천방법과 성장단계에 관한 인
식으로서 도학적 인격론을 보여주는 것이기도 하다. 퇴계의 수양론은
한마디로 '경'(敬)의 실천을 통한 마음의 집중과 각성을 실현함으로써,
인격을 성숙시키고 인간을 완성시키는 방법이라 할 수 있다.

　또한 퇴계는 마음에서 성품과 감정을 고요한 본체와 활동하는 작용
으로 대비시켜 제시하였다. 여기서 그는 '성인'이 이치를 따르고 성품
을 실현하는 방법은 고요함으로서 활동함을 제어하는 것이라 하고,
'중인'의 행동양상은 활동에 빠져 고요함을 무너뜨림으로써 이치가 기
질에 지배당하는 것이라 구분하였다. 그것은 고요함으로 활동을 다스
리는 것이 성품과 감정의 이상적 실현방법인 '중화'(中和)라 확인함으
로써, 활동과 고요함 가운데서 고요함을 중심으로 삼는 주렴계(周濂
溪) 이래 수양론의 주정설(主靜說)을 따르고 있는 것이다. 물론 퇴계는
고요함을 기준으로 삼으면서도, 고요함에 치우쳐 사물에 대응하기를
거절함으로써 정적(靜寂)에 빠지는 것을 불교나 노장(老莊)의 편벽된
오류로 경계하는 것을 잊지 않고 있다.

2) 수양론의 중심축으로서 '경'(敬)

퇴계는 제자 이덕홍(李德弘)에게 보낸 답장에서 '경'이 고요하여 움직이지 않는 마음의 본체와 감응하여 소통하는 마음의 작용을 포함하며, 고요할 때와 활동할 때를 관통하여 한 마음을 주재하는 것이라 밝히고 있다. 곧 마음이 발동하기 이전에 고요할 때 '엄숙함'(嚴肅)이 '경'의 본체가 되고, 마음이 발동한 이후 활동할 때 '정제함'(整齊)이 '경'의 작용이라 본 것이다.

또한 퇴계는 한 마음의 주재로서 '경'의 역할을 고요할 때 마음을 붙잡고 간직하는 '조존'(操存: 存養·涵養)과 활동할 때 생각과 행위를 살펴서 반성하는 '성찰'(省察)의 두 양상으로 제시하고 있다. 곧 그는 '경'이 고요할 때나 활동할 때를 일관하여 마음을 주재하는 것임을 확인하였다. 여기서 고요할 때 '조존'하는 것은 마음의 주체를 각성시키고 배양하는 역할이라면, 활동할 때 '성찰'하는 것은 마음의 활동에 따른 정(正)과 사(邪)나 득(得)과 실(失)이나 시(是)와 비(非)나 선(善)과 악(惡)을 분별하여 반성하고 살피는 것이다.

'경'은 다만 흩어지기 쉬운 마음이 스스로 자신을 통제하고 수렴하는 중심으로서 활동하기 이전의 고요할 때와 활동한 이후의 작용할 때를 관통하여 인간의 마음이 일치되어 분산되지 않게 하는 '주일무적'(主一無適)이요, 또한 마음을 수렴하여 한 사물도 마음에 용납하지 않는 마음의 집중상태로서 '수렴신심'(收斂身心)이며, 항상 깨어 있는 마음씀의 방법으로서 '상성성법'(常惺惺法)의 각성상태요, 안으로 엄숙한 마음가짐과 밖으로 가지런한 모습을 지키는 '정제엄숙'(整齊嚴肅)으로서

다양한 실천방법으로 제시되고 있다.〈「答金而精」〉

　퇴계는 '경'의 개념을 해석하면서 활동함과 고요함(動·靜), 본체와 작용(體·用), 안과 밖(內·外), 시작과 끝(始·終), '경'의 생활과 이치의 탐구(居敬·窮理) 등 다양한 상관관계의 구조에서 상응하거나 일치함을 분석하여 해명하고 있다.

① '정제'(整齊)와 '엄숙'(嚴肅): 고요할 때 '엄숙한 마음'(嚴肅)을 본체로 하고 활동할 때 '가지런한 모습'(整齊)을 작용으로 파악하는 것이다. 퇴계는 이때 '경'의 실현으로서 활동과 고요함 내지 본체와 작용의 양쪽을 오랫동안 지속적으로 실천함으로써 원숙하게 되면, 활동과 고요함이 하나가 되고 본체와 작용이 서로 합하는 궁극의 단계, 곧 안으로 마음과 밖으로 몸이 일치하는 수양론적 완성의 단계에 이르게 되는 것이라 파악한다.〈「答金而精」〉

② '조존'(操存)과 '성찰'(省察): 퇴계는 "고요한 데서 마음을 간직하면 (操存) 어둡지 않고, 활동하는 데서 살피면(省察) 섞이지 않는다."〈「答盧寡悔別紙」〉라 하여, '경'의 실천방법으로서 '조존'이 고요할 때의 공부요, '성찰'이 활동할 때의 공부로 대응되는 것임을 밝히고 있다. 나아가 그는 생각(思慮)가 일어나기 이전의 고요함(寂·靜)은 마음이 '발동하기 이전'(未發)의 상태로 보고, 생각이 일어나고 사물에 대응하는 활동함(感·動)은 '발동한 이후'(已發)의 상태로 보며, 발동하기 이전의 경우는 '경계하여 삼가며 두려워할 자리'(戒愼·恐懼之地)라 하고, 발동한 이후의 경우는 '자신에게서 살피고 정밀하게 살피는 때'(體察·精察之時)라 하여, 활

동과 고요함에 따른 '경'의 구체적 실천과제를 제시하였다.〈「答黃
仲擧」〉

③ '경'(敬)과 '의'(義): "'경'으로 마음속을 곧게 하고, '의'로 바깥을 반
듯하게 한다."(敬以直內, 義以方外)는 『주역』의 구절에서, '경'은
안이요 고요함이며 '의'는 밖이요 활동함이라는 관계가 성립하며,
'경과 의를 겸하여 지닐 것'(敬義夾持)을 강조하였다. 그러나 '경'
을 중심으로만 보면 '경'이 활동과 고요함이나 뚜렷하고 은미함
이나 안과 밖을 일관하는 것으로 파악하고 있다.〈「答李宏仲」〉

④ '거경'(居敬)과 '궁리'(窮理): '거경'과 '궁리'를 상대하여 말한(對言)
경우와 '경' 속에 겸하여 말한(兼言) 경우가 있다. 퇴계는 설선(薛
瑄)이 "마음을 간직하고 단정히 앉는 때는 '거경'이요, 독서함에
의리를 사색하고 일에 대처함에 마땅한지 아닌지를 추구하는 것
은 '궁리'이다"라 언급한 것은 '거경'과 '궁리'를 상대하여 말한 것
으로, '경'을 '거경'으로 본 것이요, 우성전(禹性傳)이 "고요한 가운
데 마땅히 마음을 간직하고 단정하게 앉아야 하지만 활동하는 곳
에서도 더욱 이를 힘써야 마땅하다."라 한 것은 '경'으로 앎과 행
함이나 활동함과 고요함을 겸하여 말한 것이라 지적한다.〈「答禹
景善問目」〉 또한 퇴계는 '경'으로서 앎과 행함을 관통할 수 있음
을 강조한다. 곧 앎(知: 窮理)도 행함(行: 居敬)을 통하여 올바르게
실현될 수 있는 것이라 보며 '경'의 수양론 아래에 인식과 행위가
조화롭게 완성될 수 있음을 제시한 것이다.

3) '경'의 실천방법

퇴계의 학문적 관심은 항상 인간의 도덕적 자기완성을 추구하는 수양론으로 귀결되고 있다. 특히 그는 이 마음이 '천명'(天命: 性)을 내포하고 있음을 확인하고, 마음에 내재한 '천명'은 바로 하늘이 인간에게 부여한 직분으로서, 이 직분을 수행하는 것이 바로 수양(修爲)임을 언명함으로써, 수양의 근거를 '천명'이 인간에게 부여한 직분으로 확인하고, 수양을 하지 않는 것은 '천명'의 직분을 저버리는 것이라 밝히고 있다.〈「答申啓叔」〉그는 「성학십도」에서도 마음에서 선의 단초를 찾아 확충하여(求端·擴充) 근원으로 '천도'를 체득하고 실현하는(體天·盡道) '천도'를 향한 길과, 자신에서 선을 밝혀 진실하게 하여(明善·誠身) 안으로 덕을 높이고 밖으로 사업을 넓히는(崇德·廣業) '인사'(人事)를 향한 길을 수양방법의 기본과제로 제시하였다.

먼저 퇴계는 고요할 때와 활동할 때에서 '경'의 실천방법으로, 고요할 때는 두려워하고 삼가하며 성품 곧 '천리'를 함양(涵養)할 것을 요구하고, 활동할 때는 '인욕'을 분별할 것을 요구하였다. 또한 정자가 제시한 '경'의 실천방법에서 '옷과 갓을 반듯하게 할 것'과 '단정하게 정돈하고 엄숙하게 할 것'은 고요함에서 말한 것이요, '생각을 하나로 모을 것'과 '속이지 않고 태만하지 않을 것'은 활동함에서 말한 것으로 분석하였다. 그것은 활동할 때와 고요할 때의 수양방법이 분리된 것이 아니라 서로 소통하는 것임을 강조한 것이다.〈「答李宏仲」〉퇴계는 특히 고요할 때의 '경'으로서 정좌(靜坐)에 깊은 관심을 보여주는데, 앉는 자세에 있어서도 몸과 마음을 수렴하여 엄숙하고 가지런하게 할 것(齊莊

整齊)을 강조하여, 고요한 몸의 자세와 엄숙한 마음의 수렴을 결합시키고 있다.

다음으로 겉과 속에 걸쳐 '경'의 실천방법으로, 보고 듣고 말하고 움직이는 활동이나 용모와 말씀하는 기세 등 겉으로 나타나는 모습에서 수양공부는 바깥에서 통제하여 마음속의 성품을 배양하는 방법임을 확인한다.〈「答禹景善」〉 이처럼 '경'의 수양공부는 바깥의 모습과 속의 마음이 서로 작용하여 일치시켜 가는 것이며, 특히 겉으로 드러나서 '볼 수 있고 지키기 쉬운 방법'(可見易守之法)에 의해 속으로 '보이지 않고 묶어두기 어려운 마음'(不可見不可係之心)을 배양하는 방법을 강조하고 있다.〈「答金而精」〉

여기서 고요함과 활동함이나 겉과 속을 관통하는 '경'의 수양공부는 모두 일회적으로 이루어지는 것이 아니라, '진실하게 쌓아가며 오래도록 힘써서'(眞積力久) 순수하고 익숙함에 이르러야만, '고요할 때 비우고 활동할 때 곧은'(靜虛動直) 마음을 확보할 수 있음을 확인하였다.〈「答金惇敍」〉 또한 "엄숙하게 함양함을 근본으로 삼고 깊이 침잠하여 연구하고 탐색함을 학문으로 삼아서, 이 도리가 한 순간도 떨어지지 않는 곳에서 몸과 마음으로 친절하게 체득하여 인식하여야 하며, 그 사이에서 노닐고 젖어서(優游涵泳) 점차 쌓아 오래가면(積漸悠久) 홀연히 녹아서 깨끗해지게 된다."고 하였다. 그는 이러한 경지를 '참소식'이라 밝히고 있다.〈「答鄭子中」〉 이처럼 '경'은 몸과 마음을 단속하는 데서 시작하여, 마침내 도리와 일치하여 자유로운 완성의 경지에 이르는 수양의 실천과정을 강조하고 있는 것이다.

또한 '경'의 실천방법으로서 활동할 때와 고요할 때에 따라 '경계하고 두려워함'(戒懼)과 '체득하여 성찰함'(體察)의 방법을 대비시키고 있으며, 특히 '경'의 실천기반으로서 흩어진 마음을 찾아들이는 '구방심'(求放心)이 중시되고, '경'을 통한 성품의 함양이 강조되고 있다.

먼저 '경계하고 두려워함'(戒懼: 戒愼恐懼)의 방법은 마음이 아직 발동하지 않은 상태인 고요할 때의 공부요, '체득하여 성찰함'(體察: 精察)의 방법은 이미 발동한 다음으로 활동할 때의 공부로 대비시키고 있다. '경'은 고요할 때와 활동할 때를 관통하여 중단됨이 없어야 하는 것이지만, 고요할 때를 마음의 본체로 중시하여 마음이 아직 발동하지 않은 상태에서 '마음에 아무 것도 두지 않아야 한다'는 격언을 강조하고 있다. 여기서 퇴계는 사람들이 이 격언을 잘못 이해하여, 사물이 마음에 해를 끼치는 것으로 알고, 사물을 싫어하여 잊고자 하거나, 움직임을 싫어하고 고요함을 즐거워하는 태도는 바로 노자(老子)나 불교에서 추구하는 수양방법이라 비판하였다. 곧 유교의 수양법에서는 고요할 때와 활동할 때가 일관되어야 하는 것임을 강조하는 것이다.

또한 퇴계는 수양방법의 기본과제로서 흩어진 마음을 거두어들이는 '구방심'(求放心)에 관해 주의 깊게 논의하고 있다. 곧 마음을 '모든 일의 근본'이요, 성품을 '모든 선의 근원'이라 정의함으로써, 옛 유학자들이 말한 바 반드시 '흩어진 마음을 거두어들이는 일'(收放心)과 '덕성을 기르는 일'(養德性)의 두 가지를 가장 먼저 착수해야 할 곳으로 강조하였다. 또한 그는 '흩어진 마음을 거두어들이고' '덕성을 기르는' 수양공부를 실천하기 위해 안으로 마음을 집중하고 각성시키는 내면적 수양방법(主一無適·戒愼恐懼)에 머무는 것이 아니라, 밖으로 나타나는 행위와 사유 활동을 규제(制裁)함으로써 안으로 마음을 기르는 방법, 곧 밖으로부터 안으로 들어가는 수양방법이 긴요하고 절실한 것임을 강조하였다. 이처럼 밖에서 마음을 제재(制裁)하는 수양법의 실천을 위해서 "발은 무겁게 하고 손은 공손하게 하라" 하거나, "보는 데는 밝게 보기를 생각하고 듣는 데는 밝게 듣기를 생각하라"고 하는 등의 일들은 바로 사물을 응접하는 자리에 나아가 말한 것이지만 동시에 마음을 함양하는 공부가 되는 것임을 확인하였다. 이처럼 퇴계는 마음의 수양을 위해 안에서 마음을 다스리는 방법만이 아니라 바깥의 행동과 태도를 다스려 안으로 마음을 수습하는 방법을 중시하여, 안팎의 두 방면에서 수양공부의 실천을 제시하였던 것이다.

또한 퇴계는 '경'의 기본적 실천방법으로서, 일이 없을 때의 방법으로 하나를 주장하는 '주일'(主一)과 일이 있을 때의 방법으로 사물의 변화에 대응하는 '주사'(主事)를 대비시키고 있다. 주자는 "'주일'은 오로지 함(專一)을 의미하는 것으로, 일이 없으면 담담하여 편안하고 고요하며 활동으로 달려 나가지 않으며, 일이 있으면 그 일에 따라 변화에 대응하고 다른 일에로 나가지는 않는다. 이른바 '주사'는 '주일'하는 근거이다. 만약 얽매임이 있으면 도리어 사사로운 생각(私意)이 되니, 반드시 일이 이미 지나갔는데도 마음이 잊지 못하기도 하고, 몸이 여기에 있는데도 마음은 저기에 있는 것이니, 이는 '산란하여 멋대로 함'(支離畔援)이 되어 '주일무적'(主一無適)과 상반되게 된다."〈『朱熹集』, '答呂子約'〉고 언급하였다. 따라서 퇴계는 '경'의 '주일'공부를 실현하는 방법으로서 하나의 마음이 만 가지 일을 거느릴 수 있으니, "마음이 주재하여 오로지 하면 생각하기를 기다리지 않더라도 능히 일에 따라 절도에 맞게 할 수 있다." 하여, '주일'이 한 가지 일만 하는 것이 아님을 확

인하고 있다. 따라서 그는 "한 가지 일을 바야흐로 생각하면 다른 일에
는 겨를이 없다."고 하는 것은 도리어 그 일에 얽매이는 바가 되어, 사
사로운 생각이 될 것이요, 또한 '산란하여 멋대로 하는' 병통을 이룰 것
이라 지적하였다. 그만큼 퇴계는 '경'의 '주일'을 실천하는 것이 마음의
주재를 확립하는 것이요, 한 가지 생각이나 대상에 사로잡혀 있는 것
이 아님을 분명하게 밝히고 있는 것이다.

4) 수양론의 과제로서 마음의 병과 치료방법

수양론에서 '마음'은 수양이 이루어지는 바탕이라면 '경'은 수양을
실천하는 방법이라 구별해볼 수 있다. 그러나 '마음'과 '경'은 하나의
마음이 한편으로 다스려지고 간직되는 수양의 객체로 인식될 수도 있
고, 다른 한편으로 마음을 주재하며 붙잡고 간직하고 거두어들이고 바
로잡는 수양의 주체로 인식되기도 한다. 따라서 퇴계의 심성수양론(心
性修養論)으로서 '심학'(心學)[3]은 '경'으로 마음을 주재하기도 하고 마음
이 스스로 수양의 실천주체이기도 함을 보여준다.

퇴계는 정자가 말한 '자신을 허물하고 문책함'(罪己責躬)을 마음의
수양에서 착한 단서를 열어주는 것이라 인정함으로써, 죄책감이 수양
의 출발점에서 중요함을 인정하였다. 그러나 그는 이러한 죄책감에 사
로잡히지 말고, 한걸음 나아가 '천리'와 융화되어 흔적이 없는 데까지

---

3 '心學'이란 용어는 퇴계의 경우와 같은 道學의 입장에서는 心性修養論을 의미하는
  것이요, 王陽明의 경우에서는 心卽理說에 근거한 心本體論을 의미함으로써, 서로
  다른 의미를 가리키는 용어로 쓰이고 있다.

가야만 마음이 올바름을 이루게 되는 것이라 언명하고 있다. 그것은 수양의 단계가 자신을 죄책하는 도덕적 자의식의 단계를 넘어서서 마음이 '천리'와 하나가 되는 '천인합일'의 신비적 차원까지 끌어올리기를 요구하는 것이다.

나아가 퇴계는 수양의 실천과정에서 표준이 되는 건강하고 정상적인 양상만 아니라, 마음의 기질적 요소에 따른 여러 가지 병증(病症)을 정밀하게 분석하고 있다. 곧 수양을 실천하는 과정에서 '경'의 올바른 실현을 상실한데 따라 발생하게 되는 다양한 병증을 진단하고 그 치료방법을 친절하게 제시하였다.

퇴계가 마음의 병증으로 가장 깊이 경계하고 있는 것은 마음이 '분산하고 조급한 병'과 '고요함에 빠지는 병'이다. 먼저 그는 '마음이 분산하고 동요되는' 증세에 대해서는 '경'을 지킴(持敬)이 병을 치료하는 약이라 제시한다. 〈「答洪胖」〉 또한 그는 '마음이 부산스럽게 달리고 제멋대로 날아오르는' 증세에 대해서는 자신에게도 이러한 증세가 있음을 고백하고 있다. 이러한 경우에 치유방법으로 강력하게 붙잡거나 급박하게 억제하려들면 도리어 병이 생기게 될 것이라 경계한다. 따라서 그는 '생각을 너그럽게 하며, 편안하고 한가롭게 하여 푹 젖어들게 하며, 깨어있는 마음의 주인이 되어, 항상 맡아서 관리함을 잃지 않게 하도록 할 것'을 처방하고 있다. 또한 행동하자 곧 잘못을 저지르는 '조급하고 경망스러운 병'에 대해서는 주자의 견해를 따라 '경'을 실천하지 않은 병으로서 마음이 사물을 주재할 수 없는데서 발생하는 것이라 진단하고, 이 병을 치유하는 약으로 '마음을 일치시켜 분산되지 않게 할 것'을 처방하였다.

또한 그는 생각이 많은(多思索) 해독이 배우는 이의 공통적 근심이라 지적하고, 마음이 번잡하고 소란하며 편안하지 못한 경우에는 성품을 바르게 배양하는(正養)하는 공부가 이 병을 치료할 수 있는 것이라 제시하였다. 여기서 바르게 배양하는 공부는 '고요함'(靜)의 방법이 공자·맹자를 비롯하여 주렴계에서 주자에까지 면면히 이어서 제시되어 왔음을 지적하고 있다.

다음으로 '고요함에 빠지는 병'에 대해, 고요함이 한번 지나치면 선(禪)에 들어가는 것이므로, 고요함 보다 '경'을 강조하고 있다. 그것은 고요함을 주장하는 것(主靜)이 잘못된 것이 아니라, 넓게 배우고 예법으로 집약하는 번거로움을 싫어하여 활동함이 없이 고요함만 주장하는 것이 잘못된 것임을 지적하는 것이다. 〈「答金而精」〉

마음의 병은 기본적으로 고요함이나 활동함의 어느 한 쪽에 빠지는 병이다. 곧 일이 없을 때 마음을 간직하는 방법으로 '항상 깨어 있으면서 생각을 제거하고자 하는 것'은 고요함에 빠져 활동이 없고자 하는 병이요, '생각을 한번도 그치고자 하지 않는 것'은 활동에 치우쳐 고요한 때가 없는 병이다. 따라서 퇴계는 활동함과 고요함이 분리되어 어느 한 쪽으로 치우치는 병폐를 제시하면서, 이것이 바로 주자가 말하는 '항상 잠들어 깨지 않거나, 항상 행동하여 그치지 않는 병'이라 하여, 그 옳지 않음을 지적하였다. 〈「答金惇敍」〉

또 하나의 중요한 병증은 마음속에 생각이 얽혀서 풀리지 않는 현상이다. 퇴계는 정자가 말한 '자신을 허물하고 문책함'이 착한 단서를 여는 것임을 인정하지만, 착한 생각이나 마땅한 일이라도 마음속에서 풀리지 않고 오래 머물러 있으면 한 덩어리의 사사로운 생각(私意)이 되는 것이라 한다. 따라서 여기에 사로잡히지 말고 '천리'와 융화되어 흔적이 없는 데까지 가야만 마음이 올바름을 이루게 되는 것이라 밝히고 있다.〈「答金惇敍」〉그러나 일이 마음속에 남아서 방해가 된다하여 일을 싫어하고 잊으려하며 활동을 싫어하여 고요함에 빠져 있으면, 노장(老莊)과 불교의 무리만 빠지는 병통이 아니라 유학자도 털끝만큼의 착오가 있으면 망각과 고요함의 병에 빠지게 되는 것임을 지적하여 절실히 경계하고 있다. 그것은 수양의 단계가 자신을 죄책하는 자의식의 단계에서 마음이 '천리'와 하나가 되는 차원까지 이끌어 올리기를 요구하는 것으로 마음의 본체를 온전하게 실현하는 경지를 제시하는 것이다.

나아가 퇴계는 마음을 간직하는 '존심'(存心)의 방법으로 마음을 비우도록 강조하고 있지만, "사물이 마음에 해를 끼치는 것으로 알고 사물을 싫어하여 잊고자 하며, 움직임을 싫어하고 고요함을 즐거워하는 것"은 노자나 불교의 무리들이 허무(虛無)와 공적(空寂)에 빠져있는 것이라 비판하였다. 따라서 그는 정명도(程明道)의 '존심'방법에 근거하여 마음을 간직하는 참된 태도로 "마음이 사물을 대함에 오기 전에는 맞이하지 않고, 막 오면 비추어 대응하고, 대응하고 나서는 남겨두지 않는다."라 하였다. 또한 그는 이렇게 잘 간직된 마음에 대해, "그 본체가 맑아서 명경지수(明鏡止水) 같으니, 비록 매일같이 온갖 일을 응접하더라도 마음속에는 일찍이 한 물건도 없다."〈「答金惇敍」〉고 하여, 마음을 비우는 수양법으로서 '존심'의 참된 의미를 제시하였다.

퇴계는 남언경(東岡 南彦經)에게 학문하고 수양하는 과정에서 마음에 발생하는 병통으로 '이치를 살피는 데 투철하지 못해 허공을 뚫어

억지로 찾으려 하는' 병통과 '마음을 붙잡는데 방법을 잃어서 싹을 뽑아 자라도록 돕는' 병통의 두 가지 기본 양상을 지적하였다. 곧 마음이 이치를 바르게 인식하지 못하고 공허한 관념을 천착하는데 따른 병폐와 마음을 수양하는 방법이나 절차의 순서를 잃어서 도리어 마음을 어지럽히고 무너뜨리는 결과를 낳는 병폐를 지적한 것이다. 그것은 수양의 과정에 나아가야할 방법을 제시해주는 일이며, 아울러 주의해야할 병통을 경계해주는 친절함을 보여주는 것이다.

수양의 과정에서 '경'의 올바른 실현을 상실한데 따라 발생하게 되는 다양한 병증이 있다. 퇴계는 이러한 병증을 자신의 경험과 관련하여 구체적으로 진단하고 그 치료방법을 친절하게 제시해 준다. 특히 그는 김부륜(金富倫)에게 사색(思索)이 자세하고 인식(察識)이 정밀하더라도 '경'의 실천방법을 진실하게 깨달아 실행하지 못하면, 자신이 노력하는 자리와 성현이 말씀하고 행하는 것이 서로 어긋나고 의심스러워지게 되는 것임을 지적하였다. 이에 따라 앞에는 틈이 벌어져 헛되이 비교하고 의심하는 번거로움이 있으나 명백하게 의거하여 곧바로 넘어서 앞으로 나아갈 의사가 없게 되는 병통이 생기는 것임을 밝히고 있다. 이어서 그는 학문하는 큰 근본을 '경'에서 터득하지 못하면 비록 사소한 공부가 있다 하더라도 끝내 곤란이 모여들고 노력에 효과가 없어서 혹은 노장이나 불교에로 넘어가기도 하는 사실을 경계하였다. 여기서 퇴계는 김부륜에게 주자가 제자의 말을 빌어 마음에 온갖 구상과 언어를 접어두고 다만 '마음을 붙잡아 두면 간직된다'는 한 구절을 염두에 두는 것이 그 병통에 대한 약(藥)으로 제시하고 있다.

나아가 퇴계는 수양의 기본방법 사이에 갈등이 일어나는 현상을 주목하고 있다. 그는 '이치의 탐구'(窮理)와 '경의 실천'(居敬)이라는 두 가지 공부방법이 서로 방해되는 현상에 대해, 이는 '경'의 실천이 미숙하기 때문이라 진단하고 있다. 이에 대해 그는 지속적으로 힘써 '경'을 실천해가면 과일이 익어 맛이 들듯 서로가 방해되지 않고 조화를 이루고 일치하게 될 것임을 확인한다. 그러나 이러한 실천의 지속적인 축적이 없으면 마치 씨 뿌리지 않고 김매지 않은 채 밭에서 곡식이 익기를 기다리는 것처럼 공허한데 떨어질 것임을 경계한다. 이처럼 퇴계는 '경'의 확고한 실천과 그 실천의 원숙함이 바로 마음에서 일어나는 온갖 병통을 치료할 수 있는 기본방법임을 역설하고 있는 것이다.

5) 퇴계의 수양론이 지닌 특성

퇴계는 수양론적 중심개념인 마음과 '경'의 해석에서 이치와 기질, 본체와 작용, 활동과 고요함의 상관관계를 밝힘으로써, 수양론과 성리학이 서로 깊이 연관되어 있음을 보여주고 있다. 그는 이 양자의 연관성을 통해 '도학'체계에서 성리학은 수양론을 지향하고, 수양론은 성리학에 근거하고 있는 본체와 작용의 연관구조를 지니는 것으로 드러내주고 있다. 이런 의미에서 퇴계의 성리학적 핵심과제였던 사단칠정론 내지 이기론과 그의 수양론으로서 '경'의 실천방법이 어떻게 연결되고 있는지를 더욱 깊이 밝혀내는 것이 앞으로 해명하여야 할 과제로 제기된다.

실제로 퇴계는 자신의 수양론에서 중심적 개념으로 등장하였던 '인심'과 '도심'의 문제를 사칠론(四七論)과 연결시켜 해석해 온 것이 사실이지만, 수양론 전체와의 연관구조를 해명하는 것은 퇴계사상의 전체적 성격을 이해하고 구명하는데 중요한 의미가 있다고 하겠다. 이를 좀더 확대시켜 보면 퇴계의 수양론은 그의 도학적 문제의식 전반에 침투되어 있는 것이며, 그의 학문적 중추로 자리잡고 있는 것이라 볼 수 있을 것이다.

또한 퇴계는 '경'이 고요할 때와 활동할 때에 걸친 양면을 통합적으로 인식하기 때문에 고요할 때의 마음의 본체를 '천리'와 일치시키도록 강조하면서도, 이 '천리'를 근거로 삼아 활동할 때에 마음의 작용에 나타나는 '인욕'을 조절함으로써, 사물에 구체적으로 대응하고 사무를 처리하는 일을 중시하고 있다. 그것은 수양론이 단순히 내면의 '심성'을 연마하는 일에 한정되는 것이 아니라 일상생활과 국가의 통치행위에 이르기까지 수양을 통한 성취된 인격으로 담당할 것을 요구하는 것이다. 여기서 그는 일상생활 속의 행동과 태도의 통제를 통하여 내면의 심성을 바로잡는 수양공부의 측면도 중시하고 있다. 곧 마음 안에서 밖으로 나오는 수양법과 밖에서 마음 안으로 들어가는 수양법이 양면적으로 제시되고 있다는 사실이다. 이에 따라 그는 활동력이 없는 고요함의 수양법이 아니라 적극적으로 활동하는데 적용되는 활동적 수양법을 강조함으로써, 노장(老莊)의 '무위'(無爲)나 불교의 '적멸'(寂滅)에서 보여주는 수양법을 자신의 도학적 수양법으로 부터 엄격하게 차별화하고 있다.

나아가 퇴계는 한편으로 수양방법의 표준과 그 목표로서 바람직한 모범을 제시하면서, 다른 한편으로 수양방법의 잘못된 인식이나 실천방법에 따른 폐단과 병통을 구체적으로 제시하고 있다. 곧 수양방법의 긍정적 방향과 부정적 방향을 함께 드러내 줌으로써, 실질적으로 실천에 유용한 지침을 제공하고 있는 것이다. 퇴계는 악의 개념에 대한 이해에서, "본래는 악이 아니라, 단지 지나치거나 못 미치는 것이다."라는 주자의 말을 인용하면서, 선과 악을 다른 세계가 아니라 하나의 마음에 존재하는 가능성으로 보고 있다. 따라서 현실 속에 항상 일어날 수 있는 가능성으로서 잘못된 길인 악을 통찰하여 경계하지 않은 채, 올바른 방법만을 제시하는 것으로는 수양의 실효를 거두기 어려움을 간파했던 것이다. 그만큼 퇴계의 수양론은 수양을 위한 이론이 아니라 수양의 이론과 실행이 하나로 통합되어 있는 수양론이라는 점을 그 특성의 하나로 보아야 할 것이다.

6부
떠난 자리의 향기

退溪評傳

1. 대현(大賢)의 죽음

1) 매화 향기를 남기고 떠나다

선비의 품격은 그 생애를 마무리 짓는 죽음의 자리에서 다시 한번 확인할 수 있다. 퇴계는 70세 되던 1570년 12월 8일 세상을 떠났다.

돌아가시기 한 달 전까지 강학을 하다가 11월 초에 병이 위중해지자 강의를 그만두고 제자들을 돌려보냈다. 이 소식을 듣고 조목(趙穆) 등 몇 사람의 나이 많은 제자들이 찾아와 간병을 하였다. 11월 9일 종가 (宗家)의 가묘(家廟)에서 시향(時享)을 지냈다. 이 때 자제들은 퇴계에 게 병환이 있으니 제사에 참예하지 말기를 청했지만, "내가 이미 늙었 으니 제사 모실 날도 많지 않을 것인데, 제사에 참예하지 않아서야 되 겠느냐."〈『언행록』〉고 하면서, 쇠잔한 몸으로 신주독(神主櫝)을 몸소 받들고 제물 드리는 일도 몸소 맡았다.

11월 12일부터는 '가력일기'(家曆日記) 쓰는 것도 중단하였다. 11월 15일에는 병세가 더욱 위독해 졌는데, 이때 기대승이 일부러 사람을 보내 편지로 문안하니, 퇴계는 병석에 누운 채 답장을 쓰면서 '치지격물'(致知格物)에 대한 이론을 수정하여, 자제들에게 정서해서 기대승과 정유일에게 부치게 하였다. 학자로서 마지막까지 자신의 견해에 책임을 지고 진리를 찾아가며 겸허하게 수정해가는 자세를 보여주고 있는 것이다.

12월 2일에 병이 위독하였는데, 약을 먹은 다음에 말하기를, "오늘은 장인(權礩)의 기일(忌日)이니 고기반찬을 놓지 말라."고 당부하였다. 병이 깊었어도 장인의 기일에 예법을 지키는 정성스러움을 소홀히 하지 않고 있는 것이다.

12월 3일 이미 자신의 목숨이 얼마 남지 않았다는 것을 알고서 죽음을 맞을 준비를 시작하였다. 먼저 자제들에게 다른 사람으로부터 빌려온 서적을 빠짐없이 돌려보내게 하였다. 또한 한안명(韓安命)이 경주(慶州)판본 『심경』에 잘못된 곳이 많아 퇴계에게 교정을 부탁했었는데, 그 교정본을 마침 다른 사람이 빌려갔으므로 찾아서 한안명에게 보내도록 하였다.

이 때 아들(李寯)이 봉화현감(奉化縣監)으로 임명되자 감사에게 사직을 청하는 글을 올리도록 하고, 집안사람들이 기도하는 것을 금하였다. 자신의 수명을 비는 기도를 못하게 하였다는 것은 천명을 순종하여 받아들인다는 확신이 서 있음을 말해주는 것이다.

이날 설사를 하였는데, 마침 매화 화분이 곁에 있었으므로 화분을 다른 곳으로 옮기도록 지시하면서, "매화 형(梅兄)에게 불결하니 내 마음이 스스로 미안할 뿐이다."라 하였다. 또한 이날 병세가 몹시 위독하여, 이석간(李碩幹)·민응기(閔應祺)·이연량(李衍樑)이 번갈아 가며 맥을 살폈고, 뜰에 서서 안부를 기다리는 사람이 70여 명이었다고 한다.

12월 4일 형의 아들 이녕(李寧)에게 명하여 '유계'(遺戒)를 받아 적도록 하였다. 이 '유계'에서 가장 중요한 내용의 하나는 조정에서 내려주는 예장(禮葬)을 사양할 것을 당부하고, 다른 하나는 비석을 세우지 말고 조그마한 돌에다 전면에는 자신이 미리 써둔 '퇴도만은진성이공지묘'(退陶晚隱眞城李公之墓)의 열 글자만 새기고, 그 후면에는 고향과 조상의 내력 및 뜻함과 행적을 간략하게 쓰도록 할 것을 당부한 것이다. 돌의 뒷면에 기록할 명문(銘文)도 과장하여 서술하지 못하도록 하고 자신이 미리 지어둔 초고를 찾아서 사용하도록 부탁하였다.

'유계'에는 또한 "장례(葬禮) 때에 술로 손님을 접대하지 말라. 다만 손님이 가지고 온 술을 손님에게 쓰지 않으면 이 또한 난처하니 먼 곳에서 술병과 과일을 들고 온 사람들은 각각 상을 차려서 대접하라."는 말씀도 있었다. 이에 대해 제자가 상례나 제사 때 술과 밥을 차려 손님을 접대하는 것이 당시의 풍속임을 들어 질문하자, 퇴계는 상례 때에 술과 밥을 차리는 것은 예절에 매우 어긋나는 것임을 강조하고, 송나라의 진순(北溪 陳淳)이 편지(「答陳伯澡(8)」)에서 밥과 국수만 대접하고 일체 술을 대접하지 않는 것이 예법에 맞는 것임을 제시하였다. 풍속에 따르는 것이 아니라, 예법의 정신에 맞게 자신을 위한 상례가 행해지기를 바랐던 것이다.

이날 낮에 여러 제자들을 만나보려 하자, 자제들이 그만 두기를 청했지만, "죽고 삶이 갈리는 즈음에 안 볼 수는 없는 일이다."라 하면서, 웃옷을 덮게 하고 여러 제자들을 불러 영결하면서, "평소 그릇된 견해를 가지고 제군들과 더불어 종일토록 강론하였으니, 이 또한 쉬운 일이 아니었다."고 하였다. 스승과 제자로서 종일토록 토론해왔던 오랜 세월 학문연마의 과정에 가장 큰 보람을 느끼고 있음을 토로하는 말이다.

12월 5일 자신의 시신을 염습(殮襲)할 수기(壽器)를 준비하도록 지시하였다. 또한 이날 조카 이녕(李寧)에게 양사(兩司)에서 을사사화의 공훈을 깎아버리자고 상소하고 있는 일이 어떻게 되었는지 물었다. 이녕이 아직도 윤허하시지 않았다고 말씀드리니, "그 끝이 어떻게 될지 알 수 없구나." 하고, 거듭 탄식하였다 한다. 죽음을 눈앞에 두고 병이 위독한 가운데서도 나라 일을 걱정하는 모습을 보여주고 있다.

죽음을 앞둔 며칠 동안 그 자신이 죽음을 내다보고 신변을 정리하며 준비하는 과정이었다. 장례를 간소하게 치르고 비석에 행적을 간략하게 기록하도록 요구한 것은 허황하게 칭송하는 세속적 풍속을 꺼린 겸허한 자세를 엿볼 수 있게 한다. 마지막까지 단아하고 공경하는 모습을 잃지 않는 것은 바로 그의 평생을 통해 닦아왔던 인격의 표출이라 할 수 있다.

12월 7일 제자 이덕홍(李德弘)에게 서적을 맡게 하였다. 이덕홍이 물러나오자 이미 병세를 돌이킬 수 없음을 보고, 제자들이 점을 쳤더니 '겸괘'(謙卦)의 괘사(卦辭)인 "군자는 마침이 있다."(君子有終)는 구절을 얻었다 한다. 그의 죽음은 『주역』의 점사(占辭)에서도 군자의 죽음으로 응답하고 있음을 말한다.

12월 8일 아침에 매화 화분에 물을 주도록 지시하였다. 이 날은 날이 개였는데 유시(酉時: 저녁 6시 전후)가 되자, 갑자기 흰 구름이 지붕 위에 모이고, 눈이 내려 한 치쯤 쌓였다 한다. 조금 후 퇴계가 자리를 정돈하라고 지시하므로 부축하여 일으켜 앉히자, 앉은 그대로 운명했

다. 그러자 구름이 흩어지고 눈도 다시 개였다 한다. 큰 현인이 세상을
마치는 날에 하늘도 감응하는 모습을 보여주었다는 이야기다. 죽음을
맞는 날에도 매화 화분에 물을 주며 보살피는 것은 자신이 떠난 뒤에
도 매화의 향기로 세상을 향기롭게 할 것임을 형상하는 것이 아닐까?
누워서 죽지 않고 앉아서 죽음을 맞았다는 것도 죽음으로 무너지는 것
이 아니라, 그 정신이 지속적으로 살아간다는 것을 형상하려는 것이
아닐까?

2) 상례와 장례를 치루며

1570년 12월 8일 유시(酉時)에 퇴계가 세상을 떠나자, 원근의 친지
와 선비들이 사방에서 모여들어 큰 현인의 죽음을 슬퍼하였다. 선비들
만 아니라, 무지한 백성들이나 천한 하인들까지도 슬퍼하지 않은 사람
이 없었고, 여러 날 고기를 먹지 않으며 슬퍼하는 사람도 많았다고 한
다. 그의 덕이 사람들의 가슴에 깊이 감화를 미쳤던 것을 알 수 있다.

선조 임금은 퇴계의 병이 깊다는 소식을 듣고, 내의(內醫)에게 역마
(驛馬)를 타고 급히 가서 치료하도록 보냈다. 그러나 내의가 도착하기
전에 퇴계는 세상을 떠났다. 12월 18일 부고가 조정에 올라가자, 임금
은 애통해하며 바로 영의정(領議政)에 증직(贈職)하도록 명하고, 사흘
동안 조회(朝會)를 중지하며 시장의 문을 닫게 하고 사형의 집행을 중
지시키고 도살을 금하며 음악을 중지하라고 명하여 애도를 극진하게
하였다. 이어서 우부승지(右副承旨)를 보내 조문(弔問)하고 부의(賻
儀)를 후하게 보내도록 하였다. 부의는 관례에 따라 쌀과 콩을 합쳐서

100섬, 종이 150권, 흰 정포(正布) 20필, 6새(六升)짜리 흰 목면 20필, 정포(正布) 1동(同), 석회 50섬, 모시 10필, 맑은 꿀 1섬 10말, 참기름 2섬, 황밀(黃蜜: 꿀을 거르고 남은 밀랍. 초를 만드는 재료) 10근을 내리고, 별도로 정포 20필, 쌀과 콩 합쳐서 20섬, 밀가루 20말, 참기름과 맑은 꿀 각 6말을 추가하여 보냈다.

　퇴계의 상례에는 제자들도 흰 두건을 쓰거나 흰 띠를 하는 등 복(服)을 입었고, 제자 조목 등은 3년 동안을 잔치에도 참예하지 않고 안방에도 들어가지 않으며 스승을 위해 심상(心喪)을 다하였다. 1571년 3월(壬午日)에 예안(禮安)의 건지산(搴芝山) 남쪽에 정남향(正南向) 언덕 위에 묘를 쓰고 장사지냈다. 아들 이준(李寯)은 유언이라 하여 두 번이나 글을 올려 나라에서 내리는 예장(禮葬)을 사양하였지만 허락받지 못하였다. 묘비(墓碑)는 유언대로 작은 빗돌을 세웠다. 장사를 지낼 때 문인 김부륜(金富倫)이 예장가정관(禮葬加定官)으로 내려왔다. 사람들은 김부륜이 퇴계를 오래 모셨으니 스승의 뜻을 받들어 삼가고 간소하기를 기대했지만, 그는 조정의 뜻을 따라 일을 처리하여, 석인(石人)이나 석상(石床)은 너무 사치하고 컸으며, 망주(望柱)와 혼유석(魂遊石)은 나라의 법전을 넘어 썼다. 퇴계의 조카 이녕은 눈물을 흘리며 다투었으나, 예장을 행하는 김부륜의 뜻을 꺾을 수 없었다. 장례를 가장 소박하게 행함으로써 겸허한 덕을 이루고자 하였던 퇴계의 '유계'(遺戒)도 퇴계를 높이려는 조정의 뜻에 막혀 이루어질 수 없었다.

　퇴계의 묘비문은 왕명으로 대제학 박순(思菴 朴淳)에게 짓게 하였는데, 박순이 지은 '묘지명'(「退溪先生墓誌銘幷序」)은 그 말이 정확하지 못하다 하여 제자들이 채택하기를 어려워했다. 이때 제자들 가운데 조

목과 김부필(金富弼) 등은 이미 청한 것이니 쓰지 않을 수 없다고 주장
하였지만, 의논 끝에 드디어 폐기하였다. 그후 아들 이준(李寯)이 기대
승에게 '묘갈문'(墓碣文)을 짓게 했는데, 기대승은 퇴계 자신이 지은
'묘갈명'에 후서(後敍)를 지었다. 퇴계의 '묘갈명'에서는 그 자신의 평
생을 가장 함축적으로 집약시켜 제시하고 있음을 엿볼 수 있다.

태어나서는 크게 어리석었고	生而大癡,
장성해서는 병이 많았네.	壯而多疾,
중년에 어찌 학문을 좋아했고	中何嗜學,
말년에 어찌 벼슬에 올랐던가.	晚何叨爵,
학문은 구할수록 멀어지고	學求猶邈,
벼슬은 사양할수록 몸에 얽히네.	爵辭愈嬰,
세상에 나가서는 넘어졌으나	進行之跲,
물러나 은둔하니 올발랐네.	退藏之貞,
나라 은혜에 깊이 부끄럽고	深慙國恩,
성인 말씀이 참으로 두렵구나.	亶畏聖言,
나는 옛 사람 생각하니	我思故人,
실로 내 마음과 맞는구나.	實獲我心,
후세 사람들이라고 어찌	寧知來世,
지금의 내 마음을 모르리오.	不獲今兮…

그의 평생은 성인의 말씀으로서 학문의 길과 나라의 은혜로서 벼슬
의 길 사이에서 길을 찾아야 했고, 마침내 물러나 학문에 전념하는 것

을 자신의 길로 발견하였던 것이다. 그는 옛 성현과 만나 한 마음으로 일치하는 경험을 하면서, 자신과 후세의 사람들 사이에서도 한 마음으로 일치됨을 찾는 사람이 있을 것이라는 확신을 밝히고 있다. 그것은 학문의 길을 통해 옛 성인과 자신과 후세의 사람들이 시간의 벽을 넘어 하나로 일치되는 영원한 세계를 확보하였던 것이다. 그래서 그는 도연명의 「귀거래사」(歸去來辭)의 마지막 구절인 "조화를 타고 돌아가니/ 다시 또 무엇을 구하리오"(乘化歸盡, 復何求兮)라는 말로 자신의 '묘갈명'을 끝맺고 있다. 이미 죽고 삶을 넘어서 우주의 조화로서 천명(天命)과 일체를 이루어 삶과 죽음을 오가는 안심입명(安心立命)의 경지를 보여주는 것이다.

2. 세월이 지날수록 더욱 높여지는 인물

1) 시호를 내리고 문집이 간행되다

(1) 시호(諡號)를 '문순'(文純)으로 내리다

죽음과 함께 사람들의 기억에서 점점 사라지는 것이 보통사람들이라면, 퇴계는 이와 달리 죽음 이후에 더욱 높여지고 사람들의 가슴 속에 깊이 자리를 잡아갔던 인물이다. 퇴계가 세상을 떠났다는 소식을 듣자 선조임금은 곧바로 퇴계를 영의정으로 추증(追贈)하여 그 공을 높였다. 이어서 그가 서거한 지 3년 뒤(1573) 퇴계에게 나라에서 시호(諡號)를 내려야 한다는 요구가 조정 안에서 활발하게 일어났다.

사헌부와 사간원과 경연에서 잇달아 퇴계의 높은 학덕을 드러내어 시호를 내리도록 요구하였지만, 선조임금은 관례에 따라 '행장'(行狀)이 올라와야 시호를 내릴 수 있음을 강조하였는데, 노수신(盧守愼)·율

곡·김우옹(金宇顒)·김성일(金誠一) 등 신하들이 퇴계의 학덕과 공적
이 너무 뚜렷하니 '행장'을 짓기 전에 시호를 내리는 것이 마땅하다고
강력하게 주장하여, 마침내 승인을 받아, 1576년 11월에 '문순'(文純)
으로 시호가 추증되어 내려왔다. '문'(文)이란 '도(道)와 덕(德)을 널리
들음'(道德博聞)의 뜻이고, '순'(純)이란 중정(中正)하고 정밀하며 순수
함의 뜻이다.

(2) 비석을 세우고 문집을 간행하며

퇴계의 묘소에 비석은 사후 7년 뒤인 1577년 2월에 세워졌다. 퇴계
자신이 지은 '묘갈명'(墓碣銘)에 기대승이 '후서'(後敍)를 지은 것이었
다. 기대승의 '묘갈명후서'에 대해 퇴계의 제자 조목은 몇 구절에 문제
가 있다고 지적하였지만, 퇴계를 극진히 높이는 제자의 입장에서 불만
을 표현한 것이라 할 수 있다. 퇴계가 죽은 뒤 26년이 지난 1596년에
퇴계의 지석(誌石)을 무덤 속에 묻었다. 처음에 '묘지'(墓誌)는 대제학
박순(朴淳)이 지었는데, 제자들이 그 서술에 불만을 표현하여 논의 끝
에 폐기되고, 결국 기대승에게 부탁하여 '묘지'를 썼지만, 조목의 불만
은 여전히 남았던 것 같다.

1573년 선조임금은 퇴계의 글이 소중하니 흩어지지 않도록 교서관
(校書館)에서 인쇄하도록 명령을 내렸던 일이 있다. 이후 제자 조목은
사직을 청하는 상소를 올리면서, 자신이 물러나 고을의 선비들과 퇴계
의 저술을 교정하고 정서하여 문집의 편찬을 이루겠다는 뜻을 밝히기
도 하였다. 퇴계의 문집은 그의 사후 30년이 지난 1600년에 40권으로

처음 이루어졌다. 최초로『퇴계집』을 편찬하는 과정에 병산(屛山)에서 교열하면서 자르고 깎아낸 것이 많았다는 지적을 받기도 하였다. 그러나 이식(澤堂 李植)은 "우리나라 학자들은 경전(經傳)을 따르고 섬기는 이외에 반드시『퇴계집』을 보는 것으로서 스승에게 배우는 것으로 삼아야 할 것이다. 그렇게 한다면 그 시대가 가깝고 땅이 같으므로 더욱 몸에 와 닿게 모범을 삼을 수 있을 것이다."〈『언행록』〉라 하여,『퇴계집』을 통해 학문에 나아가는 것이 우리나라에서 학문하는 방법의 절실한 길임을 강조하기도 하였다.

2. 사림과 나라에서 제사를 이어가다

(1) 서원에 제사 드려지고 문묘(文廟)와 종묘(宗廟)에 배향되며

퇴계가 세상을 떠난 뒤에 그 자신이 만년에 서원건립에 힘썼던 그 서원에서 퇴계를 가장 먼저 제향하기 시작하였다. 그가 죽은 지 3년 뒤(1573)에 영주의 이산서원(伊山書院)에 봉안(奉安)하고 석채례(釋菜禮)를 거행하였다. 1574년 봄에 퇴계가 강학하던 도산서당의 곁에 도산서원(陶山書院)을 짓기 시작하여 이듬해(1575) 여름에 낙성이 되고, '도산서원'이라 사액(賜額)을 받았다. 1576년 2월에 도산서원에 퇴계의 위판(位版: 神主)을 봉안하고 석채례를 거행하였다. 이날에 여강서원(廬江書院)에서도 역시 퇴계의 위판을 봉안하여 제사를 지냈다.

전국의 선비들이 퇴계를 문묘(文廟)에 종사(從祀) 하도록 요구한 지는 오래되었다. 마침내 퇴계의 사후 40년이 되는 1610년 성균관과 전

국의 유생들이 잇달아 상소를 올리고, 사헌부·사간원에서 문묘에 종
사하도록 요청하는 상소를 올려, 퇴계를 비롯한 다섯 분을 문묘에 종
사하도록 광해군 임금의 윤허가 내려졌다. 공자를 모신 사당인 문묘
(文廟: 大成殿)에 종사(從祀)된다는 것은 유학자로서 최고의 영예라 할
수 있다. 삼국시대의 인물로 설총(薛聰)·최치원(崔致遠)과 고려시대
인물로서 안향(安珦)·정몽주(鄭夢周)가 있고, 조선시대에 인물로는 이
때에 처음으로 퇴계와 더불어 김굉필(金宏弼)·정여창(鄭汝昌)·조광조
(趙光祖)·이언적(李彦廸)의 다섯 분이 함께 문묘에 종사되었던 것이
다. 1610년 9월에 문묘에서 제사를 지낼 때 반포한 교지(敎旨)에서 특
히 퇴계를 드러내어, "그가 품은 뜻은 삼대(三代: 夏·殷·周)의 정치를
회복하는 것이었으며, 저술로 이론을 세워 후세에 가르침을 내려준 것
은 참으로 우리나라의 고정(考亭: 朱子)이요, 잘못됨을 바로잡고 법도
를 제시함은 하남 정씨(河南程氏: 程明道·程伊川)에게 부끄럽지 않았
다."〈「文廟從祀時中外頒敎文」〉고 하여, 퇴계를 우리나라 도학의 기준
으로 확인하고 있다.

(2) 나라에서 제사를 드리다

퇴계를 문묘에 종사하기에 앞서, 1610년 4월 종묘(宗廟)의 선조임금
묘당(廟堂)에 배향(配享)하게 하였다. 광해군은 선조의 묘당에 배향할
때 퇴계 가묘(家廟)에도 제사를 내려주었다. 이때 내린 교지(敎旨)에서
도, "그대는 정밀한 사색과 실천으로, 오묘한 조예와 깊은 탐구를 이루
었고, 옛 성현을 이어서 다음 시대의 학문을 열어주었으니, 평생에 힘

쓴 바를 알 수 있다. …성대하게도 백대의 선비들이 받드는 스승(儒宗)이 되었으며, 사방의 사표(師表)가 되었도다. …'도통'(道統)으로 말하면 진실로 우리나라의 주자요, '사공'(事功)으로 말하면 나라의 여러 선비들을 뛰어넘었다."〈「宗廟配享時家廟賜祭教文」〉하여, 퇴계를 선비들의 종사(宗師)요 사표(師表)로 확인하고, 우리나라의 주자로서 도통을 계승하고 있음을 드러내고 있다.

또한 1610년 9월 퇴계를 문묘에 종사할 때에도 퇴계의 가묘에 나라에서 제사를 내리면서도 교지에서, "『성학십도』의 법도는 옛 성현의 오묘한 뜻을 드러내었고, 「육조소」(六條疏)는 나라를 경영하는 지극한 요령을 밝게 내세웠으니, 참으로 유교의 종장(宗匠)이요, 국가의 시귀(蓍龜)이다. 나는 나라의 대업을 이어받으니 실로 끝없는 걱정이 있는데, 그대의 도덕을 사모하지만 그대의 풍채는 이미 아득하구나. 그대와 같은 시대에 살지 못한 것을 슬퍼하며, 오직 자나 깨나 생각만 간절하노라."〈「文廟從祀時家廟賜祭教文」〉라고 하여, 퇴계의 대표적 저술에 깊은 관심을 보이고 퇴계의 학덕을 그리워하는 마음을 간절하게 표현하고 있다. 그만큼 퇴계의 사후에도 임금들은 퇴계를 공경하고 사모하는 마음을 절실하게 보여주고 있는 것이다.

1610년 이후 퇴계의 가묘(家廟)와 도산서원의 사우(祠宇)인 상덕사(尙德祠)에 나라에서 자주 예관(禮官)을 파견하여 제사를 드려 퇴계를 높이는 뜻을 보여주고 있다. 1614년 광해군은 예관을 보내 도산서원에 제사를 드렸고, 1733년에는 영조(英祖)는 예관을 보내 도산서원에 제사를 드리게 하고, 또 도산의 산수를 그림으로 그려서 올리게 하였다. 영조는 1756년에도 예관을 보내 도산서원에서 제사 드리게 하였다.

　정조는 1781년 예관(左承旨 李養鼎)을 파견하여 도산서원에서 제사 지냈고, 1785년에는 예관(禮曹正郎 李載徽)를 파견하여 가묘(家廟)에서 제사를 드리게 하였다. 1792년 3월에는 예관(檢校直閣 李晩秀)을 파견하여 도산서원에서 제사 지냈다. 이때 정조는 바로 전해(1791) 천주교도들 사이에 제사를 폐지하고 신주를 불태운 사건이 발생하여 금교령(禁敎令)을 내렸던 일이 있었는데, 천주교도가 사방에 퍼졌지만 영남지역만은 물들지 않은 사실에 대해 이를 퇴계의 교화가 미친 공적이라하여, 정조임금의 특명으로 도산서원에 제사를 드린 다음 날(3월25일) 영남지역의 선비들이 도산서원 앞에서 과거시험을 볼 수 있는 기회를 베풀어주었다.

　이만수(李晩秀)의 보고에 따르면 이때 과거시험장에 참석하였던 영남지방의 선비들은 7,228명이었고 답안지를 낸 것이 3,632장이었다고 한다. 이렇게 도산서원에서 제사를 드리고 영남선비들에게 과거시험의 기회를 특별히 열어주는 것은 정조임금이 퇴계를 존숭하고 영남 선비들을 회유하는 성대한 행사였던 것이다. 정조임금은 경상도에 명하여서 이번에 도산서원에서 제사 지낸 일과 선비들에게 과거시험을 보인 일을 기록한 것을 책으로 만들어서 올리도록 하였는데, 이 책이『교남빈흥록』(嶠南賓興錄)이다. 이때 이만수는 퇴계의 제자 조목(趙穆)이 스승에게서 받은 편지를 8책으로 묶어서 편찬한『사문수간』(師門手簡, 1588)을 구해서 임금에게 올렸는데, 정조임금은 1794년 손수『사문수간』에 발문을 짓고 써서 도산서원에 돌려보내기도 하였다.

　정조임금의 퇴계를 존숭하여 마음씀이 매우 정성스러웠다. 1796년 9월에 퇴계의 9대 주손(胄孫)으로 제사를 받드는 이지순(李志淳)이 영유현(永柔縣: 현 평남 평원군 영유면)의 현령으로 부임하느라 퇴계의 사판(祠版: 位牌)을 모시고 서울을 지나가게 되었다. 퇴계의 사판이 퇴계가 돌아가신 뒤로 수백 년 만에 처음 서울을 지나간다는 소식을 듣자, 정조임금은 먼저 퇴계의 사판이 강을 건너오면 성균관의 학생들은 격식대로 두건과 복장을 갖추고서 길 양쪽으로 줄지어 서서 공경하게 맞이하도록 성균관에 지시를 하였다. 그런 후에 또 직접 나가보고 싶지만 백성들이 고달플 터이라, 특별히 예관(禮官)을 파견하여 학생들의 대열을 관장함으로써 그 행사를 성대하게 하고 우러러 보이게 하도록 예조(禮曹)에 분부하였다.

막상 퇴계의 사판이 강을 건너와 서울 성안으로 들어오는 날이 되자, 정조임금은 전직·현직의 규장각 신하들과 초계문신(抄啓文臣)들과 승정원의 신하들이 모두 나아가 참예하게 하고, 성균관 지사(知事)에게 제사를 맡아보도록 지시하였으며, 왕명으로 좌의정 채제공(蔡濟恭)과 우의정 윤시동(尹蓍東)이 백관과 유생들을 인솔하여 두건과 복장을 갖추고 차례대로 줄을 서서 제사를 지냈다. 또한 제사를 드릴 때 정조 자신도 월근문(月覲門: 창경궁 동북쪽의 궁문)에까지 나가서 퇴계를 존숭하는 뜻을 극진하게 표현하였다. 퇴계의 위판이 서울을 지나가게 된 우연한 계기에 임금의 지시로 조정의 백관과 규장각의 모든 신료와 성균관의 대학생들까지 참여하여 퇴계의 위판을 맞이하여 제사를 지내게 되었던 것이다. 이때 왕명으로 제사에 참석한 인원의 명단을 만들어 올렸는데, 참석자가 1,000여 명에 이르는 성대한 의례였다.

제사에 참예하지는 못하였으나 위판이 지나갈 때 주위를 둘러싸고

구경을 하던 백성들과 부녀자와 아이들까지도 모두 "우리 선생이 여기 지나간다!"고 말하면서 서로 다투어 길가에 엎드려서 맞이하고 송별하는 의식을 차렸다 한다. 반촌(泮村: 성균관이 있는 동네)에는 술에 미친 몇 사람이 있었는데, 그들도 "우리 선생의 사판이 우리 동네에 오셨으니, 우리들도 조심하여 술 마시지 말자."고 서로 경계하였고, 그 날은 길가에 술 취하여 다투는 소리가 없었다 한다. 〈『연보』〉 퇴계를 존숭하는 마음이 백성들 속에 얼마나 깊이 침투해 있으며, 그 영향이 얼마나 널리 퍼져 있는지를 잘 보여주는 일화들이다. 그 다음 해에 이지순이 고향에 돌아가면서 퇴계의 사판이 다시 서울의 서쪽 교외를 지나가게 되자, 임금은 지난 해 맞이할 때와 같이 백관들이 예를 갖추어 전송하도록 하였다.

3. 학맥의 계승과 후세의 평가

1) 퇴계학파의 학맥과 전개

퇴계는 16세기 중반에 활동하면서, 조선시대 사회를 지탱하는 이념의 중추를 이루었던 도학(道學)을 확고하게 정립하는 역할을 수행하였다. 퇴계의 탁월한 학문적 성취는 한 시대에 우뚝한 봉우리로 솟아올랐을 뿐만 아니라, 그 다음 시대로 멀리 그늘을 드리워 많은 후학들이 여러 시대에 걸쳐 스승과 제자의 관계로 학맥을 유지해가며 퇴계의 학풍을 계승하여 다양하게 전개시켜갔다. 이러한 의미에서 퇴계의 학맥은 조선중기에서 후기로 이어가면서 '퇴계학파'를 형성하였던 사실을 주목할 필요가 있다.

퇴계학파 안에서도 퇴계의 학설에 의문을 제기하거나 다른 견해를 내세우는 것도 전체적 흐름 속에서 수용할 수 있어야 한다. 또한 학맥의 연속성을 엄격히 적용하기 어려운 경우가 흔히 나타나며, 사숙(私淑)으로 연결되는 경우도 있다. 퇴계학파는 발생의 지역적 배경과 관

런하여 보면 영남지역에서도 강좌(江左: 낙동강 동쪽)의 안동지역이 중
심이지만, 전국에 걸쳐 매우 폭넓은 다양성을 보여주고 있다.

퇴계학파는 16세기 후반에 주로 퇴계의 문하에서 직접 배운 제자들
이 활동하였다면, 17세기부터 20세기 중반까지는 퇴계학파의 후학들
에 의해 계승되어가는 과정을 볼 수 있다. 이들의 학맥과 학설이 분화
되어가는 과정은 그 지역적 배경과도 긴밀하게 연결되고 있는 것이 사
실이다.

(1) 퇴계학파의 인물별 계보

16세기 후반에 활동하던 퇴계의 중요한 문인들을 들어보면, 안동의
조목(趙穆)·이덕홍(李德弘)·김성일(金誠一)·유성룡(柳成龍)을 비롯하
여, 강우(江右: 낙동강 서쪽)지역으로 성주(星州)의 정구(鄭逑)와 김우옹
(金宇顒), 및 산청(山青)의 오건(吳健)은 퇴계와 남명의 양쪽 문하에서
수학한 인물들이다. 퇴계의 학문적 영향력은 그의 문인에만 한정된 것
은 아니다. 퇴계를 스승으로 받들며 종유(從遊)하였던 당대의 저명한
학자들이 많다. 광주(光州)의 기대승(奇大升)과 상주(尙州)의 노수신(盧
守愼), 파주의 율곡(栗谷 李珥)·성혼(成渾) 등과 화담(花潭 徐敬德)문인
으로 홍인우(洪仁祐)·남언경(南彦經) 등이 있다.

퇴계학파의 학맥은 시대에 따라 분화되고 있지만, 크게 보면 17세기
이후 퇴계학파가 성립되고 계승되는 과정에서 대표적 학맥을 살펴보
면 다음과 같다.

① 김성일(鶴峰 金誠一)의 학맥은 퇴계학파의 중심을 이루는 정통 학
맥으로 가장 많은 학자들이 배출되었으며, 또한 다양하게 분화되
는 양상을 보여주고 있다. 김성일 이후 이현일(李玄逸) → 이재(李
栽) → 이상정(李象靖) → 남한조(南漢朝) → 유치명(柳致明) → 김
흥락(金興洛)·이진상(李震相) 등으로 면면히 이어져 왔다.

② 유성룡(西厓 柳成龍)의 학맥은 상주지역에 자리잡은 정경세(鄭經
世)에 계승되어 예학(禮學)을 일으켰고, 정경세 → 유진(柳袗) →
유원지(柳元之)로 이어졌고, 그후 19세기에 유주목(柳疇睦)으로
이어지면서 유성룡의 가학(家學)으로서 예학을 학문적 주제로 삼
는 특징을 보여주었다.

③ 정구(寒岡 鄭逑)는 퇴계와 남명의 두 문하에서 수하하였으며, 그
의 학풍도 예학에 집중하여 퇴계학파에서 예학의 선구가 되었다.
그의 학맥은 허목(許穆)과 장현광(張顯光)을 통해 독특한 성격의
학풍을 이루었다. 경기도 연천(漣川)에 살았던 허목은 예송(禮訟)
의 중심인물로서 예학에 조예가 깊었으며, 그의 사숙(私淑)학맥
으로 경기도 안산(安山)의 이익(星湖 李瀷)은 실학의 핵심적 인물
로서 성호학파 실학을 열었다. 다음으로 장현광계열은 가학(家
學)으로 계승되어 칠곡(漆谷)의 장복추(張福樞)로 이어져 갔다.

④ 퇴계의 사숙(私淑)학맥으로는 강원도 법천(法泉)의 정시한(愚潭
丁時翰)을 들 수 있고, 그 문하에 상주(尙州)의 이만부(李萬敷)와
이천(利川)의 이식(李栻)이 비중이 큰 학자들이었다.

(2) 퇴계학파의 시기별 전개

퇴계학파의 학문적 중심과제는 성리설·수양론·예학을 비롯한 다양한 영역에 걸쳐 있는 것이었으며, 퇴계학파의 전개과정을 보면 크게 4시기로 구분해 그 특징을 엿볼 수 있다.

① 제1기(16세기 후반): 퇴계의 '직전'(直傳)제자들이 활동하던 시기이다. 김성일·유성룡·정구 등이 '직전'제자들의 중심축을 이루고 학맥을 형성하였다. 특히 정구와 정경세는 예학을 깊이 천착하였으며, 장현광은 성리설의 이기(理氣)개념을 해석하는데 퇴계에서 벗어난 독자적 해석을 시작하고 있다.

② 제2기(17세기): 이 시기의 대표적 인물로서 퇴계의 '재전'(再傳)제자들로 유성룡의 제자인 정경세를 비롯하여, 정구의 제자인 장현광과 허목이 활동하고 있었다. 정경세는 예학의 대표적 인물로 자리잡았고, 허목은 서울근처(近畿)의 퇴계학맥을 형성하여, 고학(古學)의 학풍을 일으켰다. 또한 김성일의 학맥을 계승한 이현일(李玄逸)은 율곡의 성리설을 비판하면서 '리'(理)의 능동성과 '이·기'(理氣)나 '사단·칠정'(四七)의 분별을 강조함으로써, 퇴계학파의 성리학적 입장을 명확히 정립하였다. 퇴계사숙학맥의 정시한(丁時翰)도 이 시대의 대표적 학자이다.

③ 제3기(18세기): 이재(李栽)·권상일(權相一)이 이 시기에 활동하였다. 특히 18세기 후반에 활동하던 이상정(李象靖)은 퇴계학파의 학풍이 분별의 이원론에 기울어지는 것을 극복하기 위해 혼륜

(渾淪)과 분개(分開)의 양면을 종합하는 포용과 조화의 논리를 제
기하였다. 또한 이상정은 퇴계학파 성리설을 이론적으로 정립하
여 전성기를 이룸으로써, 이때부터 안동권은 사실상 퇴계학파의
중심으로서 자리잡게 되었다. 퇴계의 학풍을 사숙하여 계승한 이
익(李瀷)은 "우리나라에 퇴계가 있는 것은 중국에 공자가 있는 것
과 같다."〈『星湖全集』(書退溪先生筆後)〉고 언급하여, 퇴계를 극진
하게 존숭하였으며, 퇴계의 학문을 정밀하게 연구하여 『이자수
어』(李子粹語)·『사칠신편』(四七新編) 등을 저술하여 퇴계학의 교
과서적 기본틀을 정립하였다.

④ 제4기(19세기): 이 시기에는 안동지역을 중심으로 이상정의 학풍
을 계승하는 유치명(柳致明)과 그 제자 김흥락(金興洛) 등이 퇴계
학파의 정통으로 권위를 확립하고 있었으며, 다른 한 갈래로서
유치명의 제자인 성주(星州)의 이진상(李震相)은 '심즉리설'(心卽
理說)을 주장하여 퇴계의 성리설을 새롭게 해석함으로써, 퇴계학
파 내부에서 큰 쟁점을 일으키기도 하였으며, 19세기 말과 20세
기 초에 '학주학파'로 분화를 일으켰던 사실을 보여준다.

2) 끼친 영향과 사후의 평가

(1) 일본에 미친 퇴계학의 영향

퇴계의 학문적 영향은 조선사회에 광범하고 지속적으로 펼쳐졌지
만, 일본에 미친 퇴계의 영향은 18세기 퇴계학파의 인물인 권상일(淸

臺 權相一)의 『관서록(觀書錄)』에서도 기록되고 있다. 권상일은 일본의 주자학자로 하야시 라잔(林羅山, 1582~1657)은 『이정치교록』(二程治教錄)을 짓고 그 발문(跋文)에서 퇴계의 견해를 끌어들여 자신의 주장을 뒷받침하였던 사실을 지적하였다. 또한 1719년 사신의 일행으로 일본에 갔던 신유한(申維翰)이 일본에서 퇴계를 가장 높이고 있는 사실과 『퇴계집』이 오오사카(大坂)에서 새로 간행되어 많은 사람들이 송독하고 강론하고 있는 사실이나, 유생들과 필담을 할 때에 질문의 항목이 반드시 『퇴계집』 속의 말을 최고의 이치로 삼고 있는 사실을 언급하였음을 소개하였으며, 일본의 승려 임정(林靜)이 『퇴계집』(退溪集)을 읽고 지은 시에서 "충(忠)과 서(恕), 명(明)과 성(誠)을 그대 이미 통달했으니/ 해동 천지에 제일의 장부라네"(忠恕明誠公已達, 海東天地一男兒)라고 읊어 극진히 찬양하였음을 언급하기도 하였다.

나아가 일본의 퇴계학자라 할 수 있는 야마자키 안사이(山崎闇齋, 1618~1682)의 학맥에 속하는 스구리 교쿠스이(村士玉水, 1728?~1776)가 퇴계의 편지를 가려 뽑은 『퇴계서초』(退溪書抄)를 편찬하였고, 그 제자 오카다 간센(岡田寒泉)이 같은 야마자키 안사이 학맥에 속하는 고가 세이리(古賀精里, 1749~1817)의 서문을 붙여 『퇴계서초』를 간행하였던 사실을 소개하고 있다. 고가 세이리는 서문에서 오랫동안 퇴계의 저술을 구하려고 애쓰다가 일본에서 간행된 퇴계의 『자성록』(自省錄), 『주서절요』(朱書節要), 『성학십도』만 보았는데, 마침내 베껴 쓴 『퇴계집』을 읽고서는 "그 학문의 순수함과 노력의 친절함에 감탄하며, 참으로 스승으로 삼을 만하다. 그 겸허하고 깊으며 정밀하고 순수한 기상이 종이와 먹 사이에 가득 넘쳐흘러서, 비루하고 인색하고 교만한 병통에 넉넉히 침을 놓아주니, 두려워하여 얼굴빛을 고치지 않을 수 없었다."고 『퇴계집』에서 받은 감동을 표현하고 있다.

또한 고가 세이리의 『퇴계서초』 서문에서는 원나라 명나라 때 중국 학자들이 주자와 다른 견해를 많이 제시했던 것에 대비하여, 퇴계는 주자를 깊이 믿었던 인물로서 명나라의 설선(薛瑄)에 버금간다고 평가 하면서, "선생(퇴계)이 『주서절요』를 편집하여 주자의 마음을 얻을 수 있어서 다행히 후학을 가르칠 수 있었으며, 이제 이 책(『退溪書抄』)은 이를 본받은 것이요, 교쿠스이(玉水)옹이 선생을 믿는 것은 선생이 주 자를 믿는 것과 같은 것이다."라 하여, 퇴계가 주자를 계승하고, 스구 리 교쿠스이(村士玉水)는 퇴계를 계승하는 학풍의 연속성을 확인하고 있다. 이처럼 일본에서 퇴계는 주자학으로 들어가는 길잡이요 기준으 로 존중되고 있음을 보여주는 것이다.

(2) 제자 유운룡(柳雲龍)의 제문(祭文)에 비친 퇴계

제자들의 제문(祭文)은 모두 스승을 높이는데 극진하지만, 제자 유 운룡(柳雲龍)의 제문은 퇴계를 높은 학덕과 따스한 인품을 섬세하고 균형있게 서술해주고 있다.

"부지런히 힘쓰면서도 못 미칠까 두려워하여, 한 눈금씩 쌓고 한 치 씩 쌓아가서 해와 달을 거듭해갔도다. 그 소양이 깊어짐에 이르러 펼쳐 보니 크게 이루어졌으며, 온몸에 베풀어지고 얼굴빛과 말소리에 드러 나도다. 겸손하고 돈독하며 담박하고 간결하며, 화락하고 평이하며, 자

상하고 인자하여, 봄볕처럼 곱게 비추고 가을햇살처럼 맑게 쬐어주었
도다.

손 맞잡고 천천히 걸으면 학이 춤추고 난새(鸞)가 나는 듯하며, 그치
고 한가히 쉬면 우뚝한 산 같고 매화 향기 감도는 듯하도다. 다가서면
따스하고 바라보면 장중하며, 있어도 없는 듯하니 어리석은 사람도 본
받을 수 있고, 높아도 낮은 듯하니 보는 사람이 지위를 잊는도다.

어리석고 현명함을 가리지 않고 질문하면 언제나 계발해주는데, 양
쪽 극단을 다 드러내어 친절하고 자세하게 가르쳐주셨도다. 방탕하고
교만한 선비가 거칠게 날뛰다가도 한번 그 학문세계를 바라보기만 해
도 스스로 공손해지며, 제각기 그 마음에 가득 찬 비루함이 얼음 녹듯
풀리도다."   〈『언행록』(附錄, 類編)〉

퇴계의 인물을 그 학업과정의 근면함과 그 학문적 성취가 인격으로
드러남을 보여주고, 그 인물의 품격이 아름답고 향기로우면서, 누구나
허물없이 만날 수 있게 넉넉히 품어줌을 말한다. 나아가 그 가르침의
친절하고 자상함과 그 감화의 깊은 영향력을 두루 비쳐주고 있다. 제
자의 제문에서 스승의 학덕을 찬송하는 말이지만, 그 말에서 퇴계의
인간과 품격을 생생하게 증언해주고 있는 것을 엿볼 수 있다.

(3) 율곡의 퇴계에 대한 평가

퇴계의 인물과 학덕을 보다 엄격하게 객관적으로 평가하려는 시도
를 율곡에게서 볼 수 있다.율곡은 평생에 퇴계를 스승으로 높이고 종

유(從遊)하였지만, 제자로서 스승의 학설을 계승한 것이 아니라 퇴계의 사후 독자적 이론으로 퇴계의 학설에 맞서서 큰 학맥을 이루었던 인물이다. 퇴계의 제자들 명단인 『도산급문제현록』(陶山及門諸賢錄)에는 율곡이 제자의 명단에 올라있으나, 율곡은 퇴계를 존경하여 따랐던 인물이지 제자라 보기는 어렵고, 또 퇴계에 대한 평가에서도 제자들과는 달리 비판적 관점도 지니고 있음을 보여준다.

율곡은 퇴계에게 드린 제문(祭文)에서는, "『성학십도』로 임금을 인도하면서, 은밀한 곳을 탐색하여 미묘한 것을 밝혀주었다."고 하여, 『성학십도』를 중시하였다. 그러나 율곡은 퇴계의 「유사」(遺事)를 기록하면서, "선생(퇴계)은 비록 별도로 저술한 책은 없지만, 의론하는 가운데 성인의 모범을 발휘하고 현인의 가르침을 드러낸 것들이 많이 세상에 통행된다."고 언급한 사실을 보면, 퇴계의 저술로 특별히 드러낼 것을 내세우지 않는 입장을 보여주고 있다.

또한 율곡은 조광조(靜菴 趙光祖)와 비교하여 퇴계의 인물을 평가하면서, "선생(퇴계)은 세상에서 유학의 종장이 되었으니, 조정암(趙靜菴)의 뒤로 비교할 사람이 없었다. 그 재주와 국량은 혹 정암에 미치지 못하지만, 의리를 깊이 연구하여 정밀함을 다함에 이르러서는 또한 정암이 (퇴계에) 미치지 못한다."〈『언행록』(李珥: 遺事)〉라 하였다. 타고난 재주(才調)와 인물의 국량은 조광조가 퇴계보다 뛰어나지만, 학문의 정밀함에서는 퇴계가 조광조보다 뛰어나다는 평가이다. 그만큼 율곡은 퇴계를 학자로서 높이 평가하지만, 한 시대에 세상을 경륜할 역량은 부족한 것으로 보고 있는 것이다.

이와 더불어 율곡은 서경덕(花潭 徐敬德)과 비교하여 퇴계의 학문적 정통성을 평가하고 있다. 곧 "중종 말년에 화담 서경덕(花潭 徐敬德)처사가 또한 '도학'으로 세상에 이름이 났는데, 그 이론에 '기'(氣)를 '리'(理)라 인식한 것이 많았다. 선생(퇴계)은 이를 병통으로 여겨 이론을 제시해 변론하였는데, 말의 뜻이 밝고 통달하니 배우는 사람들이 믿고 복종하였다."〈『언행록』(李珥: 遺事)〉고 언급하여, 퇴계가 서경덕의 성리설에서 오류를 명확하게 지적하여 비판한 사실을 높게 평가하였다.

그러나 율곡은 성혼(牛溪 成渾)에게 보낸 답장에서는, "요사이 나정암(整菴 羅欽順)과 퇴계와 화담 세 선생의 설을 보니, 정암이 최고요, 퇴계가 다음이며, 화담이 또 그 다음이다. 그 중에 정암과 화담은 '자득'(自得)의 맛이 많고, 퇴계는 '의양'(依樣)의 맛이 많다. …대개 퇴계는 '의양'의 맛이 많으므로 그 말이 구애가 있고 조심하였으며, 화담은 '자득'의 맛이 많으므로 그 말이 즐겁고 호방하였다. 조심하였기 때문에 실수가 적고 호방하였기 때문에 실수가 많으니, 차라리 퇴계의 '의양'을 취할지언정 화담의 '자득'을 본받아서는 아니 될 것이다."〈『율곡집』, 答成浩原〉라 하였다. 명나라의 나흠순은 이치와 기질을 한 가지로 보는 '이기일물설'(理氣一物說)을 주장하여 퇴계의 엄격한 비판을 받았고, 서경덕은 '기'철학의 입장에서 '기'를 궁극적 존재로 인식함으로써, 퇴계로부터 '기'를 '리'로 보는 병통에 빠졌다고 비판을 받았다. 그러나 율곡은 나흠순과 서경덕의 학설은 '자득'의 맛 곧 스스로 깨달은 창의적 사유로 인정하면서, 퇴계의 학설은 '의양'의 맛 곧 주자의 학설을 그대로 따르는 모방적 사유로 지적하였다. 물론 주자를 성리학적 이론의 기준으로 삼는 만큼, 퇴계가 주자를 본받고 따르는 '의양'의 태도에 대해 과오가 적은 것이라 인정하지만, 기본적으로 독자적 사유능력이 부족함을 비판하는 의식을 깔고 있다. 이 점에서 율곡은 학설의 수준에서도 나흠순을 일등으로 퇴계를 이등으로 서경덕을 삼등으로 성적을 매기고 있는 것이다.

율곡이 퇴계를 본받는 '의양'의 맛이 많고 창의적인 '자득'의 맛이 부족한 점을 지적한데 대해, 이식(澤堂 李植)이 퇴계를 옹호하여 반론을 제기한 일이 있다. 곧 "율곡이 퇴계를 평하기를 '의양'의 맛이 많다고 하였는데, 내가 보기에는 이른바 '의양'은 양웅(揚雄)의 『태현경』(太玄經)이나 『법언』(法言)이 몰래 끌어다 모방하는 것과 같지 않다. 주자는 백가(百家)를 절충하여 논의를 만대에 확정하였는데, 퇴계는 주자의 말에 의지하여 배우고 익히니, 마음에 무르녹고 정신으로 일치하여 마치 그 자신의 말인 것처럼 말한다. 퇴계가 논술한 것은 모두 주자가 남긴 깊은 뜻을 발휘하였으니, 주자를 보좌하는 것이 된다. 이것은 주자를 잘 배운 것이다."〈『연보』〉라 하였다. 율곡이 퇴계의 학설을 '의양'의 맛이 많다는 것은 주자를 그대로 본뜨는 주자의 아류로 볼 수 있는 여지가 있음을 반박하면서, 퇴계의 '의양'이란 주자를 깊이 체득하여 온전하게 실현한 것이지 모방하여 앞잡이 노릇을 하는 것이 아님을 역설하였다.

율곡의 퇴계에 대한 평가를 그대로 객관적 평가라 할 수는 없을 것이다. 그러나 퇴계를 존숭하는 무수한 학자들의 칭송으로 이어지는 언급들에서 한 발짝 물러나 퇴계를 바라보는 시각을 폭넓게 제시하고 예리하게 짚어주는 평가로서 퇴계에 대한 율곡의 평가를 주목해볼 필요가 있을 것이다.

退溪評傳

[부록] 퇴계 연보(年譜)

1501(燕山 7 辛酉), 1세
- 11월25일 예안현(禮安縣) 온계리(溫溪里)에서 출생.

1502(연산 8 壬戌), 2세
- 6월 - 부친(李埴) 별세.

1512(중종 7 壬申), 12세
- 숙부(松齋 李堣)에게서 『논어』를 배움.

1515(중종10 乙亥), 15세
- 봄 - 숙부를 따라 청량산(淸凉山) 절에 가서 독서.
- 겨울 - 안동부사로 있던 숙부를 따라 안동에서 독서.

1516(중종11 丙子), 16세
- 봄 - 안동 봉정사(鳳停寺)에서 독서.

1517(중종12 丁丑), 17세
- 경상도 관찰사 김안국(慕齋 金安國)이 안동을 지날 때 퇴계를 불러 봄.

1518(중종13 戊寅), 18세
- 안동 향교에 유학. 당시 안동부사는 이현보(聾巖 李賢輔)였음.

1519(중종14 己卯), 19세
- 봄 - 서울에 올라가 문과별시(文科別試) 초시(初試)에 응시.
- 『성리대전』(性理大全)을 읽다.

1520(중종15 庚辰), 20세
- 소백산(小白山)에서 『주역』(周易) 연구에 몰두.

1521(중종16 辛巳), 21세
- 허씨 부인(金海許氏: 進士 許瓚의 딸)을 아내(初娶)로 맞음.

1522(중종17 壬午), 22세
- 9월 - 조모(英陽金氏)의 상(喪)을 당함.

1523(중종18 癸未), 23세
- 10월 - 큰 아들(李寯) 출생.
- 태학(太學)에 유학. 『심경』(心經)을 읽음. 김인후(河西 金麟厚)와 교유.

1527(중종22 丁亥), 27세
- 가을 - 경상도 향시(鄕試)의 진사시(進士試)에 생원(生員) 제2위로 합격.
- 10월 - 둘째 아들(李寀) 출생.
- 11월 - 허씨 부인 죽음.

1528(중종23 戊子), 28세
- 봄 - 진사(進士) 회시(會試)에 2등으로 합격.
- 6월 - 「청량산백운암기」(淸凉山白雲菴記)를 지음.

1529(중종24 己丑), 29세
- 권씨 부인(安東權氏: 奉事 權礩의 딸)을 아내(後娶)로 맞음.

1531(중종26 辛卯), 31세
- 6월 - 측실(側室)에서 서자(李寂) 출생. 지산와사(芝山蝸舍: 暘谷堂)를 세움.

1532(중종27 壬申), 32세
- 문과별시(文科別試)의 초시(初試)에 제2위로 합격.

1533(중종28 癸巳), 33세
- 태학에 유학.
- 가을 - 귀향길에 권발(權撥)과 동행 여주(驪州)로 모재(慕齋 金安國)를 방문.

1534(중종29 甲午), 34세
- 3월 - 문과에 급제.
- 4월 - 승문원 권지부정자(承文院權知副正字), 예문관 검열(藝文館檢閱).
- 6월 - 승문원 정자(正字: 정9품).
- 7월 - 휴가로 고향에 내려와 근친(覲親).
- 10월 - 승문원 저작(著作: 정8품).
- 12월 - 승문원 박사(博士: 정7품).

1535(중종30 乙未), 35세
- 6월 - 호송관(護送官)으로 왜노(倭奴)를 동래(東萊)로 보냄.

1536(중종31 丙申), 36세
- 6월 - 성균관 전적(成均館典籍: 정6품) 겸 중학 교수(中學敎授).
- 7월 - 휴가를 얻어 넷째 형(李瀣)과 함께 고향에 돌아와 근친(覲親).
- 9월 - 호조좌랑(戶曹佐郎: 정6품).

1537(중종32 丁酉), 37세
- 10월 - 모친(박씨 부인) 상(喪)을 당함.

1538(중종33 戊戌), 38세
- 상중에 독서록으로 『무술일과』(戊戌日課)를 지음.

1539(중종34 己亥), 39세
- 12월 - 탈상(脫喪). 홍문관 수찬(修撰: 정6품).

1540(중종35 庚子), 40세
- 정월 - 사간원 정언(司諫院正言: 정6품).
- 4월 - 사헌부 지평(司憲府持平: 정5품)·형조 정랑(刑曹正郎: 정5품). 파직.
- 7월 - 오위 부사직(五衛副司直: 종5품).
- 9월 - 형조 정랑·홍문관 부교리(副校理: 종5품).
- 10월 - 홍문관 교리(校理: 정5품).

1541(중종36 辛丑), 41세
- 사가독서(賜暇讀書). 「서당삭제」(書堂朔製)·「독서만록」(讀書漫錄)을 지음.
- 4월 - 홍문관 동료들과 「일강구목소」(一綱九目疏)를 올림. 사헌부 지평.
- 5월 - 홍문관 수찬(修撰: 정6품).
      자문점마관(咨文點馬官)으로 의주(義州)에 다녀옴. 홍문관 부교리.
- 9월 - 경기도 재상어사(災傷御史)로 차출.
- 10월 - 세자시강원 문학(世子侍講院文學: 정5품)을 겸임.
- 11월 - 사헌부 지평.
- 12월 - 병으로 사직. 성균관 전적·형조정랑.

1542(중종37 壬寅), 42세
- 2월 - 홍문관 부교리. 의정부 검상(檢詳: 정5품).
- 어사(御史)로 충청도의 흉년 구제사업 검찰.
- 5월 - 의정부 사인(舍人: 정4품).
- 8월 - 고향에 돌아가는 이현보(聾巖 李賢輔, 1467~1555)를 전송.
      어사(御史)로 강원도에 가서 재해를 시찰. 「관동일록」(關東日錄) 지음.
- 12월 - 사헌부 장령(掌令: 정4품).

1543(중종38 癸卯), 43세
- 2월 - 병으로 사직. 종친부 전첨(典籤)·장령·전설사 수(典設司守: 정4품).
- 7월 - 성균관 사예(司藝: 정4품).
- 8월 - 사간원 사간(司諫: 종3품). 사복시 첨정(司僕寺僉正: 종4품).
- 10월 - 성균관 사성(司成: 종3품). 휴가를 얻어 고향에 돌아와 성묘.
- 11월 - 예빈시 부정(禮賓寺副正: 종3품). 부임하지 않음.
  『주자전서』(朱子全書)의 교감(校勘)을 계청(啓請). 교감을 주관.

1544(중종39 甲辰), 44세
- 2월 - 홍문관 교리(정5품).
- 4월 - 세자시강원 좌필선(左弼善: 정4품). 사헌부 장령(병으로 사임).
- 6월 - 성균관 직강(直講: 정5품). 홍문관 교리. 종친부전첨.
- 8월 - 홍문관 응교(應敎: 정4품).
- 9월 - 휴가로 고향에 돌아갔다가 10월에 조정에 돌아옴.
- 11월 - 중종(中宗) 승하(昇遐). 인종(仁宗) 즉위. 중국에 보내는 표문을 지음.

1545(仁宗 1 乙巳), 45세
- 1월 - 원접사(遠接使) 종사관(從事官)에 임명되었으나 병으로 가지 못함.
- 윤1월 - 중종의 능지(陵誌)를 지어올림.
- 2월 - 발인(發引)·졸곡제에 대축(大祝)으로 정릉(靖陵: 中宗陵)에 임금을 배행.
- 3월 - 병으로 사직. 내섬시 첨정(內贍寺僉正: 종4품).
- 4월 - 군자감 첨정(軍資監僉正: 종4품)에 임명되다.
  성절사(聖節使)로 북경을 가는 넷째형(李瀣)을 전별.
- 6월 - 홍문관 응교(應敎: 정4품)·전한(典翰: 종3품).
- 7월 - 인종(仁宗) 승하. 명종(明宗) 즉위.
  왜인들이 강화(講和)를 비는 것을 허락하도록 청하는 상소를 올림.
- 8월 - 병으로 홍문관직 사임. 을사사화(乙巳士禍). 통례원 상례(通禮院相禮).
- 9월 - 사옹원 정(司饔院正: 정3품). 홍문관 전한(典翰: 종3품).
- 10월 - 이기(李芑)의 계청으로 관직 삭탈됨. 직첩 환원. 사복시 정(正: 정3품)

- 11월 – 영접도감(迎接都監) 낭청(郎廳)에 임명

1546(明宗 1 丙午), 46세
- 2월 – 휴가를 얻어 고향에 돌아가 장인 권질(權礩)의 장사를 지냄.
- 5월 – 병으로 조정에 돌아가지 못하자 해직됨.
- 7월 – 부인 권씨가 서울 집에서 죽음.
- 8월 – 교서관 교리(校書館校理). 부임 않음.
  양진암(養眞菴) 지음. '퇴계'를 자호(自號)로 삼음.
- 11월 – 예빈시 정(正). 부임하지 않음.

1547(명종 2 丁未), 47세
- 7월 – 안동부사(정3품). 부임하지 않음
- 8월 – 홍문관 응교. 조정에 돌아옴.
- 12월 – 병으로 사직. 의빈부 경력(儀賓府經歷: 종4품).

1548(명종 3 戊申), 48세
- 1월 – 외직(外職)을 요청. 단양군수(丹陽郡守: 정5품)에 부임.
- 2월 – 둘째 아들(李寀) 죽음.
- 9월 – 한성부우윤이었던 넷째형과 함께 휴가로 고향에 돌아와 성묘.
- 10월 – 풍기군수(豊基郡守)로 옮김. (넷째 형이 충청감사로 부임하여 바뀜).

1549(명종 4 己酉), 49세
- 4월 – 소백산 유람. 「유산록(遊山錄)」 지음.
- 9월 – 병으로 감사(監司)에 사직서를 올림.
- 12월 – 감사에 글을 올려 백운동(白雲洞)서원의 편액(扁額)과 서적을 청함.

1550(명종 5 庚戌), 50세
- 1월 – 임소(任所)를 함부로 버렸다는 이유로 고신(告身) 2등이 삭탈됨.
- 2월 – 거처를 세 번 옮김(霞明洞→竹洞→溪上). 한서암(寒栖菴)을 지음.
- 4월 – 한서암 앞에 광영당(光影塘) 연못을 만듦.
- 8월 – 넷째 형(李瀣) 죽음.

1551(명종 6 辛亥), 51세
- 벼슬하지 않고 집에 머뭄. 한서암(寒棲菴)을 철거하여 시내 북쪽으로 옮김.

1552(명종 7 壬子), 52세
- 4월 – 홍문관 교리(정5품). 사헌부 집의(司憲府執義: 종3품).
- 6월 – 홍문관 부응교(副應敎: 종4품).
- 7월 – 성균관 대사성(大司成: 정3품).
- 11월 – 병으로 사임. 상호군(五衛上護軍: 정3품).

1553(명종 8 癸丑), 53세
- 4월 – 대사성
- 7월 – 대왕대비의 환정교서(還政敎書)를 지어 올림. 부호군(副護軍: 종4품).
- 8월 – 친시 대독관(親試對讀官)에 선출.
- 9월 – 경복궁 화재. 종묘에 위안하는 제문 지어 올림. 상호군(忠武衛 上護軍).
- 10월 – 정지운(秋巒 鄭之雲)의 「천명도」(天命圖)를 개정.
- 11월 – 「연평답문후어(延平答問後語)」를 지음.

1554(명종 9 甲寅), 54세
- 2월 – 동궁(東宮)의 상량문(上梁文)을 지음. 「일록」(日錄, 2월~11월)을 기록.
- 4월 – 사정전(思政殿)의 상량문을 지음.
- 5월 – 형조 참의(刑曹參議: 정3품).
- 6월 – 병조 참의.
- 9월 – 상호군.

- 10월 – 사정전(思政殿)에 대보잠(大寶箴)을 써 올림.
- 11월 – 첨지 중추부사(僉知中樞府事: 정3품).
- 12월 – 「중수경복궁기」(重修景福宮記)를 지어 올림.

1555(명종10 乙卯), 55세
- 2월 – 강녕전(康寧殿)에 「7월」(『시경』, '豳風, 七月')편을 써 올림.
  왕명으로 『역학계몽』(易學啓蒙)을 연구. 병으로 해직.
  배를 타고 고향에 돌아옴. 상호군. 첨지중추부사(僉知中樞府事: 정3품).
- 봄 – 「천명도설」(天命圖說)을 다시 정리.
- 겨울 – 청량산(淸凉山)에 들어가 한 달이 지나서야 돌아옴.

1556(명종11 丙辰), 56세
- 5월 – 홍문관 부제학. 거듭 사표를 올려 벼슬이 갈림.
- 6월 – 첨지중추부사. 교지(敎旨)에 안심하고 병을 조리하도록 허락.
  『주자서절요』(朱子書節要)를 완성.
- 12월 – 향약(鄕約)을 초안(草案).

1557(명종12 丁巳), 57세
- 3월 – 도산(陶山) 남쪽에 서당 자리를 마련하다.
- 7월 – 『계몽전의』(啓夢傳疑)를 완성.

1558(명종13 戊午), 58세
- 5월 – 『자성록』(自省錄) 편찬.
- 10월 – 성균관 대사성. 새로 급제한 기대승(奇大升)이 내방.
- 11월 – 상호군.
- 12월 – 공조참판(工曹參判: 종2품).

1559(명종14 己未), 59세
- 2월 – 휴가로 고향에 돌아와 분황(焚黃)하고, 병으로 고향에 머묾.
- 7월 – 거듭 사퇴를 청함. 동지중추부사.

  「이산서원기」(伊山書院記)를 지음. 서원(書院)의 규약을 정함.

  『고경중마방』(古鏡重磨方)을 편찬.
- 11월 – 기대승에게 '사단칠정'(四端七情)을 논변하는 편지를 보냄.

  도산서당(陶山書堂)이 이루어짐.
- 12월 – 『송계원명이학통론』(宋季元明理學通錄)의 편찬을 착수.

1560(명종15 庚申), 60세
- 「동령십이조」(洞令十二條)를 입안함.
- 1월 – 조식(南冥 曹植)의 「유두류록」(遊斗流錄)에 발(跋)을 지음.
- 7월 – 「영봉서원기」(迎鳳書院記)를 지음.
- 11월 – 기대승에게 '사단칠정'을 논변하는 답장을 보냄.

1561(명종16 辛酉), 61세
- 1월 – 왕명을 받고 서울로 가려는데 마침 말에서 떨어져 병으로 사면 받음.
- 가을 – 도산서당(陶山書堂)이 비로소 건립됨.
- 11월 – 「도산기(陶山記)」를 지음.

1562(명종17 壬戌), 62세
- 『이락연원록』(伊洛淵源錄)과 『전도수언』(傳道粹言)에 발문을 지음.
- 제자들과 『근사록』(近思錄)을 강론.

1563(명종18 癸亥), 63세
- 「정존재잠」(靜存齋箴)을 지음(靜存齋는 李仲久의 號).
- 가을 – 「개녕향교성전중수기」(開寧鄕校聖殿重修記)를 지음.

1564(명종19 甲子), 64세
- 2월 – 「무이구곡도발」(武夷九曲圖跋) 지음.
  「주문공서식강도처첩발」(朱文公棲息講道處帖跋) 지음.
- 9월 – 조광조(靜菴 趙光祖)의 행장을 지음.
  「심무체용변」(心無體用辯) 지음. 조식(南冥 曹植)에게 답장을 보냄.

1565(명종20 乙丑), 65세
- 「서원십영」(書院十詠)을 지음.
- 2월 – 풍비중(風痺症:中風)을 앓음.
- 3월 – 「도산십이곡」(陶山十二曲)의 발(跋)을 지음.
- 4월 – 동지중추부사의 해임이 허락됨. 문정왕후(文定王后) 죽음.
- 8월 – 제자들과 『역학계몽』(易學啓蒙)을 강론.
  『경현록』(景賢錄)을 개정.
  제자들과 『심경』(心經)을 강론.
- 12월 – 특명으로 소환(召還). 동지중추부사.

1566(명종21 丙寅), 66세
- 1월 – 김성일(鶴峰 金誠一)에게 「병명」(屛銘)을 지어 줌.
  부름에 서울로 가다가 병으로 사직을 청함. 공조판서(工曹判書: 정2품).
- 3월 – 봉정사(鳳停寺)에 머물며 사직을 청하고 귀가. 홍문관 대제학(정2품).
- 4월 – 지중추부사(知中樞府事: 정2품).
- 7월 – 「심경후론」(心經後論)을 지음.
- 10월 – 이언적(晦齋 李彦迪)의 행장을 지음. 이언적의 문집을 교정.
  「전습록논변」(傳習錄論辯)을 지음.
- 12월 – 『주자서』(朱子書)를 강의.

1567(명종22 丁卯), 67세
- 「서부예견의」(壻婦禮見儀)의 초고 완성.
- 6월 – 왕명으로 서울에 돌아온 지 3일 만에 명종(明宗)이 승하(昇遐).

- 7월 – 명종의 행장 수찬청(行狀修撰廳) 당상관. 예조판서(정2품).
  중국사신을 접대.
- 8월 – 병으로 사면하고 귀향.
- 9월 – 명종의 만사(挽詞)를 지어 올림.
- 10월 – 용양위 대호군(龍驤衛大護軍: 종3품). 지중추부사(정2품).

1568(선조 1 戊辰), 68세
- 1월 – 의정부 우찬성(右贊成: 종1품). 『역동서원기』(易東書院記) 지음.
- 5월 – 판중추부사(判中樞府事: 종1품).
- 7월 – 서울에 올라옴.
- 8월 – 홍문관·예문관 대제학 겸임. 「무진육조소」(戊辰六條疏)를 올림
- 12월 – 『성학십도』(聖學十圖)와 차(箚)를 올림.
  임금이 병풍으로 만들어 들이라 명함.

1569(선조 2 己巳), 69세
- 1월 – 이조판서. 병으로 나가지 않음. 판중추부사. 의정부 우찬성.
- 3월 – 판중추부사. 물러날 것을 허락받음.
- 7월 – 천곡서원(川谷書院: 星州)의 두 선생(金宏弼과 李彦迪) 축문 초(草)함.

1570(선조 3 庚午), 70세
- 성수침(聽松 成守琛, 1493~1564)의 묘갈명을 지음.
- 5월 – 도산서당에서 제자들과 『역학계몽』(易學啓蒙) 강론.
- 7월 – 역동서원에서 『심경』강론. 「역학계몽익전발」(易學啓蒙翼傳跋) 지음.
- 8월 – 역동서원 낙성식에 참석.
- 9월 – 도산서당에서 제자들과 『역학계몽』·『심경』을 강론.
- 10월 – 기대승에게 보내는 편지에서 「심성정도」(心性情圖)를 논함.
- 11월 – 계당(溪堂)에서 강학하였다.
- 12월 – 신축일(辛丑日) 유시(酉時)에 정침(正寢)에서 서거.

| 死後 |

1571(선조 4 辛未) 3월 - 임오일(壬午日)에 예안(禮安) 건지산(搴芝山) 남쪽에
             장사지냄.

1573(선조 6 癸酉) 11월 - 위패를 영천 이산서원(伊山書院)에 봉안(奉安)하고
             석채례(釋菜禮)를 거 행.

1575(선조 8 乙亥) 여름 - 서원이 낙성되자 '도산서원'이라 사액(賜額)됨.

1576(선조 9 丙子) 11월 - 시호 문순(文純: '文' - 道德博聞, '純' - 中正精純)으로 추증.

1577(선조10 丁丑) 2월 - 묘소에 비석(墓碣: 高峯 奇大升 撰)을 세움.

1600(선조33 庚子) 5월 - 문집(『退溪先生集』)이 이루어짐(40권).

1610(광해 2 庚戌) 9월 - 문묘(文廟)에 배향.

참고문헌

【漢籍】

李　滉,『退溪全書』(『국역퇴계전서』, 22책, 퇴계학연구원).

奇大升,『高峯全書』

李　珥,『栗谷全書』

李　瀷,『李子粹語』·『四七新編』

【연구서】

權五鳳,『退溪의 燕居와 사상형성』, 포항공대, 1989.

_____,『退溪家年表』, 퇴계학연구원, 1989.

琴章泰,『퇴계의 삶과 철학』, 서울대출판부, 1998.

_____,『聖學十圖와 퇴계철학의 구조』, 서울대출판부, 2001.

劉明鍾,『퇴계와 율곡의 철학』, 동아대출판부, 1987.

_____,『퇴계와 횡설 수설』, 동아대출판부, 1990.

柳正東,『퇴계의 생애와 사상』, 박영사, 1974.

尹絲淳,『퇴계철학의 연구』, 고려대출판부, 1980.

李家源,『退溪學及其系譜的研究』, 퇴계학연구원, 1989.

李相殷,『퇴계의 생애와 학문』, 瑞文堂, 1973.

全斗河,『李退溪 철학—그 심층연구 및 이해』, 국민대출판부, 1987.

丁淳睦,『退溪評傳』, 지식산업사, 1994.

_____,『退溪正傳』, 지식산업사, 1992.

한덕웅,『퇴계심리학』, 성균관대출판부, 1994.

張立文,『退溪哲學入門』, 李允熙역, 퇴계학연구원, 1990.

高橋進,『李退溪と敬の哲學』, 東洋書院, 1985, 東京.

友枝龍太郎,『李退溪—その生涯と思想』, 東洋書院, 1985, 東京.

退溪評傳

인명색인

ㄱ

 저자소개

금장태 (琴章泰)

1943년 부산 생
서울대 종교학과 졸업
성균관대 대학원 동양철학과 수료(철학박사)
동덕여대 · 성균관대 · 서울대 교수역임
현 서울대 종교학과 명예교수

• 주요저서
『비판과 포용―한국실학의 정신』
『귀신과 제사―유교의 종교적 세계』
『한국유교와 타종교』
『율곡평전―나라를 걱정한 철인』
『다산평전―백성을 사랑한 지성』 외

退溪評傳

퇴계평전: 인간의 길을 밝혀준 스승

초판 인쇄 | 2012년 1월 6일
초판 발행 | 2012년 1월 13일

지 은 이 　금장태

책임편집 　윤예미

발 행 처 　도서출판 지식과교양
등록번호 　제 2010-19호
주소 　서울시 도봉구 창5동 262-3번지 3층
전화 　(02) 900-4520 (대표)/ 편집부 (02) 900-4521
팩스 　(02) 900-1541
전자우편 　kncbook@hanmail.net

ISBN978-89-94955-56-8 　093150
정가 24,000원

이 도서의 국립중앙도서관 출판도서목록(CIP)은 e-CIP홈페이지(http://www.nl.go.kr/ecip)에서
이용하실 수 있습니다. (CIP제어번호: CIP2011005751)